西域历史语言研究译丛

中国人民大学国学院西域历史语言研究所　编

拉达克王国史

（950—1842）

[意] 毕达克　著　　沈卫荣　译

上海古籍出版社

中国人民大学国学院西域历史语言研究所 编

西域历史语言研究译丛

主 编

沈卫荣 乌云毕力格

编委会（按姓氏笔画为序）

马小鹤 乌云毕力格 刘迎胜 毕 波 李 肖
芮传明 余太山 沈卫荣 府宪展 荣新江 徐文堪

SERIE ORIENTALE ROMA
LI

THE KINGDOM OF LADAKH
C. 950 – 1842 A. D.

BY

LUCIANO PETECH

R O M A
ISTITUTO ITALIANO PER IL MEDIO ED ESTREMO ORIENTE
1977

《拉达克王国史(950—1842)》英文版扉页

献给我的导师和朋友图齐教授

To my guru and friend

Professor Giuseppe Tucci

《西域历史语言研究译丛》编辑缘起

　　近年来我国学术界非常重视对国学,即中华民族传统文化的研究,并以中国学术要与国际学术接轨为号召。西域研究,尤其是对曾经生活于中国西部地区诸民族传统文化的研究,是中国多民族国家传统文化研究的一个不可分割的组成部分。由于古代的西域是一个民族迁徙、融合十分频繁的地带,亦是东西文化交流的一个中心枢纽,对西域历史、语言、宗教和文化的研究是一门关涉多种学科的非常国际化的学问。是故重视吸收海外西域研究的成果,不但有利于提高中国学者之西域研究的水准,而且亦有助于促进我国学术研究的国际化。有鉴于此,中国人民大学国学院、吐鲁番学研究院和上海古籍出版社决定联合编辑、出版《西域历史语言研究译丛》。

　　西域研究在中国的开展,曾与近代中国的形成密不可分。清末中国受西方殖民主义势力的侵略,出现了前所未有的边疆危机。当时相当数量的爱国学者积极投身于"西北舆地之学"的研究,其成果对于中国领土不受瓜分和中国作为一个民族国家的地位的确立和边疆疆域的界定发挥了积极的作用。但是,中国的"西北舆地之学"自清嘉、道以后,就因缺乏新资料、新方法而渐趋衰落,而西方的西域历史语言研究却因另辟蹊径而成绩斐然。以法国学者伯希和为代表的一批在西方学术界享有盛誉的汉学、西域研究学者在中国的西北地区,特别是敦煌和吐鲁番劫走了大量珍贵的西域古文献,他们利用历史语言学的方法,用汉语古音和民族、异国语言互相勘同、比对等方法来处理、解释这些多种语言的古文献资料,其成就超出了中国传统的"西北舆地之学"，在西方中国研究史上写下了辉煌的篇章。尽管今日世界的中国研究从方法到内容均已日趋多样化，但西域研究依然是具有相当大的影响力、能够凝聚世界各国学者的一个跨学科的学术领域。

从事西域历史语言研究对于中国学者来说具有西方学者不可企及的天然优势，不但数量庞大的有关西域的汉文古文献是西域历史、文化研究的坚实基础，而且西域语言中的大多数是中国国内诸多少数民族同胞依然在使用的活语言。中国学者本应在这个领域大有作为。令人遗憾的是，中国的西域研究虽然于上个世纪三四十年代在王国维、陈寅恪、陈垣等一代杰出学者的倡导下有过短期的辉煌，但这个传统并没有得到很好的继承和发展。当王国维、陈寅恪今天被国人推为数一数二的国学大师时，中国的西域研究还没有走在世界的最前列。这样的局面将阻碍中国学术赶超世界一流水平的进程，更不利于多元文化在中国的同存共荣与和谐发展。我们编辑《西域历史语言研究译丛》，意在激励中国学者在这个特殊的领域内充分吸收国际学术界的优秀成果，然后发挥我们潜在的优势，扬长避短，冀在较短的时间内，缩短与国际一流学术水平间的距离，重兴绝学！

沈卫荣　李　肖
二〇〇七年五月

目 录

序　言

　　将近 40 年前,在我的学术生涯开始的时候,我出版了《拉达克编年史研究》(*A Study on the Chronicles of Ladakh*,加尔各答,1939 年)一书。结果表明,这部质朴的小书似乎正适合现实的需要,许多年来它仍然在发挥其效用。一段时间内,我保持着对这个课题的兴趣,以后则将它放下而转到别的追求上去了。几年以前,当我再度回到拉达克研究的时候,我发现我最初的努力已毫无希望地成了明日黄花。试图将它修订、增补为一个新的版本,看来亦没有什么意义。因此,我又从零开始,从不同的角度出发。很快,我发现就在这段时间内已有大量新史料可供利用,这些收获为我拟写一部全新的著作提供了保证。

　　本书所示乃我在两年间于意大利、拉达克、印度、日本等地所作科学研究之成果,主要涉及政治史,相应地涉及政治制度和宗教情况。文化史则被有意排除在外,因为我知道斯奈尔格罗夫(D. Snellgrove)教授已在准备一部对这一课题的全面研究,[①]所以我想避免重复。职是之故,我的著作旨在提供有关拉达克王国从肇始到垮台之历史的一个不间断的记载。所利用的资料当然远不止一部七十余年前 A. H. 弗兰克就以其为基础而写成其开山之作的《拉达克王统记》(*La-dvags rgyal-rabs*)(但它仍是最基本的)。我的努力成功与否,从事西藏这一领域和

---

①　这一研究现已面世:斯奈尔格罗夫夫和 T.斯科鲁普斯基(T. Skorupski):《拉达克的文化遗产》(*The Cultural Heritage of Ladakh*,I,Warminster 1977)。另一篇涉及西部藏区早期历史的文章是山口瑞凤的《吐蕃名称和羊同的位置,〈附国传〉和大小羊同研究》,《东洋学报》58(1977),页313—353。遗憾的是,这两种著作的出现都太迟了些,以致未能为本书所利用。

相关学科研究的学者们自会有他们的评价；衷心希望能引来批评，并将感激地予以接受。读者在注意到本书中不协调地出现了大量的人名时，可能会感到有点别扭，有些地方，它们甚至似乎既不重要，也无特殊的关联。我有意采用了这个方法，以便检索和相互参照，假如正如所希望和预期的那样，将有新资料会在随后的时间内出现：我首先想到的是碑刻和档案，它们有可能还会令我们吃惊。

这当是我荣幸的责任，来向曾以各种方式帮助我和支持我工作的机构和学者们表达我的感谢。意大利国家科研委员会（The Consiglio Nazionale delle Ricerche）于1975年资助我于拉达克和印度作了为期5个星期的旅行。日本学术振兴会友好地邀请我去日本作为期4个月（1976年至1977年之间的冬季）的学术研究工作。在这段时间内，尽管我主要从事别的课题的研究，但亦搜集了一些有关拉达克的资料。我的导师和朋友图齐教授准许我使用他在近半个世纪以前从拉达克搜集到的碑刻资料；他还友好地接受我的著作于《罗马东方丛书》中出版。榎一雄教授除了倡议邀请我去日本外，还一直友好且很有帮助地充当了我在东京东洋文库时的东道主。山口瑞凤教授和佐藤长教授分别于东京大学和京都大学为我提供了诸多便利。伦敦的斯奈尔格罗夫教授为我提供了几条主要关于碑刻资料的信息。E. Gene 史密斯先生让我注意到了一些藏文文献，在我逗留德里期间，他还友好地将其中的一些借给了我。最后但并非最不重要，我对十二世主钦活佛（'Brug-chen Rin po che）的醒本（管家）曲班喇嘛（Chos dpal Bla ma）所欠甚多，他尽一切可能为我与拉达克寺院接触提供了方便，令我在那里常常受到持久的善待和帮助。同样，为此我亦应当在此向岗额的土登活佛（Thogs-ldan Rin-po-che of sGang-sngon）和主钦活佛的上师（雍增）图赛活佛（Thug-sras Rin-po-che）表达我的谢意。

罗马，1977年9月

毕达克

第一章　资　　料

　　拉达克历史的主要资料现在是、亦将永远是《拉达克王统记》,此书可能编纂于 17 世纪,但后来陆续增补,直至王国的灭亡,甚至更晚。

　　此书现存的、或曾经存在的抄本,为人所知的有 7 种。

　　1. 抄本 S。牛津博得莱安图书馆(Bodleian Library in Oxford),藏文抄本,C. 7。1856 年根据一个属于拉达克前国王所有的原本复制。一个多世纪以前,爱弥尔·冯·施拉金特维特(Emil von Schlagintveit)将它出版。[①] 原本已佚,在托克宫的前皇家图书馆(the library of the former royal family in the sTog palace)中未能找到。

　　2. 抄本 A。中止于僧格南杰(Seng-ge-rnam-rgyal)统治时期。K. 马尔克思已部分地翻译、出版了这个抄本。[②] 今已不复存在。

　　3. 抄本 B。仅有 4 叶,叙述至道格拉征服为止的第二王朝历史。今已不复存在。

　　4. 抄本 C。编成于 19 世纪末,编者蒙希班结(Munshi dPal-rgyas)增添了有关道格拉征服的三个附录。今已不复存在。

　　5. 抄本 L。大英博物馆,东方特藏 6683。它包含有 bDe-ldan-

---

① 　E. V. 施拉金特维特:《吐蕃的赞普》(Die Koenige von Tibet),载于《巴伐里亚州王家科学院论文》(*Abhandlungen der kgl. Bayerischen Akademie der Wissenschaften*),10(1866),Ⅲ 部分,页 793—879。

② 　K. 马尔克思:《有关拉达克史的三个文件》(Three documents relating to the history of Ladakh),载于《皇家亚洲学会孟加拉分会杂志》(*JASB*),60(1891),页 97—135;63(1894),页 94—107;71(1902),页 21—34。

rnam-rgyal(德丹南杰)统治时期的传闻,并附有一个直至道格拉征服时期的后出诸王简表。

　　所有这些抄本都曾经在 A. H. 弗兰克准备他的标准版(《拉达克王统记》*LDGR*)时被利用过,这个版本曾为 F. W. 托马斯所修订。它并不是一个精校本,它的主要不足是对各个单个抄本之间的差别未能一一标明。弗兰克的译文[①]是一个开拓性的尝试,在当时是值得高度赞扬的。不过,在许多地方,它尚有改进的余地。因此,我更乐于逐行逐页地援引藏文原文(*LDGR*),必要时将它重新翻译。

　　6. 坎宁安抄本(Ms. Cunningham)。1847 年,在亚历山大·坎宁安逗留拉达克期间,他请人为他将这部编年史的一个抄本译成乌尔都语。它的部分英译本已收入他的著作中。[②] 这个抄本(或乌尔都语译本)始于才旺南监(Tshe-dbang-rnam-rgyal,16 世纪);英译本止于德列南杰(bDe-legs-rnam-rgyal,17 世纪末),因为坎宁安认为故事的其余部分并不重要。这个抄本和乌尔都语译本均已不复存在。

　　7. 索南抄本(Ms. Sonam)。此为喇嘛宇茹寺(Lamayuru Monastery)止贡派僧人格干索南(dGe-rgan bSod-nams)的私人收藏。它大约有 40 叶(最后几叶我没法见到),叙述包括道格拉征服在内的故事。它的所有者(索南)仅将其稍作改动后便付梓出版了。至 1825 年为止,这个抄本与抄本 C 渊源关系较深,它相当于后者的一个缩写的、现代化和简单化了的本子。这部分的价值很小。但对于后来几年,它却令人吃惊地提供了一个关于中亚的难民和于 1828 年他们被引渡给汉人等情况的完整记载,这为所有别的抄本所忽略,而在汉文档案中得到了完全的证明。它对于 1841 年 2 月发生的拉达克暴动和最终的道格拉征服的记载,亦远较弗兰克出版的抄本 C 的三个文本来得全面和广泛。这个抄本的编辑者增加了一些不见于原书的附录,即一个 19 世纪和 20 世纪的皇室世系表,一个岗额之 the sTogs-ldan sprul-sku of sGang-sngon(托丹活佛)和海米-斯活佛

---

① 弗兰克 1926 年书,页 63—148。
② 坎宁安书,页 318—331。

(He-mis sprul-sku)的名册；最后是拉达克格鲁派首领、印度洛克沙巴(Lok Sabha)的成员、现世巴库拉活佛(Bakula Rin-po-che)的一个传记。应该指出的是，弗兰克编辑的《拉达克王统记》的前半部分与我们的主题毫无关系，它只是一部西藏王室的历史，与诸如《西藏王统记》(*rGyal-rabs gsal-ba'i me-long*)一类规范的卫藏编年史完全一致。[①] 后半部分则专述拉达克，直至 15 世纪，它差不多是我们唯一的史料；除了有一个特例外，这一部分无法与别的文献核实。但一般说来，我们越多地将此编年史与其他文献对照起来研究（这对于 15 世纪以后是可能的），就越发认识到它已被删削和错误弄糟了，它不可全信。出自拉达克的唯一的别的文献资料是达仓热巴(sTag-tshang-ras-pa)的传记(*TTRP*)，编成于 1663 年。它与传统的传记(rnam-thar)形式一致，但与一般的传记相比，它更侧重于世俗的事情，这使它特别有用。拉达克的碑刻通常见于石头之上，偶尔亦见于贴在墙上的纸上。它们中有一些已被弗兰克编入 1906 年和 1907 年发表的论文中。[②] 同年间，在列城一个仅发行了 40 份(F)的油印本中刊载了更多的碑铭，如今它已成了珍贵文献。后来还集录了另外更多的一些(F. 146—211)，而且我能够查阅弗兰克尚未发表的那些摹本。这些资料的可靠程度不高。大多数碑铭是眼录下来的，有些是弗兰克自己做的，更多的是由他的本地助手们所为，所有这些经常是在匆忙间完成的。我们甚至发现一例已经湮没的碑刻，它是根据一些据说以前曾见到过这块碑文的修习者所提供的口头解释而"摹写"下来的。有些碑刻可以根据图齐教授于 1928—1931 年拍摄的，或者我本人于 1975 年现场拍摄的照片来检验。检验结果表明，弗兰克和他的助手们记录的碑铭并非总是正确的。当然，我们仍必须为得到它们而高兴，因为弗兰克之后再也没人试图搜集或研究拉达克碑刻资料。至于碑刻资料对于我们这个课题的价值将被认为是相当低的。它的

[3]

---

① 关于这一点见毕达克 1939 年书，页 87—95；E. 哈尔(E. Haarh)：《雅垄王朝史》(*The Yar-lung Dynasty*)，哥本哈根，1969 年，处处。
② 弗兰克 1906 年 a 书、1906 年 b 书、1907 年 a 书、1907 年 b 书。

内容通常是宗教性的,主要记述佛像、玛尼墙的开光以及诸如此类的事情。从社会、经济,甚至政治史的角度来看,它们用处不大。一种有用得多的资料是由文件档案所提供的,可惜我们在这儿受限于缺乏已出版的材料。弗兰克的拉达克助手约瑟夫·格坚(Joseph Gergan,即格坚索南才旦 dGe-rgan bSod-nams-tshe-brtan)搜集了一些文献档案,其中有三份收入了弗兰克的《拉达克王统记》一书中。[①] 但更多的没有付梓,它们被编目或利用于约瑟夫·格坚的遗著中,即由他的儿子恰旦格坚(sKyabs-ldan dGe-rgan)修订、编辑的《拉达克王统善见藏》(*Bla-dvags rgyal-rabs 'chi-med gter*,新德里,1976 年)一书中。除了档案文献之外,这部著作尽管没有达到现代科学水准,但它还包含有大量口传证据,因此可以被当作是一种原始资料。晚近由迪特儿·舒(Dieter Schuh)刊印了更多的一些档案,但它们仍有待于作一次适当的勘定研究。这是一个可望进一步研究的领域;这些资料还仅仅是初被涉猎,在这类资料变成真正有用的东西以前,还应使更多的档案可资利用(其中首先是格坚编目的那些)。卫藏文献(主要是达赖喇嘛、班禅喇嘛、主钦喇嘛和德钦曲喀雍增喇嘛 bDe-chen-chos-'khor Yongs-'dzin 的传记)、规范的莫卧儿史著、在《大清实录》中出现的汉文档案和欧洲旅行家的记述,诸如阿泽维多(Azevedo,1615)、德西德里(Desideri,1715)、莫尔克罗夫特(Moorcroft,1820—1822)和维格尼(Vigne,1838)等也提供了大量的第二手资料。

　　最后,谈一句关于纪年的话。藏历日期已经按照迪特儿·舒的《西藏历算史研究》(*Untersuchungen zur Geschichte der tibetischen Kalenderrechnung*,威斯巴登,1973 年)的年表换算成西历,此书首次不只为年,而且也为月、日提供了相应的对照表。

---

① 弗兰克 1926 年书,页 228—244。

第二章　最早期历史

关于王国成立（10 世纪）前的拉达克的资料近乎空白。以下只尝试融通现有资料，而不在于辩驳那些早已被戳破的无根之谈上花费时间。①

就我们所见，拉达克居民中最初的土著由达尔德人（Dardis）人组成，至今在这一地区仍能见到达尔德人的残余。② 这被人种学的根据和地名研究二者所揭示，达尔德人的成分在这两个方面都很明显。因此，我们可以推论说，任何有关最初期的达尔德人的资料十有八九亦将拉达克包含在内了。希罗多德曾两次提到一个称为 Dadikai 的民族，第一次（Ⅲ，91）在波斯省份表中与健达里欧伊人一起被提到，第二次（Ⅶ，66）在正侵略希腊的薛西斯国王（Xerxes）的军队的登记名册中被提到。在此，他们再次与健达里欧伊人编在处于同一指挥下的军队中。在此我们或可认为，第一次提到的达尔德人，起码是 Gandarioi 之西北和北边的居民；但这完全不可靠。③ 再次在希罗多德的《历史》中（Ⅲ，102），我们发现了极

---

① 于此我们或可援引一些例子。托勒密对 Dabasai 比同乌思（dbus，中藏）和将 Byltai 比同为巴尔提（Baltis），在历史语言学和历史学上都是不可能的；见毕达克 1948 年书，页 214。弗兰克有关于达尔迪迁移（Dardi immigration）之前在拉达克有一个门族土著的理论亦缺乏任何有力根据；毕达克 1939 年书，页 99。中国僧人继业（大约 966 年）的旅行，从摩揭陀到磨逾里（Mo-yu-li），并越过喜马拉雅到桑耶寺和中亚，并未经过拉达克，而是取道中藏的桑耶（bSam-yas）寺；毕达克 1948 年书，页 217。

② 在哈努（Hanu）和莫罗尔（Morol）之间的下部拉达克仍然发现了一小块说达尔德语的飞地，其中心为达 mDa'（Da）；他们自称玛克诺巴（Maknopa）。比亚苏提一代内利书，页 33—37。参见 A. H. 弗兰克《喀拉孜的达尔德人》（The Dards of Khalatse），MASI 1（1906），注 19。

③ 尽管名字相似，但 Dadikai 不能与被托勒密（Ⅶ，1，51）置于恒河上游地区的 Datikhai 比同。

内陆亚洲淘金蚁这个著名传说的第一个例子,这一个传说曾是许
多讨论的主题。下一次提到达尔德人的是亚历山大大帝的海军上
将尼阿丘斯(Nearchus,ap. Strab. ⅩⅤ,p.705)。20 年以后,梅加史
特内斯(Megasthenes,fragm. ⅩⅩⅩⅨ,1,ap. Strab. ⅩⅤ,p.706)将
采金与达尔代人(Derdai)联结起来。公元 1 世纪,普利尼(Pliny)老
调重弹,说达尔德人是伟大的制金者(Nat. Hist. Ⅵ,67:fertilissimi
sunt auri Dardae)。有关这个问题的最详细的论述依然要数赫尔芒
(Herrman)的著作。他提出的论点表明,这个传说最终可归结为对
于拉达克和巴尔提斯坦,并主要对卡尔杰勒(Kargyil)的淘金的模
糊了解。① 公元 2 世纪,托勒密(Ⅶ,1,41)将 Daradrai 之地望确定
于河源,即信度河的上游,但没有提到黄金;稍后不久,我们在《往
事书》(Purāṇas)的地名册中,发现了达罗陀(Darada)这个名
字。② 从另一个角度来看,人体测量确认现代的拉达克人是一种混
合种族,它的主要成分是达尔迪克(Dardic 印度—伊朗人种)和西
藏人(蒙古人种)。③ 达尔德的民间传说也保留有整个拉达克原先
曾被他们占领的传说。④

　　政治史的最初一瞥是在信度河上的喀拉孜桥附近发现的、著名
的 Uvima Kavthisa(Wima Kadphises)佉卢文(Kharoṣṭhī)碑所提供
的。它的日期被注明为一个未知时代的 184 年或 187 年。⑤ 这涉及
颇为费神的贵霜纪年问题,兹不作讨论。总之,这块碑刻证明,在公元

[7]

① A. 赫尔芒:《古典光环中的丝国与西藏》(*Das Land der Seide und Tibet im Lichte der Antike*),莱比锡,1938 年,页 10—16。
② D. C. 希尔卡(Sircar):《〈往事书〉族名表册》(Text of the Puranic list of Peoples),载于 *IHQ*21(1945),页 303(=《古代和中世纪印度地理研究》〔Studies in the geography of ancient and medieval India〕,加尔各答,1960 年,页 25)。
③ 比亚苏提一代内利书,页 262。比亚苏提认为(出处同上,页 259—262)蒙古人的因素是显著的。代内利(出处同上,页 44)坚持认为这是相当次要的,拉达克人的主体是雅利安人。前一种观点当然是正确的。
④ 关于拉达克达尔德首领的当地传说,见弗兰克 1907 年 C 书,页 48。
⑤ S.科诺(S. Konow)编:《佉卢文碑刻》(*The Kharosthi inscriptions*,CII,II,1),加尔各答,1929 年,页 79—81。参见他的《印度—斯基泰人纪年考》(Notes on Indo-Scythian Chronology),载于 *JIH* 12(1933),页 36—37。一张摄于 1928 年的更好的照片由 G. 图齐发表,见图齐:《斯瓦持河流域考古调查初步报告》(Preliminary report on an archaeological survey in Swat),载于《东方与西方》(*East and West*),9(1958),页 294,图 8。

1 世纪或 2 世纪，下部拉达克是包括在贵霜帝国之内的。别的一些婆罗迷（Brahmī）和佉卢文碑铭，仅由一些词汇组成，也在拉达克被发现；但我们仍局限于 70 年前，A. H. 弗兰克所发表的那些简短且非学术的笔记。① 它们为某些与印度之间——显然是通过克什米尔——的文化交流提供了证据。

中国的香客也没有为我们的课题作出任何贡献。法显没有穿过拉达克，甚至没有到达它的邻近地区。《释迦方志》和《唐书》中照录了玄奘法师根据传闻描述的从屈露多（Kulūta，kulu）到洛护罗（Lahul）的路程，接着又说："此北二千余里，经途艰阻，寒风飞雪，至秣罗娑国。"文中原注云："[秣罗娑]亦谓三波诃国。"于别处他又告诉我们苏伐剌瞿稻罗国与三波诃之西边接壤。② 从地理位置来看，其所指地区无疑就是拉达克。但这些名称引出了须认真对待的语文学上的难题，对其作一番简短的讨论将是必要的。

秣罗娑的古代（7 世纪）音读是 muât-lâ -sâ。很早以前，弗兰克就提议，这个名字或当即藏文中的 Mar-sa"低地"，与拉达克的一个通称 Mar-yul 同义。③ 伯希和接受了这种比同，但提出了 Mrāsa 和 Marāsa 作为可供选择的可能性。④ 在我看来，藏文 Mar-sa 是完全不可能的。首先这样的一个名字或将表明，7 世纪初期拉达克所说的语言应是藏语，这在很大程度上虽不说不可能，但也是靠不住的。其次，玄奘的语音体系是一个十分严格且合理的体系。对他来说，"罗"代表"la"或"ra"，而不代表其他任何音节；在他的整部著作中，没有出现一例"罗"代表"r"的现象，只有羯罗簠苏伐剌那表示 Karṇasuvarṇa 是一个例外，它似乎是一个不规则的译写，"r"的规则的译写应是剌（古音 Lât），例如补剌籀（Pūrna）。从根本上说，Marāsa 倒是有可能的，因为起首的 Mo（古音

[8]

①　弗兰克 1907b 书，页 592—596。

②　《大唐西域记》，大正版，LI，页 890a.9、892b.12—13；T. 沃特斯（T. Watters）：《关于玄奘的旅行》（On Yuan Chwang's Travels），I，页 299、330。

③　A. H. 弗兰克：《秣罗娑考》（Note on Mo-lo-so），载于《皇家亚洲学会杂志》（JRAS），1908 年，页 188—189。图齐 1956 年书，注 94，更倾向于将秣罗娑（Mo-lo-p'o）读作摩腊婆（Mālava），摩腊婆被《阿毗达摩注》（Abhidhamavibhāṣā）和《罗摩衍那》（Rāmāyana）记作喜马拉雅部落。

④　P. 伯希和：《马可·波罗注》（Notes on Marco Polo），II，巴黎，1963 年，页 706—707。

muât)为玄奘于秣(Muât)罗矩吒(Malakuṭa)和秣剌耶(Malaya)中所用。因此,我建议在 Malasa,Marāsa,Mrāsa 中间作一抉择。三波诃(古音 sâm-puâ-χa),译写作 Saṃpāha,依然没有被解释清楚。① 玄奘笔下的苏伐剌瞿稌罗国(Suvarṇagotra),于别处作 Suvarṇabhūmi,即指著名的女国(梵文作 Strīrājya)。这个问题引起了相当大的争论。我们可以同意图齐的观点,他对玄奘、《无垢光所问经》等提供的内容作了仔细的比较后,认为 7 世纪早期的印度人(也为在印度的中国香客袭用)就是以这个名字知道羊同王国,或者至少是它的南部地区的。② 这拓开了另一条研究线索,不过这条线索令我们如坠五里雾中。敦煌本《大事纪年》告诉我们,719 年,吐蕃政府"在羊同与 Mar(d)地区进行了户口调查"。③ 本教文献经常用 Zhang-zhung sMar 这样的表达形式,④与《大事纪年》中两次出现的 sMra Zhang zhung 一致。这已经表明,这个 sMar 与藏语语词 Mar(译言"低")毫无关系,而是一个专有名字,或者是羊同的一个标质形容词。⑤ 或许纯系巧合,Mar 在象雄语中意为"金子"。⑥ 这似乎能解释敦煌本《大事纪年》中的 Marcd:Mar,黄金之地,即金国(Suvarṇabhūmi),是羊同的一个部分;当然,《大事纪年》将羊同和 Mar 列为两个不同的国家是不正确的。就这一点而言,人们认为,以 sMar,Mar 为一方,以 Marasa,Mrāsa,即拉达克为另一方,这两方内部之间具有某些相同之处,这应该说是可以被认可的。但这可能是由于巧合。总之,我觉得有必要介绍这些新的内容,即使它们并不能很好地帮助我们去弄清楚这个问题。在 8 世纪,拉

[9]

① 伯希和认为,即三波诃会是拉达克的库鲁语名字,而秣罗婆是在克什米尔所用的形式,这似乎未受到玄奘的记载的支持。
② 图齐 1956 年书,页 92—105。
③ 《敦煌本吐蕃历史文书》,页 22,1.13。
④ E. 哈尔(E. Haarh):《象雄语》(The Zhang-zhung language,Acta Jutlandica,XL,1),哥本哈根,1968 年,页 7。
⑤ 《拉达克王统记》,叶 20.30 和 21.21。见 R. A. 石泰安(R. A. Stein):《汉藏边境古部落》(Les tribus anciennes des marches sino-tibetaines)中富有启发性的讨论,巴黎,1959 年,页 51—54。
⑥ E. 哈尔上揭书,页 38。在使用印度出版的象雄语资料时应该小心,因为它们看起来很大部分是最近对一个久已死亡了的语言的重建,它是以东西部喜马拉雅方言的元素为基础的。见 R. A. 石泰安:《苯教的象雄语》(La langue Zhang-zhung du bon organisé),载于 BEFEO,58(1971),页 231—254。但 mar 似乎原本就是一个象雄语单词。

达克被卷入了来自东方的吐蕃扩张势力的推进,和从中亚通过山隘向南进逼的汉人势力之间的冲突中。吐蕃向西推进于634/5年已经开始,是时羊同首次向吐蕃王国称臣;653年,一位吐蕃专使(mngan)被派往该地。662年在此设置了常规的行政管理制度。677年爆发的一次叛乱显然未获成功。719年进行了一次户口调查,724年又重建了行政管理制度。① 吞并羊同是进一步西进的必要前提,这完全是由其所处地理位置造成的。

同一时期,信度河上游地区已经受到了汉人政治力量的某些影响,因为于696年大勃律(巴尔提斯坦)国王派一名使者去汉地宫廷纳款称臣。717年,这位国王接受了汉人的晋封。719年,他派大使前往汉地谢恩。720年,他的继承者因袭了帝国的封号。② 顺便让我们注意,这两位勃律国王的名字是印度人的名字,这表明巴尔提斯坦正处于或者从吉尔吉特,或者从克什米尔,或者从这两个地方传入的来自印度的强大的文化影响之下。此后不久,巴尔提斯坦的统治者改变了立场。这一事件的年代可较精确地确定。当720年以后不再有使臣到达汉地的时候,我们发现吐蕃赞普于721年接待了来自上部地区(sTod-phyogs)的使臣,sTod-phyogs是今天西部藏区的一个通称。③ 722年,汉人派员帮助正受到吐蕃人威胁的小勃律(吉尔吉特)国王。④ 这表明大勃律已服膺吐蕃的支配。因此,我们可以确定这个事件发生在720/1年。当时,大勃律可能已包括了拉达克的部分地区或全部地区;如果它的扩张没有那么厉害,我们仍可肯定地假设,拉达克的款服要略早于巴尔提斯坦。

[10]

关于那一时期的情况,一位于727年从印度返回中亚的中国香

---

① 敦煌本《大事纪年》,在那些年的条目下。发表于《敦煌本吐蕃历史文书》中的文书,页13、14、15、22、23。译文应该按布各斯罗夫斯基耶(Bogoslovskij)、A. 麦克唐纳、罗纳塔纳、乌瑞等人最近的研究修正。
② 《唐书》(百衲本),页221B.5b;《册府元龟》,页964.12a—b、964.14b、971.4a,译文载于沙畹1903年书,页150、199—200,以及沙畹1904年书,页33、41—42、44。
③ 《敦煌本吐蕃历史文书》,页22。
④ 《资治通鉴》(北京1957年版),卷212,页6752;《唐书》,页216A,8b—9a(译文见伯希和书,页99),以及页221B,5b(译文见沙畹1903年书,页150—151和注5)。

客慧超提供了一个相当清楚的说明。他似乎对拉达克,或许其包括在大勃律(巴尔提斯坦)之内,仅有一个模糊的了解:"又迦叶弥罗东北。隔山十五日程。即是大勃律国。杨同国(＝象雄?)。娑播慈国。此三国并属吐蕃所管。衣着言音人风并别。着皮裘氎毛衫靴夸等也。地狭小。山川极险。亦有寺有僧。敬信三宝。若是已东吐蕃。总无寺舍。不说佛法。当土是胡。所以信也。"①从这一段记载中,我们可以得出三点结论:1) 727 年,拉达克,假定或就是包括在大勃律之中,处于吐蕃王朝的支配之下。2) 这个国家佛法昌隆。3) 它的居民是胡人。于 8 世纪,"胡"这个名称指的是中亚的伊朗人。② 但它的指域很宽,慧超书中出现的胡一般指的是伊朗人种,这也完完全全地适合于拉达克的达尔德人(但不适合于羊同人)。所有这三条信息都与以上概述的单独例证是一致的。

[11]　　737 年,吐蕃人从他们在巴尔提斯坦的营地发动了一次对 Bruzha(吉尔吉特,小勃律)国王的进攻;国王向汉人求援,这个请求得到了同意,其形式是于颗颗脑儿(Kukunor,即青海湖)地区的一次进攻。这次进攻虽然取得了胜利,但并不能救这位国王的驾,他被打败,并被迫向吐蕃纳款输诚。③ 吐蕃人对他们的极西领土的控制,受到大将高仙芝于小勃律的英勇战斗的威胁,但并没有被打垮。这次战役设想并实现了重开唐代西域与当时为唐朝盟友(747)的克什米尔之间直接往来的目的。巴尔提斯坦并没有直接介入,因为主干道可直接从吉尔吉特通往基申甘加(Kishenganga)山谷和克什米尔。但汉人并没有忽视一条转经佐吉拉(Zoji-la)的更长的道路。高仙芝向小勃律国王解释说,他并不想征服这个国家,只是借便道去大勃

---

① 慧超《往五天竺国传》的最佳版本是藤田丰八本:《遗作集》(Recueil des oeuvres posthumes)I,京都,1957 年,页 610—629;这条资料见于页 618。
② 见蒲立本(E. G. Pulleyblank):《内蒙古的粟特人聚居地》(A Sogdian colong in Iner Mongolia),载于《通报》(T'oung Pao),41(1952),页 318。
③ 《敦煌本吐蕃历史文书》,页 25;《旧唐书》(百衲本),页 196A.10a(译文见伯希和书,页 23);《唐书》,页 216A.10a(译文见伯希和书,页 103);《资治通鉴》,卷 214,页 6287(译文见沙畹 1903 年书,注 151)。关于这次战役的一个苯教传说,见 H. 霍夫曼:《在吉尔吉特的一个苯教记载》(Anauount of the Bon religion in Gilgit),《中亚杂志》,13(1969),页 137—145。

律。尽管国王的抵抗被武力平息了,但唐将并没有向巴尔提斯坦推进。[①]

这问题依然未获解决。749 年,吐火罗斯坦的叶护(yabghu)向唐朝廷提议讨伐大勃律以打开这条通道。这个提案被采纳了,[②]但没有马上付诸实施。直到 753 年安西(中亚)都护高仙芝的后继者封常清才领导了一次对大勃律的征伐,并强行攻占了它的首都贺萨劳。[③] 我们不知道这次汉人发动的战争是否也殃及了拉达克。总之,这是帝国武装力量在那一地区的最后一次出现。在高仙芝于怛逻斯河对葛逻禄和阿拉伯的战争中遭毁灭性打击之后(751),唐朝已自顾不暇了。在随后的四十年时间内,它渐渐失去了在中亚的全部占领地,于是,760 年我们再次读到关于一名来自上部地区的使臣向吐蕃赞普输诚的记载。[④] 自 759 年至 764 年逗留于犍陀罗(Gandhara)的唐廷使臣(和后来的僧人)悟空说,从克什米尔,一条道路向东通往吐蕃,另一条道路往北通往勃律。[⑤] 这往东的道路无疑只能是佐吉拉,这表明除它(普日和拉达克)以外的地方当时已是吐蕃的领土。 [12]

在 8 世纪后半叶和 9 世纪前半叶,拉达克一定还处于吐蕃的松散的统治之下。这似乎是成书于 982/3 年,但主要根据(就中亚而言)9 世纪史料撰写的地理文献《世界境域志》(*Hudūd al-'Álam*)中描述的情形。它提到一个勃律化西藏(显然是巴尔提斯坦;Bolor = 勃律),这儿的居民主要是商人,生活在帐篷和毡制的小屋中。[⑥] 商业贸易在拉达克经济中起最重要的作用,这是一个众所周知的事实。我们可以为《世界境域志》增添由聂思脱里教十字军发现它的证据,

---

① 《旧唐书》,页 104.1a—2a;《唐书》,页 135.4b (译文见沙畹 1903 年书,注 152—153);《资治通鉴》,卷 215,页 6884—6885。

② 《册府元龟》,页 999.19a—b(译文见沙畹 1903 年书,页 214—215);《资治通鉴》卷 216,页 6897。

③ 《旧唐书》,页 128.1a;《唐书》,页 153.1a;《资治通鉴》,卷 216,页 6920—6921。参见沙畹 1904 年书,注 88。

④ 《敦煌本吐蕃历史文书》,页 58。

⑤ 沙畹:《悟空行记》(L'itineraie de Ou-K'ong),载于《亚洲研究杂志》J. As,1895 年第 2 期,页 356。

⑥ 《世界境域志》(*Hudūd al-'Álam*),米诺尔斯基(V. Minorsky)译,伦敦,1937 年,页 93、258。

这件事被刻在离班公湖西边几公里处的章孜(Drangtse)的石头上，这显然是信基督的粟特商人留下的。在同一地点还发现有一个简短的粟特文碑刻，但它漫漶过甚，已没有多少意义了。我们仅能推测，它是一位来自萨马尔罕的商人在一个未知时代的 210(?)年刻写的。① 总之，它为 9 世纪和 10 世纪间那一地区繁荣的商业提供了一个好的证据。

这一时期拉达克社会生活中的主要文化成分一定来自克什米尔。克什米尔佛教已深深地渗入佐吉拉以外的地区，这已为在德拉斯(Dras)和齐克坦(Chigtan)的 Śarada 碑文所记载，这些碑文似可上溯自公元 700—1200 年这一时期内。② 在德拉斯的铭文和碑刻尤为重要；但它们从未得到恰当的处理。③

[13]   在吐蕃王朝崩溃以后，即 842 年以后，吐蕃人的宗主权肯定也就很快地消失了。就我们所见，大致于 900 年，拉达克地区仍由操达尔迪语的人居住，在政治上不再与西藏有任何关系，至多不过与它维持贸易关系而已。拉达克的西藏化是在那时以后开始的，乃是在旧王朝的一支的领导下自中藏迁入的统治阶级的作为，而这正是我们接下来要讨论的。

---

① 弗兰克：《拉达克石刻》(Felseninshriften in Ladakh)，载于 *SPAW* 1925，页 366—370；弗兰克、W. K. 米勒：《拉达克的粟特文铭文》(Eine soghdicche Inschrift in Ladakh)，出处同上，页 371—372；E. 贝文内斯特(E. Benveniste)：《粟特人考》(Notes sogdiennes)，载于 *BSOAS*，9(1937/9)，页 502—505。一个只有几个"吐火罗语"(库东方言词)的短碑文在同一地点被发现，但显然从未被发表。
② 被 J. Ph. 佛格尔在 1906 年的 ASI 报告，32 页中提到。
③ 我们仍只有在坎宁安书，页 381 中不好的抄写本。

第三章 第 一 王 朝

　　拉达克王国的起源与吐蕃王朝的衰落和崩溃连在一起。在朗达玛赞普被谋杀以后(842)，王朝的大厦整个倾圮了，旧贵族拥立旧王族的子孙作傀儡，展开了疯狂的权力争斗。关于朗达玛的子嗣颇费争议，头绪无法理清。按照黎吉生最近的研究，我们可以区分出两种类型的传说。较早的一种以萨迦派作者葛喇思巴监藏（Grags pa rgyal mtshan，1147—1216)和八思巴（'Phags pa，1235—1280)为代表。他们只知道那位遭谋杀的赞普的一位遗腹子，名奥松（'Od-srungs)。差不多所有后来的史传都接受了奥松的存在，但为他树立了一个对头，即一名养子，绰号云丹（Yum-brtan，"为他的母亲所支持的")，此人或许并没有真的在历史上存在过。① 对于我们的论题来说，我们只关心奥松，对于他，我们面临两个年代。较早的（萨迦派)传说给的日期是843—905 年。② 而在后期的作者中，只有一位提供了年代，即 847—885 年；这是大史学家巴俄祖拉（dPa'-bo gTsug-lag，1504—1566)所载，他的著作保存了许多源自可以上推至王朝时代的古代文献中的资料。③ 这里我们将不讨论与奥松有关的各种事件，因为它们只涉及吐蕃的中部或东部。

---

① 黎吉生（H. E. Richardson)：《谁是云丹？》(Who was Yum-brtan?)，载于《纪念拉露西藏研究文集》(*Études tibětaines dědičes á la memoire de Marcelle Lalou*)，巴黎，1971 年，页 433—439。

② 葛喇思巴监藏：《吐蕃王统》(*Bod-Kyi-rgyal-rabs*)；文本载于图齐：《新红史》(*Deb-ther-dmar-po gsar-ma*)，I，罗马，1971 年，页 131—132；译文见图齐 1947 年书，页 314(= 图齐 1971 年书，页 457)；也见于《鄂尔教法源流》，叶 126a。

③ 《贤者喜宴》，叶 141a—b。

[15] 奥松的儿子是班喀赞(dpal 'khor btsan),对于他同样存在两个不同的年代记载:893—923 年和 865—895 年。他似乎已经维持了他对卫藏的部分或大部地区的控制;但他也被认为在西部藏区(上纳里速,sTod mNga' ris)建造了八座寺院。① 他有两个儿子,萨迦派传说称他们为札失斋赞(bKra-shis-brtsegs-brtsan)和墀监定(Khri-kyi-lding);②后来的传说,包括《拉达克王统记》,给墀监定冠以吉德尼玛衮(sKyid-lde Nyi-ma-mgon)的名字,并说他是长子。③ 作为那些错综复杂的事件的后果,吉德尼玛衮向西迁徙:根据萨迦派的说法,在 929 年爆发了一次叛乱,以后王室的领土便在兄弟二人之间分配了。④ 而在后来的史学家看来,这种分离是在和平的情况下发生的。⑤ 至今我们未能发现任何有利于某一种说法或断代的特殊理由,而且我并不认为较早的萨迦派传说在这个问题上一定更加可靠。因此,避免作抉择更为稳妥。

至少这一点是肯定的,尼玛衮,即墀监定迁到了上部纳里速。与此相关,《王统记》叙述了一个民间的传说,试图解释某块巨大的餐巾为何此后一直为拉达克国王们所利用。它也告诉我们,他在若拉(Ra-la)地区建造了若拉喀玛(Ra-la mKhar-dmar)。他与没庐家族的喀昆('Khor skyong)结婚,她是由普兰(sPu-rang)的善知识札失赞(dGe-bshes bKra-shis-btsan)送给他的。⑥ 没庐家族属于最高的吐蕃贵族。⑦ 最后两位吐蕃赞普的母后都是没庐氏,出自这个家族的一名大臣,即汉文文献中的尚婢婢,在朗达玛遭谋杀以后的斗争中扮演了引人注目的角色,直到 849 年他不得不在唐朝境内避难为止。根据

---

① 葛喇思巴监藏:《吐蕃王统》,文本,页 132,译文见图齐 1947 年书,页 314(= 图齐 1971 年书,页 458);《鄂尔教法源流》,叶 126a;《贤者喜宴》,叶 141b;《拉达克王统记》,叶 35.1—2。
② 葛喇思巴监藏上揭书。Khris-kyi-ling 这个形式也出现在一份公元 1000 年后来自敦煌的文献中;J. 哈金(J. Hackin):《梵藏字典》(Formulair sanscrit-tibétain),巴黎,1924 年,页 36。但是这份文献未提及他的兄弟。
③ 《贤者喜宴》,叶 141b;《拉达克王统记》,叶 35.3。
④ 葛喇思巴监藏上揭书。
⑤ 《贤者喜宴》,叶 141b;《鄂尔教法源流》,叶 126a。
⑥ 《拉达克王统记》,叶 35.3—11。
⑦ 关于没庐,见 P. 藏密微(P. Demieville):《拉萨僧净记》(Le concile de Lhasa),I,巴黎,1952 年,注 25—30。

汉文文献记载,没庐部族是古代羊同王国的原型,①而羊同(至少部分地)相当于广义的象雄(西部和北部西藏)。② 他们可能在此地拥有庄园。《王统记》记载的这条撩人的简单资料或可表明,没庐家族已经维持了它在象雄的控制力,现在又试图用树立一位古代正统王朝的子孙作为挂名统治者的办法来抬高他的地位。但这是高度假设的。 [16]

巴俄祖拉的记载略有不同。按他的说法,两位名叫尚巴察·辇真德(Zhang Pa-tshab Rin-chen-sde)和属庐·列思葛刺合列思(Cog-ro Legs-sgra-lha-legs)的大臣陪同赞普直到结玛雍仲河(Bye-ma-g.yung-drung)。③ 在这里他被宣布为纳里速古鲁孙(mNga'-ris skor-gsum,阿里三围)的统治者。他在普兰建造了尼松堡(Nyi-bzungs),按照事先约定,这两位大臣将他们的女儿嫁予他为妻。④ 应该注意的是,就我们所知,不管是巴察,还是属庐与西部藏区均无任何特殊的联系。除了名字稍有不同外,两种记载基本一致。没庐、巴察、属庐都是古代吐蕃的最高贵的家族之一;他们属于最高级的贵族,曾向古代赞普提供皇后和大臣。⑤ 作为在西藏贵族中继续进行着的争斗中的一幕政治剧,新的政府是一两家贵族的创造物。但后来旧贵族从前台消失,或许永远声沉响绝了。⑥ 留存下来的那些是无可辩驳的王朝嫡传,地方的传说,就像《王统记》,或更多的像拉达克碑刻资料所声称的那样,将他们确认为松赞干布王朝的一个真正的、从未中断的延伸体。

10世纪初建立在西部藏区的新政权,占有了三个世纪以前组成古代象雄王国的核心,并在653年并入吐蕃的那些领土。象雄王国仍不包括拉达克,当时的拉达克(根据《王统记》)被西藏史诗中的英

① 《唐书》,页216B.7a;伯希和译本,页134—135。
② 图齐1956年书,页104。
③ 这条河是藏布江的水源之一。见斯文赫定(S.Hedin):《南部西藏》(Southern Tibet),I,斯德哥尔摩,1917年,页117和处处。
④ 《贤者喜宴》,叶141b。
⑤ 我们要补充的是,萨布(Sa-bu)的首领们自称是弥药(Mi-nyag)部族的后代,它源自东北部。详后,页55。
⑥ 关于最后一次提到没庐家族,详后,页166。

[17] 雄格萨尔的后裔所控制,而下部拉达克被划分成一些独立的小邦。① 按卫藏文献的记载,属庐氏为吉德尼玛衮生养了三个儿子:班结德仁巴衮(dPal-gyi-lde Rig-pa-mgon),札失衮(bKra-shis-mgon),德祖衮(lDe-gtsug-mgon);根据他们的名字结尾,他们被统称为上部三衮(sTod-mgon),这似乎成了第一王朝的典型特征。② 在第二和第三个儿子之间,父辈的疆土被分割了,这便是普兰和古格王朝的起源。长子,通常被称为班结衮,占有了拉达克;好像他的父亲只遗赠给他一个空头的主权,而实际的征服是班结衮自己去完成的。③ 他是拉达克王国的真正的缔造者和组织者,《王统记》对它的边界作了一个粗略的描绘。④

《王统记》排列班结衮继承者的名字如下,继承制通常是父子相传:

班结衮(dPal-gyi-mgon)

卓衮('Gro-mgon)

拉钦⑤·葛剌思巴德(*lha chen* Grags-pa-lde)

拉钦·赏竺叁班(*lha chen* Byang-chub-sems-dpa')

拉钦·监卜(*lha chen* rGyal-po)

拉钦·乌德巴剌(*lha chen* Utpala)

拉钦·那鲁(*lha chen* Nag-lug)

拉钦·葛贝(*lha chen* dGe-bhe);他有一个叫作葛[瓦]琫(dGe[-ba]-'bum)的兄弟

---

① 《拉达克王统记》,叶 35.9—10。与弗兰克的观点相左,拉达克与伟大的 Ge-sar saga(格萨尔王)之间联系,通常以为源自东北,是相当次要的。见石泰安:《西藏的史诗和研究》(*Recherches sur L'épopée et le barde au Tibet*),巴黎,1959 年,页 108。

② 《贤者喜宴》,叶 141b;《鄂尔教法源流》,叶 126a。同样的三个名字见于 J. 哈金的《梵藏字典》,页 36。另一份早期文献 *bTsun-mo bka'-thang*(《赞蒙遗教》),显然只把"上部三衮"的头衔给予了札失衮;劳佛尔(B. Laufer):《一位吐蕃赞蒙的故事》(*Der Roman einer tibetischen königin*),莱比锡 1911,页 106,2—3(224 页上的译文未认出正确的名字)。但是其他两位兄弟的名字是不言而喻的。

③ 《拉达克王统记》,叶 35.13—13。

④ 《拉达克王统记》,叶 35.14—17。关于这条资料的一个改进的译文,见阿赫玛德 1968 年书,页 340。

⑤ "拉钦"是早期拉达国王的头衔。碑刻中有时直到 17 世纪还在使用。

拉钦·觉朵(*lha chen Jo-ldor*)

札失衮(bKra-shis-mgon)

剌监(Lha-rgyal)(仅见于抄本.S)

拉钦·觉班(*lha chen* Jo-dpal)

拉钦·额珠(*lha chen* dNgos-grub)

[18]

所有这些国王都仅存名字为我们所知而已,我们不可能查对他们的生平年代。

至于《王统记》所载归于他们名下的事件,数量也是极少的。仅有一个双重称号,而完全没有名字的拉钦·监卜被认定在里结(Li-kyir)建造了鲁奇寺(Klu-'khyil),并与生活在凯拉沙(Kailāsa)地区的密修行者们有一些联系。① 我不知这是否与一本后出的文献提供的一条信息有什么联系:古格王沃德('Od-lde)于鼠年,可能是1042年或1054年,建造了白脱(dPe-thub,Spituk)寺;后来,这座寺院塌坏。② 一位古格王在拉达克的中心修建的这座建筑似表明了一个古格的强势统治。无论如何,这两座建筑约略属于同一时期。

拉钦·乌德巴剌据说曾率领上、下拉达克联军入侵绒蒂(Nyung-ti,屈露 Kulu),还迫使它的国王订约,规定屈露有义务世代朝贡。"他还臣服了自洛窝(Blo-bo)和普兰以下(地区);在哲章(Bre-sprang)的南边,直至曲拉梅哇(Chu-la-me-'bar);西边自惹干真兴(Ra-gan-'greng-zhing)至达和枯措(sTag Khu-tshur)以上地区;北边从噶索(Ka-shus,或噶卓 Ka-brus)以上。它们每年纳贡,并进宫觐见。"③这些名字中有些可以被确定。洛窝(Blo-bo 或 Glo-bo,木斯塘,在今尼泊尔)和普兰是众所周知的。曲拉梅哇或许就是曲哇(Chu-bar),米拉日巴就圆寂于此地。④ 达和枯措是位于巴尔提斯坦的两处村落,位于斯噶尔多(Skardo)西侧谷地。⑤ 这个地理区划显示

---

① 《拉达克王统记》,叶 35.22—24,有大李吉碑(F. 182)佐证,关于此碑见弗兰克 1914 年书,页 87。
② 《黄琉璃》,叶 224a(225);译文见图齐 1971 年书,页 484。
③ 《拉达克王统记》,叶 35.25—30。
④ 《魏里书》,页 65 和注 139。
⑤ 弗兰克 1926 年书,页 96。

了一个对西部藏区的大部分地区(或许包括古格)和差不多整个巴尔提斯坦的短暂统治。如果这一文献具有一定的历史根据,那么,拉达克在一个短时期内是西部喜马拉雅地区最强大的政权。

[19]　　人们将注意到的是,我们的国王名册中的前几个名字是纯粹的藏名,而作为一名强大的统治者和征服者出现的乌德巴剌,却享有一个梵文名字。更进一步,紧接着他的两位继承者那鲁和葛贝尽管表面上穿着藏式服装,却有一副外国面孔。在葛贝之后,我们却再次碰到那些纯粹的藏文名字。我们无法确定这三位国王在位时的大致时间,但作为猜测,我将把他们安排在 11 世纪中叶和 12 世纪的第一个 25 年之间。对这种异国面貌的闯入或可勉强提供一个解释。就像图齐已经指出的那样,乌德巴剌有可能属于那一个于差不多同时期内闯入西部藏区,并在古格和普兰建立了新朝代的操雅里安语的部族组织。"我们不知道是这个家庭自身适应了新的环境,而被完全地西藏化了呢(正如古格的入侵者们所做的那样),还是在乌德巴剌之后,拉达克的旧主人又撵走了新来者。"①我很同意这个推测,不过要将它延伸到乌德巴剌的直接继承者。当然,在我们将这个有意思的假设上升到历史事实这样的高度之前,尚需要更确凿的依据。拉钦·那鲁据称于虎年在瓦姆-勒(Wam-le)建造了宫殿,又于龙年在喀拉孜(Kha-la-rtse)建造了宫殿。② 当然,没有任何哪怕是最微小的资料可以用来确定这些日期。

　　第一个可靠的年代学互证(cross-check)是在拉钦·额珠统治时期。除了修复那些由他祖先建筑的寺庙外,他也充当了法王济丹松结衮布(Chos-kyi-rje 'Jig-rten-gsum-gyi-mgon-po)的施主。③ 此人当便是法王济丹衮布,即法主(Dharmasvāmin),或辇真班(Rin-chen-dpal,1143—1217),止贡寺和止贡派的缔造者。当他 73 岁时,即 1215 年,他派库雅岗巴(Ghu-ya-sgang-pa)前往凯拉沙,在那儿建造了一座寺院。

---

① 图齐 1956 年书,页 109。
② 《拉达克王统记》,叶 36.1—2。
③ 《拉达克王统记》,叶 36.9—12。这个名字在弗兰克的译文中没有被如此识别。

彼时,他的施主(dānapati)是古格王墀札失德赞(Khri bKra-shis-lde-btsan),芒域(拉达克)王拉钦·额珠衮,普兰王拉钦·达察赤瓦(sTag-tsha-khri-’bar)和他的儿子纳衮德(gNam-mgon-lde)。① 止贡派在凯拉沙-马纳萨罗伐地区的发展也为高赞巴(rGod-tshang-pa,1189—1258)见证,恰好就在那些年里(确切地说是在1213—1217),高赞巴正在那个地区游历。② 再回到王国历史上来,提供给拉钦·额珠的1215年这个年代,使我们能对于拉达克国王任期的大致平均长度作一个推算。在380年间或在朗达玛身亡(842)和额珠在位之间的那些年内,《王统记》中排列了16位国王,这得出的平均在位时间为23.7年。当然这个数字无关紧要,首先是因为国王名单根本不可靠;其次是因为王位继承并不像《王统记》向我们展示的那样,一直是父子相传;而兄弟相传则不难设想其在位时间更短。撇开世次不算,仅以在位时间估算,对于拉达史的最后(和最清楚的)时期,我们得出了大致相同的结果。自1616年(僧格南杰登基)至1837年(才班南杰 Tshe-dpal-rnam-rgyal 被废黜),即在221年间,有9位国王相继登台干政,它得出的平均在位时间为24.4年。因此,我认为,不管它有什么样的价值(价值极小),我们姑且接受24年这个中间长度,或者直接地说为25年。[20]

据《王统记》记载,额珠之后,由下列国王统治:

拉钦·监卜辇真(*lha-chen* rGyal-bu Rin-chen)

拉钦·喜绕(*lha-chen* Shes rab)

拉钦·墀祖德(*lha-chen* Khri-gtsug-lde)

拉钦·葛剌思琫德(*lha-chen* Grags-’bum-lde)

如此,就要使我们认为,在额珠(生活于1215年)和宗喀巴的同

---

① 《冈底斯山志》,叶27a—29a。在《科迦寺志》(*The Guide of khojarnath*),叶12a中相应的段落中,墀札失德赞和额珠衮被重叠于一个古格国王墀札失额珠衮之中(khri bkra-shis-dngos-grub-mgon);见图齐1956年书,页62。Mar-yul(拉达克)的不正确形式 Mang-yul 在各个时期的藏文文献中都很普遍。

② 《高赞巴传》(*Life of rGod-tshang-pa*),图齐手写本,叶36a—38b、53b。关于他的旅行见图齐1940年书,页15—26(=图齐1971年书,页376—382)。关于他的生活年代和旅行日期,见《青史》,页680—686、700。

[21] 时代人(15世纪初)葛剌思琫德之间仅有三位国王南面临朝。这怎么计算都未免太少了,因为它给出的平均数是每位国王在位50年;它也表明,这个名单是靠不住的,一些名字(可能有4个)从这个名单上失落了。《王统记》中的"监卜"(王子)莘真引出了他与Jonarāja的《罗阇多罗吉尼》(*Rājataraṅgiṇī*),vv.157—254中的Riñcana Bhoṭṭa,一位篡夺了克什米尔的王位,并在大约1320—1323年统治了该地区的西藏人的堪同问题。这种认同已被普遍接受。① 而且从历史语言学这个角度看,它亦几乎无懈可击。不过,莘真作为1215年时在位的额珠的直接继承人,引出了无法克服的纪年问题。当然我们可以假设,在这二人之间有3名或者4名国王从这个名单上遗漏了。但实际上监卜莘真这个名字具备作为一名插入者的各种特征。首先,拉达克的一位莘真国王,与《罗阇多罗吉尼》中提供的情况不相符合,它将其形容为一位对其父亲的谋杀者实施了残忍报复后出逃的王子。② 其次,正是《王统记》加给他的那个称号出卖了这位插入者,因为没有一名拉达克人竟会想到称一位在位的国王为监卜(王子);这肯定只是对《罗阇多罗吉尼》中的rājaputra的翻译。因此我们可以假定,《王统记》的编撰者将王子莘真的名字放在这里是为了加强拉达克国王在克什米尔人眼中的重要性,拉达克和克什米尔一直有密切的商业联系。拉达克国王可以从此自夸在古时候曾统治过克什米尔。实际上,《罗阇多罗吉尼》并没有详细说明Riñcana Bhoṭṭa来自哪一个西藏国家:它也可能是巴尔提斯坦或者古格。

有关剩下的两位国王,我们只知道喜绕在萨布的杭孜姆(Hang-rtse-mo)顶上建造了僧格岗(Seng-ge-sgang)村庄,墀祖德在列城和萨布修建了几座佛塔。③ 其他方面,对我们来说这两个世纪完全是漆

① 它首先由萨尼(D. R. Sahni)和弗兰克于1908年提出。这引起了许多推测,而其中的最后(也是最不好的)一个例子乃P. K. 佩姆(R. K. Parmu)的《穆斯林统治克什米尔史》(*A History of Muslim in Kashmir*,德里,1969年)中对莘真时代的拉达克的那些奇怪的记载,其中没有一个说法是以藏文史料为基础的。

② 杀人者被称作羯拉曼耶(Kālamānya),这个名字令我们想起古格传说中的格蒙(bskal-Mon);见毕达克1939年书,页112。

③ 《拉达克王统记》,叶36.14—17。

黑一团。可基本肯定的是,拉达克竟破例不包括在蒙古帝国之内,尽管图齐在卫藏的夏鲁寺内发现的、属于 14 世纪初由帝师下达的官方文书,声称对纳里速古鲁孙(阿里三围)——或许包括拉达克——有宗主权。[①] 但纳里速是在由中国之蒙古皇帝的代理人萨斯迦住持直接管理的领土之外;它确实没有遭遇到蒙古人于 1268 年和 1288 年在西藏进行的两次户口调查。[②]

迷雾自葛剌思璞德开始消散,他是一位酷爱建造寺院和佛像的人,这表明宗教在其国家内的复兴。他还接纳了一位从改革家宗喀巴(1357—1419)那儿来的使者,而且为了纪念这一事件,据说还为格鲁派建造了白脱寺(dPe-thub)。[③] 这条资料令我们断定葛剌思璞德生活于 15 世纪初。作为一个尝试性的断限,我们可以提出其在位于 1410—1435 年。他统治时期的一些档案首次得到保存。一篇书跋提到了国王葛剌思璞德、他的妻子王后觉卧却帕(rgyal-mo Jo-bo Khyab-'phags)和他们的上师罗卜藏班(Blo-bzang-dpal)。[④] 穆尔伯赫(Mulbhe)铭文中的一位国王璞德[⑤]可能就是葛剌思璞德;但不能排除他是一位地方首领的可能性。

同时,克什米尔的伊斯兰化给西部喜马拉雅带来了新的不稳定因素,因为一些克什米尔苏丹在反异教徒圣战(jihād)的外衣下,包藏着建立大帝国的用心。他们的第一个目标便是巴尔提斯坦,克什米尔人(并且在他们之后所有印度的穆斯林史学家)称巴尔提斯坦为小西藏,而拉达克被称为大西藏。从克什米尔穿过佐吉拉,并侵入此山隘更远地区的第一支穆斯林武装是在锡甘达尔(Sikandar)在位期间(1394—1416)由雷・玛达日(Rai Madari)统帅的。他征服了巴尔提斯坦,然后发动反对其主子的叛乱并向克什米尔迫进,但被锡甘达尔

① 图齐 1949 年书,页 671—672。
② 图齐 1949 年书,页 252。关于括户见上引书,页 13—14。
③ 《拉达克王统记》,叶 37.1—2。
④ 格坚书,嘛呢和书籍清单,第 2。
⑤ 《弗兰克碑铭集》,页 36;也见于弗兰克 1906a 书,页 75—77。

[23] 打败并打入了牢囚。① 拉达克虽幸免于被入侵,但也发现它如今面对着一个敌对的势力和敌对的宗教;在一个未知的年代(或许很晚以后)和一个未知的情景下,巴尔提斯坦和普日改宗伊斯兰教。

苏丹札因·乌勒·阿别丁(Zain-Ul-Abidin,1420—1470)登基之后立即亲自率领了一次对西藏的征伐,"并劫掠了这个国家和大规模地屠杀了其人民"。在这一时期,拉达克也遭入侵,就像《罗阇多罗吉尼》告诉我们的那样,国王一直推进到古格(Goggadeśa)。由于国王从Śayadeśa的士兵手中抢救了一尊金的佛像,所以在入侵过程中协城(Sheh)似也遭到洗劫。② Sheh这个名字可以指Sheh这一地区,也可指整个拉达克,因为在古时候,协城是拉达克的首都。当然,札因·乌勒·阿别丁并不打算永久地占领该地;这仅仅是旨在抢集赃物和强索贡赋的习惯性袭击中的一次。与此相关,我们也见到过西藏的君主有一次向克什米尔的国王进贡马纳萨罗伐湖珍禽的记载。③ 要说明这位纳贡的君主到底是古格的国王,还是拉达克的国王是没有可能的。我推测札因·乌勒·阿别丁的入侵发生在葛剌思璋德在位期间;但《王统记》从未提到这一次或后来任何一次克什米尔对拉达克的入侵。葛剌思璋德的继承者罗古罗思乔丹(Blo-gros mchog-ldan)向第一位佛王(达赖喇嘛)根敦珠(dGe-'dun-grub,1391—1474)赠送礼物。他也曾充当过格鲁派学者、克珠杰(mKhas-grub-rje,1385—1438)的弟子桑浦瓦剌旺洛卓(gSang-phu-ba Lha-dbang blo-gros)的施主。④ 因此,

① 《先知史》,页340(译文见于布里格斯书,页459);《表传》,Ⅲ,页645。
② 《先知史》,页342(译文见于《布里格斯书》,469);《表传》,Ⅲ,652;觉那罗阇(Jonarāja)的《罗阇多罗吉尼》(Rājataraṅgiṇī,卷1106—1109〔=《萨尼弗兰克书》,页188〕)。关于进一步细节见R. K. 佩姆(R. K. Parmu),上引书,页140,所引克什米尔穆斯林编年史。
③ 《先知史》,页344(译文见《布里格斯书》,页470);《表传》,Ⅲ,页660。
④ 《黄琉璃》,叶223b(226)。一个出自库纳瓦尔(Kunawar)的碑铭(弗兰克碑铭集,页166)赞颂佛王宗喀巴、克珠法王和剌旺洛卓。另一个碑铭(F. 167)赞颂克珠杰、剌旺洛卓和班禅根敦珠(第一辈达赖喇嘛)。如此,可以确定他的精神渊源。然更特别的是他未出现在任何一个现存的克珠杰弟子的名单中(即《噶玛巴和格鲁派的历史》,叶37,非常明确;《黄琉璃》,叶67;《隆多喇嘛全集》,卷2a,页287)。克珠杰与纳里速的关系的相应证据,是由他给古格王后赤江(khri-lcam)和古格国王(mnga'-bdag)墀南凯尼波彭措德(Khri-nam-mkha'i-dbang-Phun-tshogs-sde)(当作lde)的信提供的,这封信见于克珠杰的全集中,卷Ta,叶18b—20b,86a—87b,87b—89a(《东北大学所藏藏文佛教文献目录》,页5500/12,36,37)。

他可以被认为是 15 世纪中叶时的人,作为他的假设的年代,我们可以采纳 1435—1460 年。《王统记》记载了他对纳里速古鲁孙的征服, [24] 他从那里带了一些贵重的东西如铠甲上衣、剑、小刀、绿松石、马鞍、马等回到拉达克。[①] 这看起来像是对古格的一次袭击,当时古格已经脱离了业已式微的森扎(Senja)的玛拉(Malla)王国。大约就在这个时候,在 1451 年,巴尔提斯坦受到了来自克什米尔的又一次袭击,这一次是由札因·乌勒·阿别丁的长子阿坦汗(Adhan Khan)率领的。[②] 就我们所知,拉达克未被殃及。罗古罗思乔丹的统治悲惨地收场。他被源出于这个家族之旁支的一位王子废黜和囚禁,他的下台标志着拉达克第一王朝的终结。

[①] 《拉达克王统记》,叶 37.3—8。
[②] 《先知史》,页 345(译文见布里格斯书,页 471);《表传》,Ⅲ,页 663;室利伐罗(Śrīvara)的《罗阇多罗吉尼》(*Rājataraṅgiṇī*,Ⅰ,页 51〔 = 萨尼—弗兰克书,页 189〕)。

第四章　第二王朝的早期统治者

　　见于《王统记》的王朝更迭（或者更确切地说，转换到同一家族的另一支）的记载是明确的，且显然是可靠的。葛剌思瑋德的弟弟葛剌思巴瑋（Grags-pa-'bum）被分得一块包括巴高（Ba-sgo）和丹哇（lTe-ba）在内的庄园；他建造了定姆冈（gTing-mo-sgang）作为首府。他（的爵位和财产）由他的儿子巴剌（Bhara）继承，关于后者《王统记》未置一辞。巴剌的儿子是好战的巴甘（Bhagan），与协城之百姓、逊位国王罗古罗思乔丹以及他的兄弟仲巴阿里（drung-pa A-li）和拉丹达吉（Slab-bstan-dar-rgyas）等组成了一个联盟。①

　　但关于这一点，这个编年系统再次出现了矛盾。毋庸置疑，罗古罗思乔丹生活在15世纪中期（1435—1460）；如此巴甘或许是年少于他的同时代人。但那位据《王统记》记载为巴甘之子的札失南监（bKra-shis-rnam-rgyal）肯定是16世纪第3个25年时期的人，对此可见下述。因此，这便出现了一个长达90—100年的间隙无法跨越；虽然《王统记》的各种抄本关于这一点的记载都是一致的，但我们不得不承认，一些名字已经在《王统记》中佚失了。按照我们对拉达克国王统治年限的平均长度推算，从理论上说，我们认为这个空隙将由包括巴甘在内的四位统治者来填补。我知道用这种方法是不可靠的。但由于没有别的证据出现，我们被迫再次借助假设来工作。因此我很谨慎地提议将巴甘的统治期限确定为1460—1485年，在他之

---

① 《拉达克王统记》，叶37.9—14。仲巴在西部藏区是一个僧侣的称号。这证明阿里不是一个穆斯林（如弗兰克所预期的那样）。

后，我还将插入一名佚名国王（1485—1510）。至于巴剌和巴甘这两
个名字的印度特征，在我们现有的知识范围内，冒险作出任何猜测都
是不可靠的；但外国入侵和短时期的外国统治的可能性是无法排
除的。

在这个时期内发生了另一次来自克什米尔的入侵。1483 年，苏
丹哈桑·沙（Sultān Hasan Shāh，1472—1484）派杰汉吉尔·马格雷
（Jahāngīr Magre）和赛义德·哈桑（Sayyid Hasan）入侵大、小西藏
（勃律）。由于他们的不和，他们采用不同的道路向前推进。赛义
德·哈桑征服了巴尔提斯坦，并胜利地返回了斯里那加（Srinagar）。
杰汉吉尔进入了拉达克，但被击败，丧失了他的所有军队，只身逃
出。[1]《王统记》对此事件照例默默地一带而过。

为了进一步拓开我们的思路，我们一定要将著名的中亚冒险家
米儿扎·海答儿·都格拉特（Mīrzā Haidar Dughlāt）的回忆录所提
供的一些内容考虑进来。此人 1532 年入侵了拉达克。他提到了一
位名叫 Bāghān 的人，乃操拉达克语地区的头人（主，拉达克语 jo）。
米儿扎·海答儿派遣了一支反对苏如（Suru，上部普日 Upper
Purig）的队伍，队伍的首领袭击了他，但被击败和杀害；而 Bāghān 也
受到了致命的伤害，并被交给[当地的?]穆斯林们[为奴?]，而突厥作
战部队的残余正向叶尔羌进发。[2] 回忆录中的这个段落似已遭审改，
因为原本从未出版，所以很难核对译文。当然 Bāghān 这个名字确可
与《王统记》中的巴甘相勘同。但不管是时间还是地位和地点都不一
致；Bāghān 是一个很小的地方头人（jo），而不是一位国王，他在普日
行使其统治权，而不是在拉达克。这一勘同看来是完全不可能的。

谈及拉达克的一般政治形势时，米儿扎·海答儿告诉我们：有两
名统治者，一位名 Tashikun，另一位名 Lātā Jughdān。[3] 1535 年，当努布

---

① 室利伐罗：《罗阇多罗吉尼》，Ⅲ，页 440—444。参见 M. 哈桑（M. Hasan）：《苏丹统治下的克什
　米尔》（Kashmir under the Sultans），加尔各答，1959 年，页 104。
② N. 伊莱亚斯（N. Elias）和 E. 丹尼森（E. Denison）（译）：《中亚莫卧儿史》（A history of the
　Moghuls of Central Asia），伦敦，1895 年，页 408、460。
③ 同上，页 463。

拉(Nubra)爆发一场叛乱时,Tashikun 未能援助米儿扎·海答儿的官员,并因此而被置于死地。[1] 这个名字显然乃札失衮(bKra-shis-mgon)的转写。它没有出现在这一时期的拉达克国王名单中,但我们可以冒险猜测一下。在赤赛(Khrig-se)附近之聂尔玛(Nyar-ma)发现的一块未曾刊布的碑刻中颂扬了一位额达钦波(mNga'-bdag-chen-po)札失衮。[2] 另外,在玛卓(Ma-spro)之江白(rGyam-be)泉前面的玛尼墙(maṇ-gdong)上发现的铭文中,也出现了国王札失衮的名字。[3] 这显然是一位地方统治者,但"额达"这个称号似乎指的是一种独立的地位。因此,我们可以推测,那时上部拉达克至少在一个短时期内脱离了旧王国。但我无法坚持一个建立在这样软弱的基础之上的猜测。

[27]

　　Lātā Jughdān 使我们想到了罗古罗思乔丹,尽管 lātā 与 blo gros 仅有一点儿含糊的相似之处。但即使我们接受这种比同,与这位 15 世纪的国王罗古罗思乔丹的勘同亦肯定是不可能的。我们可以试着把 Lātā Jughdān 作为拉达克主要地区的国王来接受,并把他的年代确定为 1510—1535 年。显然,他试图维持与占领其国家的侵略者的友好关系。一段时间之后,米儿扎·海答儿侵入西藏,并在没有遇到任何实际抵抗的情况下进军。但气候和地形、供给的严重困难作为远比任何西藏军队可怕的障碍阻止了侵略者;距离卫藏(拉萨)只有 8 天的行军路程时,他不得不返。尽管损失惨重,但他仍安全抵达拉达克,并向协城退却,在这儿他停留了两年多,直到 1536 年末他起程前往巴达克山(Badahkshan)为止。

　　对于下一位统治者,我们不得不再次冒险猜测一次。我们知道,一位国王拉钦·公哥南监(Kun-dga'-nam-rgyal)的名字与一位大臣恰朵觉(Phyag-rdor Jo)一起出现在塔鲁铭文(Taru inscriptions, F. 102)中,这位大臣在札失南监(bKra-shis-nam-rgyal,1555—1575)统

---

[1]　N. 伊莱亚斯(N. Elias)和 E. 丹尼森(E. Denison)(译):《中亚莫卧儿史》(A history of the Moghuls of Central Asia),伦敦,1895 年,页 423。

[2]　Chab-srid-yang-pa'i-Nyer-ma Lha-mtsho 'dir/mnga'-bdag chen-po bKra-shis-mgon-la-stod/图齐教授抄写。

[3]　格坚书,嘛呢与书籍清单,注 1。可惜格坚没有给出这位国王的称号。

治时期也还在世。因此，作为一个似可成立的假设，我将在 Lātā Jughdān 和札失南监之间插入公哥南监，并估计他的统治期限为1535—1555 年。此后，这个王朝一直使用南监这个名字的词尾并一直延续至今。

在这个时期内，不管是谁统治，拉达克都未曾得享长久的安宁。已经成为克什米尔的统治者的米儿扎·海答儿不曾忘怀于这个早年冒险的舞台。1545 年，他入侵拉达克。这是一次没有持久后果的袭击。但在 1548 年，他发动了一次大规模的战役，征服并吞并了大西藏和小西藏。他甚至为他的新统治区任命了总督，穆拉赫·卡西姆(Mullah Qasim)统治小西藏(巴尔提斯坦)，穆拉赫·哈桑(Mullah Hasan)统治大西藏(拉达克)。① 或许他们的统治纯粹是有名无实的；无论如何，随着他们的主子于 1551 年去世，他们亦消失得无影无踪。另一次来自克什米尔的入侵是一次纯粹的对西藏人数次袭击的报复，它是由贵族多拉特·查卡(Daulat Chak)、桑噶·查卡(Sankar Chak)、易卜拉欣·查卡(Ibrahim Chak)、海答尔·查卡(Haidar Chak)和其他人领导的、发生在 1553 年的对大西藏(拉达克)的进攻，②也没有造成长久的后果。 [28]

公哥南监(?)可能就是玛域麦巴(Mar-yul-smad-pa，下部拉达克的统治者)，第二世达赖喇嘛根敦嘉措(dGe-'dun-rgya-mtsho)曾送给他一封信；它附属于七封发送给古格君王(bdag-po)的系列信件中，其中的一封至少可断定写于庚子年(kun-ldan，1540 年)。③ 玛域麦巴这个名称似乎表明，在米儿扎·海答儿时期，拉达克仍分成两个国家。④ 这个国王(《王统记》中的巴甘)有两个儿子，剌旺南监和札失南监，从他们开始，我们再次回到了可靠的领域。在他们的父亲死后，幼子弄瞎了其兄长的眼睛，篡夺了王位。但由于他自己没有子嗣，便将他的牺牲品安置在林聂(Ling-snyed)——一个位于桑斯噶

---

① 《先知史》，页 355—356；《表传》，Ⅲ，页 710 和 712。
② 《先知史》，页 359；《表传》，Ⅲ，页 727—728。
③ 它被发现于根敦嘉措的全集，卷 Ri，叶 24b—25a。
④ 《拉达克王统记》，叶 37.15—17。

(Zangs-dkar)边境的僻远住所,允许他结婚,以保证王朝的延续。不管他的道德品质如何,札失南监实际是一位很有才能的统治者。他征服了普日以上、卓晓(Gro-shod)以下的所有地区;且卓晓(Gro-shod 或 Dro-shod)是指从玛雍(Mar-yum)向东穿过玛纳萨罗伐湖,向下到达擦曲河(Tsa-chu)与藏布江汇合处的藏布江上游地区。① 这表明拉达克对古格王国有过一段短暂的统治。他在列城后面的南监孜莫(rNam-rgyal-rtse-mo)山顶上建造了城堡(现已倾圮),在它下面建造了护法神殿,即忿怒相的护法神的礼拜堂。他荫庇教徒,给止贡、萨迦、甘丹、拉萨和桑耶的寺院送去贵重的礼品。② 这些行为似乎显示出包容一切的意味,而成了许多宗派的共同施主。实际上,他偏爱止贡巴,对此我们恰好拥有一个很好的纪年证据。"在佛宝(rGyal-dbang Ratna)时期,持金刚者丹麻公哥葛剌思巴(lDan-ma Kun-dga'-grags-pa)来到凯拉沙。他的施主古格王济丹旺秋('Jig-rten-dbang-phyug)和普兰第巴索南若丹(bSod-nams-rab-brtan),将他作为他们的根本上师(rtsa-ba'i bla-ma,梵文:mūlaguru),他得以恢复了一些宗教地产……同一位圣人,在其下半生(rje-nyid-sku-tshe'i-smad-pa)得到了拉达克王札失南监和才旺南监(Tshe-dbang-rnam-rgyal)以及后者的兄弟们的邀请。他来到了芒域(mang-yul),充当了这位国王的根本上师;他建造了岗额寺(sGang-sngon)。"③佛宝乃是第十七辈止贡法台(gdan-rabs)辇真彭措(Rin-chen-phun-tshogs,1509—1557,1529—1534? 年在住持位)。④ 这位持金刚者(即在凯拉沙-马纳萨罗伐地区之止贡巴寺院的首领)丹麻即是在《王统记》中的一个部分相应的段落中出现的那位丹麻法

[29]

---

① 魏里书,页 124,注 83。
② 《拉达克王统记》,叶 37.23—25、35.26、36.3—5。
③ 《冈底斯山志》,叶 33a—b。
④ 这个勘同《止贡世系》,叶 22a;五世达赖喇嘛:《西藏王臣记》,瓦拉纳思,1967 年,页 149,作为保证。关于直至 1529 年的止贡世系表,见佐藤长:《明代西藏的止贡巴世系》(日文),载于《东洋史研究》,45(1962/63),页 434—452。在《止贡世系》的基础上,这个表可以延续到公元 1620 年。辇真彭措在 1556 年见到达赖喇嘛;《三世达赖传》,49a。

主。① 他也就是三圣地（gnas-gsum）的持金刚者丹麻法主,此人是第 18 辈法台荦真南监（Rin-chen-rnam-rgyal,1507—1564;自 1535[?] 年后在住持位）的一位弟子。② 古格王济丹旺秋据说于 1540 年至 1555 年在位。③ 综合所有这些资料,我们可以得出如下结论:丹麻在这个世纪的后 50 年来到拉达克,成了拉达克国王的根本上师,并建岗额扎西曲宗寺（sGang-sngon bKra-shis-chos-rdzong）于其旺（Phyi-dbang 或 Phyang）,这个寺院与更早得多的喇嘛宇茹（Lamayuru）寺一起,是现在拉达克境内的唯一的止贡巴中心;很遗憾没有丹麻的传记存世,就像岗额现世托丹活佛（rTogs-ldan Rin-po-che）告诉我的那样,从未有人撰写过丹麻的传记。因此,札失南监统治时期标志着止贡巴影响的部分复兴。[30]

克什米尔的国王们最后一次试图入侵拉达克发生在 1562 年,国王格齐·查卡（Ghazi Chak）派出了由他的儿子阿赫穆德汗（Ahmad Khan）和法特赫·查卡（Fath Chak）指挥的征服军。后者袭击了敌方首府,但得到了进贡的承诺后便撤退了。其后自负的阿赫穆德汗试图重复这种冒险但遭到包围,法特赫汗的及时援助才使其得以身免,而法特赫汗则被杀。④ 来自另一个地区的侵犯也被击退。国王抗击了一支霍尔（Hor,或许是来自叶尔羌或喀什噶尔的突厥人）的入侵部队并击毙了他们中的许多人。他们的尸体被献祭于列城之护法神殿的护法神像脚下。⑤ 不出所料,札失南监的一块碑刻于护法神殿被发现（F. 179）。它证实了他的建筑活动和他于定姆冈（gTing-mo-sgang）、若丹拉孜寺（Rab-brtan-lha-rtse,靠近巴高 Ba-sgo）和勒钦邦冈（Ble-chen sPang-gang,列城）等地,作为献给法主喇嘛即持金刚者丹麻的祭供而建造了一些佛像。这块碑刻上也提到了英勇而能

① 《拉达克王统记》,叶 37.26—38.3。
② 《止贡世系》,叶 26a。
③ 关于第一个日期见《黄琉璃》,叶 160b(165)和二世达赖在那一年致这位国王的一封信,信见于他的全集,卷Ṝī,叶 23b—24a。关于第二个日期见《三世达赖传》,叶 40a;《黄琉璃》,叶 219a(221);以及图齐 1949 年书,页 254 和图齐 1971 年书,页 480 中亦都提到。
④ 《先知史》,页 362;《表传》,Ⅲ,页 738—739。
⑤ 《拉达克王统记》,叶 37.25—26。

干的恰朵觉,"他在承侍这位前法王时极为机敏"(Chos-rgyal-gong-ma'i-Zhabs-tog-bsgrub［m］khas pa/dpa' mdzangs-'phrul-ldan-phyag- rdo-dang-jo-ni)。我们回忆起塔鲁碑铭中(F.102)出现了伦钦恰朵觉和伦钦公哥南监;这使我们推测公哥南监是札失南监的父亲,或者总而言之是他的一位前辈。

另一块碑刻(F.185)纪念的是札失南监在阿吉(A-lci)进行的一些复兴工作,记录了他对打击门(Mon,可能指屈露或瞻婆人)、霍尔等的胜利,和对茹脱(Ru-thog)和斯匹提(Spiti)以下、苏鲁(Suru)和赫姆—巴伯斯(Hem-babs,德拉斯 Dras)以上,以及巴尔提斯坦、努布拉和桑斯噶等地区的征服,所有这些地区都成了他的属地。鉴于法主丹麻的故事所提供的参照日期,我们可以将札失南监的在位时间暂定为1555—1575 年。

在这个时期,有一名王室成员在黄教中有突出的宗教经历。这是罗古罗思乔丹的一名 dbon-brgyud。这个称呼很含糊,可以指侄孙,或者更普遍地用于指一位侄子的后代。很难说他是否是罗古罗思乔丹的一位兄弟所出,并且因此而成为第一王朝的末代子孙之一,或者是"Lātā Jughdān"的一位侄孙。他在白脱寺出家为僧,然后前往中藏,在扎什伦布寺学法,后来在泽当(rTses thang)主持一个攻读饶绛巴(rab 'byams pa)学位的扎仓。① 他的全名是拉尊索南米居若丹班藏卜(lha-btsun bSod-nams-mi-'gyur-rab-brtan dpal-bzang-po)。1558 年,他教第三世达赖喇嘛时轮续星算。1559 年,他与达赖再次相遇,并在达赖喇嘛受比丘戒(dge-slong)时充当知时者(dus-sgo-ba)。② 1566 年,居哲蚌寺,说服班玛噶波(Padma-dkar-po)著作了几部论典。③ 他最后一次露面是在 1578 年。④ 瞎了眼的剌旺南监有三

[31]

---

① 《黄琉璃》,叶 224a。罗开什·阐德拉的版本,页 226,把 dbon-brgyud 错写为 dbon,并在索南嘉措前面略去了一切智(Thams-cad-mkhyen-pa)这个称号。一个很短的传记包括在《喇嘛传记》中,Ca,叶 351b—352a。
② 《三世达赖传》,叶 60b,64b,73b。参见《黄琉璃》,叶 100b,101a(107)。
③ 《班玛噶波自传》,叶 99b。
④ 《三世达赖传》,叶 92a;《喇嘛传记》,Ca,叶 39a。

个强壮的儿子：才旺南监、南监衮波（rNam-rgyal-mgon-po）和绛央南监（'Jam-dbyangs-rnam-rgyal）。① 一块出自定姆冈的碑刻给这位老人以"父王"（yab-chen rgyal-po）的称号，给他的长子以"大统治者"（Sa-skyong-chen-po）的称号。这似乎表明，篡位者已经故去，但由于这位瞎眼的父亲不能理政，他没有再度执政，而由他的长子充任摄政。无论如何，王号是在其身后加封给他的，因为我在岗额看到有一页包含有一部已佚的《莲花生遗教》（Padma-thang-yig）题署的单片上，出现了国王剌旺南监和祭献给他的供品。它也包含有首要大臣（Chos-blon-chen-po）噶噶曲结丹（Ga-ga Chos-rgyal-lde）和王后（lha lcam）丹增杰姆（bsTan-'dzin-rgyal-mo）的名字。

　　总之，才旺南监登上了王位，并且证明他是拉达克最好战和最成功的统治者之一。在其还很年轻的时候，他就挑起了反对西方的战争，征服了自绛昂仁（Byang Ngam-rings）至拉达克边境，包括洛窝、普兰、古格等在内的地区。在喜马拉雅山南麓，他征服了宗兰（'Dzum-lang，Jumla 久姆拉）和绒蒂（Nyung-ti，屈露）；在西部，他征服了巴尔提斯坦的喜-斯格尔（Shi-dkar）和喀噶（Khab-gar?）。他还试图袭击北部的突厥人（霍尔），即叶尔羌汗，但理智地听取了努布拉人的建议，终止了这一如此莽撞的计划；否则它一定将严重损害途经山隘的贸易，而这对于努布拉来说是至关重要的。才旺南监严格地控制他的附庸，将他们作为人质带回他的首府，而将他自己的官员安插在他们的城堡中。古格虽保持一个单独的王国，但不得不交纳重赋；茹脱也是如此。② 他的唯一一铭文（《弗兰克碑铭集》，77e）中提到了他的大臣崩巴德（Bum-bha-lde），此人显然就是父王剌旺南监的铭文中出现的噶噶崩德。图齐教授于章喀（斯匹提）发现的一个题署中亦提到了国王才旺南杰和他的大臣噶噶崩巴德。没有任何纪年资料可资利用，我们可将他的年代暂定为 1575—1595 年。假如这正确的

[32]

────────────

① 《拉达克王统记》，叶 37.17—22。
② 《拉达克王统记》，叶 38.6—13。

话,那么,我们可以说他的统治是以止贡巴势力的持续存在为标志的。1593 年,第二十一辈止贡巴法台彭措札失(Phun-tshogs-bkra-shis,1547—1602,自 1582/3 年起任住持)派一位名叫阿旺南监(Ngag-dbang-rnam-rgyal)的新的持金刚者前往马纳萨罗伐,按照惯例,向芒域(拉达克)、古格和普兰的国王递交了官书。①

剌旺南监的第二个儿子南监衮波在《王统记》中并没有作为国王出现。但在一个出自朵喀(mDo-mkha')的铭文(F. 103)中,他与他的兄弟绛央南监一起被给予完整的王号(Chos-rgyal-chen-po,大法王)。显然,这二人一度曾经共事。我们似可给南监衮波划定一个既短又名不副实的统治年代,即 1595—1600 年。在此,我们必须将耶稣会士本托·迪·戈斯(Bento de Goes)在 1604 年 2 月 2 日写自叶尔羌的一封信中的叙述列入记载。他在叶尔羌发现"一位被监禁的西藏(Tabete)国王,这位国王受蒙骗而被俘获,三年前被带到这里(即 1600—1601 年)。他的名字是'Gombuna Miguel'"。② 这个名字应更正确地拼写为 Gombu Namiguel,即衮波南监。最可能的勘同疑是与王子(lha-sras)衮波南监的对勘,此人出现在一块出自努布拉境内洪答儿(Hun-dar)的不知年代的铭文(《弗兰克碑铭集》,页 40)中,是名叫大法王才旺丹巴(Tshe-dbang-brtan-pa)的努布拉地方统治者的儿子。这亦可能就是《王统记》中的南监衮波。我只想强调,除了名字更为类似之外,叶尔羌的一次袭击更可能打击了紧靠关口另一边的努布拉,而不是更远处的拉达克。

[33]

在一种我们都无法猜测的情况下,第三位兄弟绛央南监成了王位的唯一继承人。他发现自己面临着一个困难的局面。才旺南监死后,"附庸诸侯纷纷反叛"。③ 新国王试图以介入齐克坦(Cig-tan)的才仁玛利克(Tshe-ring Malik)和普日的另一位头领之间的冲突来重

---

① 《彭措扎西传》,叶 311a。参见《冈底斯山志》,叶 33b。
② 费尔南·古埃列罗(Fernão Guerreiro):《编年史》(Relaçam annual),等等(关于 1606 年和 1607 年条)。里斯本,1609 年,页 167b。在 C. H. 佩恩(C. H. Payne)的《张格尔与耶稣会士》(Jahangir and the Jesuits)中有译文,伦敦,1930 年,页 148。
③ 《拉达克王统记》,叶 38.17—18。

建他的权威。① 结果完全是一场灾难。他的进攻引起了巴尔提斯坦历史上最重要的人物斯噶尔多(Skardo)的头领(dmag-dpon)阿利·米尔(Ali Mir)的干预。② 1591 年,阿利·米尔已颇为显赫,正因为他如此重要,他才获得将女儿嫁给莫卧儿帝国的预定继承人萨里姆(Salim)王子的荣誉。③ 1603 年,他再次出现在莫卧儿文献中。④ "现在已经到了开始衰落的时期,到了王法将被破坏的时期。[国王]与囊工(Nang-gong,即巴尔提斯坦)头领阿利·米尔的军队发生冲突,这已经出现了。[阿利·米尔]玩弄计谋,直到所有的关隘和山谷都被白雪阻塞,国王和他的军队被阻断了一切退路。整个拉达克都遭到了巴尔提人的蹂躏,他们纵火焚烧了所有宗教书籍,将一些投入水中,摧毁了所有的寺庙,然后他们返回了自己的国家。"⑤紧接着发生的事情在《王统记》的索南抄本中作了最好的记述:"国王和他的贵族们向巴尔提人投降,并全被带到了斯噶尔多。斯噶尔多的国王将拉达克的国王绛央南监体面地软禁起来。别人也全都单个地投入大牢。斯噶尔多国王的女儿杰哈敦(rGyal Khatun)受命亲自连续护理国王绛央南监。后来公主和国王互换了(婚礼的)庄严誓言,并且她身怀有孕。一天,她的父亲在幻觉中看到了一头从火海中跃出的狮子,并进入了他女儿的子宫。他因此而心生疑窦,便检查了他的女儿;见到了木已成舟的事实后,便将他的女儿赐给了国王,并允许他和他的贵族们一起返回拉达克;国王和他的扈从们愉快地返回拉达克。"⑥无论这一浪漫的故事是否真实,阿利·米尔选择了以简单的方式将和平和他的女儿一同赐给了已被征服的

[34]

---

① 才仁也通过《齐克坦编年史》(弗兰克 1926 年书,页 173—174)和弗兰克所编《西部藏区的十首历史民歌》(Ten historical songs from western Tibet)(载于《古代印度》[Ind Ant.],38[1909],页64—66)中的两首民歌为人所知。

② 巴尔提统治者的地方称号为 Makpon(即 dmag-dpon,字义为"军队领袖""将军");《巴苏提一代内利书》,页 172—173。

③ 阿勒·巴尔奥尼(al-Badaoni):《诸史选编》(Munlakhab ut-Tevārīkh),W. H. Lowe 译,II,加尔各答,1924 年,页 388。参见毕达克 1939 年书,页 138。

④ 阿布勒·法孜尔(Abu'l-Fazl):《阿克巴法典》(Â'īn-i-Akbari),H. 布洛克曼(H. Blochmann)译,I,加尔各答,1939 年,页 529。

⑤ 《拉达克王统记》,叶 38.20—23。

⑥ 索南书,页 23—25(索南抄本,页 13a—b);《拉达克王统记》,叶 38.29—39.8。

敌人。他的女儿在拉达克被推崇为白度母的化身。这种重建十有八
九不只是表明了普日的丧失，而且也显示了巴尔提的统治的一些措
施。不过，斯噶尔多对拉达克的统治权在阿利·米尔的继承者阿赫
穆德汗统治时就已失去了，这在巴尔提传说中有案可稽。①

这次劫难之后，拉达克国王完全腻烦了政治而转向宗教，他向中
藏的各个寺院和教派赠送了大量的礼物。他乐善好施的目标是拉萨
的大寺院(大昭寺，jo-bo-khang)、哲蚌的格鲁派寺院(那时是达赖喇
嘛的根本道场)，并且首次向若陇(Ra lung)的竹巴噶举派寺院布施。
他甚至遣使者前去邀请四世主钦活佛帕桑旺波('Brug chen sprul-
sku dPag-bsam-dbang-po，1593—1641)来拉达克；但据我们所知，这
位活佛从没有真正成行。② 这位国王也是建在马纳萨罗伐湖附近的

[35] 属于止贡派的珠高寺(Khru-sgo)的施主。③ 更为重要的是他与一位
将在这个国家的宗教生活上打下了永久烙印的僧人首次接触，他就
是达仓热巴阿旺嘉措(sTag-tshang-ras-pa Ngag-dbang-rgya-mtsho，
1574—1651)。他是款氏家族，即萨迦派亲王—住持家族的一位后
裔，也是主巴噶举派的一位著名人物。④ 他成了拉孜哇阿旺桑波
(Lha-rtse-ba Ngag-dbang-bzang-po，1546—1615)的虔诚弟子，后者
是中藏贡嘎宗附近的德钦曲喀寺(bDe-chen-chos-'khor)的第一任雍
增(Yongs-'dzin)活佛，他对西部藏区极为热心，其继承者们成了拉达
克国王的世袭国师(dbu bla)。⑤ 拉孜哇将在西部藏区弘扬竹巴噶举
之信仰的任务托付给他，在其整个一生中，他都牢记和遵循这项指
令。达仓热巴在中藏和东藏作了广泛的游历，直到中原的圣地五台

① 维格纳(Vigne)：《在克什米尔、拉达克等地旅行》(Travels in Kashmir, Ladakh etc)，Ⅱ，页253。
② 《拉达克王统记》，叶39.14—16。在帕桑旺波的传记中没有发现关于此事的任何记载。
③ 《冈底斯山志》，叶33b。
④ 三世主钦死后，在令此团体分裂的冲突中，著名学者班玛噶波(Padma-dkar-po，1527—1592)支持帕桑旺波反对阿旺南监(1594—1651?)登基；众所周知，后者被打败并在不丹避难，在那里他建立了寺庙和国家。E. G. 史密斯(E. G. Smith)为罗开什·阐德拉编《班玛噶波之西藏编年史》(The Tibetan Chronicle of Padma-dkar-po)所作前言，新德里，1968年，页4；M. 阿里斯(M. Aris)：《霹雳弹的劝诫及其在不丹人新年中的位置》(The admonition of the thunderbolt cannon-ball and its place in the Bhutanese New Year's festival)，载于BSOAS，39(1976)，页611。
⑤ 关于德钦曲喀见费拉丽(A. Ferrari)：《卫藏圣迹志译注》(mKhyen-brtse's Guide to the holy places of Central Tibet)，罗马，1958年，页55和注346。

山。后来在 1613 年,他开始了在乌仗那(Uḍḍiyāna,即今之斯瓦特)的重要旅行。他撰写的旅行记已由图齐译了出来。① 在其出行之时,他应德哇嘉措(bDe-ba-rgya-mtsho)的邀请参观了桑斯噶,德哇嘉措是属于主巴噶举南(不丹)支的一位著名的成道者(Siddha),并且是桑斯噶首寺巴尔丹('Bar-gdan)的创建者(在 1618 年)。② 在此他接见了芒域(拉达克)国王绛央南监派来的信使们,这位国王很无礼地要召他去拉达克。这使他们受到了达仓热巴的指责,他当即拒绝了这个邀请,因为他还没有完成他师父去乌仗那旅行的嘱咐。1615 年 10 月 8 日(11 月 28 日),他出发继续旅行。③

　　除了他的宗教兴趣外,国王还试图医治由巴尔提入侵所造成的创伤。他希望减轻百姓头上的负担,据我们所知,他曾三次平均贫富。④ 这带有明显的传奇色彩,乃根据吐蕃国王摩聂赞普(Mu-ne-btsan-po,797—799)的相同传说改头换面而来的。它的历史内核可能是一次赋税制度的彻底改革。 [36]

　　这个统治时期的档案文献颇为少见。一件出自萨布(Sa-bu)的题跋提到了国王绛央南监、他的王后杰哈敦、大臣(blon-po)努哇朗康姆(No-ba Lhang-kan-mo)和努哇才丹(No-ba Tshe-brtan),以及实际执政的大臣释迦嘉措(Śākya-rgya-mtsho)。⑤ 后者属于高贵的萨布家族。一块穆尔伯赫(Mulbeh)铭文(F. 43)赞颂了绛央南监和他的妻子觉·米尔·哈敦(Co Mir 'kha-dum),并提到了他的穆斯林大臣(lhon-po)胡赛·米尔(Hu-sen [Husain]Mir)。另一块铭文(F. 103)没有提供现任国王的名字,提到了施主(sbyin-bdag,dānapati)札失坚藏为已故国王南监衮波和绛央南监作的祭供,札失监藏显然是一位喇嘛。绛央南监的巴尔提妻子杰哈敦为他生了两个

① 图齐 1940 年书,页 65—83(= 图齐 1971 年书,页 406—417)。
② 格坚书,页 310、493。
③ 《达仓热巴传》,叶 24b—25a。关于他与德哇嘉措(bDe-ba-rgya-mtsho)的热络关系,也可见《达仓热巴道歌集》(gur-'bum),叶 18a—b。
④ 《拉达克王统记》,叶 39.10—12。
⑤ 格坚书,嘛呢与书籍清单,注 8。

儿子：僧格南杰（Seng-ge-rnam-rgyal）和诺布南杰（Nor-bu-rnam-rgyal）。在他与杰哈敦结婚以前，他的妻子是才仁杰姆（Tshe-ring *rgyal mo*），后者是济美旺秋（'Jigs-med-dbang-phyug）的女儿。由于年代的差异太大，加上僧格南杰的岳父没有受赐任何王号，因此这位济丹旺秋不可能就是同名的那位古格国王，后者据称在 1540 年至 1555 年间在位。[①] 他似乎是萨布的一位噶伦（*bka'-blon*）。[②] 才仁杰姆为绛央南监生有两个儿子：阿旺南监（Ngag-dbang-rnam-rgyal）和丹增南杰（bsTan-'dzin-rnam-rgyal），他们被取消了继承权。

[37]

　　大概就在这一统治时期，第一位欧洲人来到了拉达克。此人就是葡萄牙商人戴古·戴迈达（Diogo d'Almeida），他在这个国家住了两年。此事发生在 1603 年前不久，1603 年他向果阿主教递交了一份关于这个地区的盟誓记录。在他看来，拉达克是一个富庶的国家。它的首府是巴高。他将国王的名字记作 Tammiguia，当是明显拼写错误，疑为 Jammiguia，即绛央南监。"他也述及他们对其主教的极大崇拜，他们称其主教为喇嘛。他们现有的一位喇嘛被认为是一名圣者，他们诉说了许多与他有关的奇迹。"[③]在这位国王的前半生，他的国师（dbu-bla）是玛卓寺（Ma-spro）的萨迦派头领（仲巴 *drung-pa*），国王向巴尔提斯坦发动灾难性征战期间，此人正担任这一职务。[④] 这肯定就是葡萄牙旅行家所提到的那个人。这位受孤立的西方商人的出现可用这样的事实来解释，即通过拉达克至中亚的贸易是十分活跃的；在 1611 年首次出现之后，曼纽尔·戈丁霍·德·埃雷迪亚（Manuel Godinho de Eredia）在 1613 年提供了这条道路的详细而又混乱的描述。[⑤] 绛央南监返回列城后并没有在位很久。正如

---

① 见前页 29，注 5。
② 格坚书作如是说，页 356，但未引述其根据。
③ A. 德·高维（A. de Gouvea）：《果阿大主教行记》（*Jornada do Arcebispo de Goa etc.*），Coimbra，1606 年，页 3a。重印并翻译于毕达克 1939 年书，页 172—175。
④ 格坚书，页 358。
⑤ M. G. 德·埃雷迪亚：*Declaraçao de Malaca e India Meridional com o Cathay*，L. Janssen 编，布鲁塞尔，1882 年，页 65。参见毕达克 1948 年书，页 232—234。

《王统记》所言:"他的生命短暂,他去了天国。"①这表明,在他与达仓热巴通信后不久便去世了;因此我们可以将他的统治年代确定为1595—1616年。这肯定是正确的,因为他的后继者死于1642年,而据说他在位26年,②据此推算他当于1616年登基。

---

① 《拉达克王统记》,叶39.18—19。出自定姆冈的一个未刊碑铭(F. 208)提到僧格南杰为绛央南监和杰哈敦作祭供。
② 格坚书,页396。

第五章　僧格南杰和拉达克在西部喜马拉雅的霸权

　　紧接着绛央南监之死是一个空位期,在这个空位期内似乎是杰哈敦代表他的显然尚未成年的长子僧格南杰理政,至少这是达仓热巴第一次去拉达克访问时见到的情形。在从乌仗那/斯瓦特返回的途中(或许在 1616 年年底),他穿过克什米尔去桑斯噶,然后去了拉达克。首先,他作为主巴噶举派的支持者、地方首领(jo-bo)的客人,在上部拉达克的甲(rGya)地安顿;这个家族的一员,仲巴德哇,曾是班玛噶波大师的弟子。随着他的名声远扬,他亦被邀请至赤赛(Khrig-se)和协城(Shel)。绛央南监一定不在人世了,否则他将会在此被提及;在协城充当这位圣人的东道主的王室成员是第二王后才仁和她的儿子们。他从这儿继续前行至巴高,在此受到了杰哈敦和人主(mi-dbang,这不是常用的王号)僧格南杰的礼遇。随后他顺原路返回,居住在甲和海—米斯(He-mis),他在此住了三年左右,直到 1620 年率领近 20 名弟子前往中藏为止。[①] 就在这个时期,可能是因为他的敦促,拉达克第一次于 1618 年与德钦曲喀寺的雍增(太师、住持)建立了联系。[②]

　　在同一时期,另一位圣者来到了西部藏区。他便是一世班禅罗桑曲结坚赞(Blo-bzang Chos-kyi-rgyal-mtshan),他应古格国王的邀请,于 1618 年夏去凯拉沙和马纳萨罗伐湖朝圣。在古格的香孜

---

① 《达仓热巴传》,叶 26a—27a。
② 《德钦曲喀雍增自传》,叶 13a。

[39]

(Shang-rtse)，他接见了前来邀请他去拉达克的芒域国王的使臣；他拒绝了这个邀请，虽然他会见了一些来自那个国家的人。班禅于1618 年藏历 9 月 13 日（10 月 2 日）离开古格。① 很遗憾，他没有提到当时在位的拉达克国王的名字。这次旅行一定促成了与拉达克的近邻们，不只是与古格，甚至还与桑斯噶的更牢固的联系。在这次旅行过程中，班禅正式被推上了脱定仁钦桑波寺（mTho-lding Rin-chen-bzang-po）的住持位。桑斯噶地区为班禅提供了一批引人注目的弟子和合作者。

其中第一位是仲巴甲擦（drung-pa rgyal-tshab）［罗桑］宗珠坚赞（［Blo-bzang］brTson-'grus-rgyal-mtshan），他是桑斯噶的一个附属公国桑拉（bzang-la，或 zangs-la）的国王扎西班德（bKra-shis-dpal-lde）的儿子。当拉达克国王进攻并攻克桑拉时，他顽强地抵抗了这位国王；国王的名字没有出现，但几乎可以确定他就是绛央南监，因为此事件发生在 1618 年以前。国王对这位青年王子（当时 25 岁）的勇敢行为极为赞赏，宽恕了他和他的国家，并允许他前往中藏，而此乃其长久以来最迫切的愿望；在中藏，他成了班禅最著名的弟子之一，后来主持了达波扎仓（Dvags-po grva-tshang）。②

第二位是达普巴罗桑丹曲坚赞（rTa-phug-pa Blo-bzang-dam-chos-rgyal-mtshan），他是桑拉国王衮班德（mGon-dpal-lde）的儿子，亦是宗珠坚赞的一位侄子。他出生于羊年（1595?），16 岁时出家为僧，后来在他拜访班禅时，他的师父给他取了法名，在此时班禅已深深地打动了他。后来，当他 25 岁时，来到扎什伦布寺，并紧密地跟随着班禅。③

来自桑拉的第三个人是杰珠康巴格勒嘉措（rJe-sgrub-khang-pa dGe-legs-rgya-mtsho，1641—1712/3），这回是一位平民。他属于晚辈，是宗珠嘉措在达波扎仓的一位弟子。④

① 《一世班禅自传》，叶 64a—65a；《喇嘛传记》，叶 90b—91b。
② 《喇嘛传记》，Ca，叶 118a—121ba。参见弗兰克 1926 年书，页 163。
③ 《喇嘛传记》，Ca，叶 205a—217a。参见弗兰克 1926 年书，页 163。
④ 《喇嘛传记》，Ca，叶 217a—231b。

　　因此,大致在 17 世纪中期,有一个来自桑斯噶的学僧团体或集
[40]　团,他们在德高望重的班禅周围产生了巨大的影响。但不管是他们,
还是他们的师父都没有发挥明显的政治作用。

　　而达仓热巴的情况则迥然不同。1622 年,他返回拉达克时路经
古格,正如我们不久就要见到的那样,他在此间充当了调解人。王后
彭措亦在此地劝说他在拉达克王族中也发挥其调停的权力。① 他到
达甲地,在此他再次受到了地方首领的极度推崇,并继续行进至巴
高。一到那儿,他便得知,前国王绛央南监曾经承诺建造一尊大型弥
勒像,“由于叛乱和骚动”而没能实现他的目标。达仓热巴说服王族
将已故统治者的意愿作为一项逝世祭(dgongs-rdzogs)来完成。这项
工程开始于 1622 年 10 月 19 日,王太后哈敦为这项工程提供了
500 多盎司金子和价值稍次的宝石;1623 年 6 月 12 日举行了开光仪
式。② 在巴高的强巴(弥勒)寺现仍围护着这尊佛像,它是由泥土、铜
涂金制成,“大如他(弥勒)八岁时身长”,但实际上有三层楼高。③ 与
此同时,达仓热巴在国家行政事务内发挥了作为调解人的突出才能。
在一个饶有兴味的短句中,我们被告知,他推动了与古格和茹脱,与
普日和桑斯噶,以及与囊工(斯噶尔多)的和平。④ 其后他转而着重于
内部事务。毋庸置疑的是,在他到达拉达克的那一年,国王已是僧格
南杰,因为在纪年为水狗年即 1622 年的一块铭文中(F. 55),他被如
此提及。但是正如前述,在此出现了“叛乱和骚动”,那就是在国王和
他的弟弟(rGyal-po mched-gnyis)之间出现了尖锐的冲突。很明显
僧格南杰至少一度曾被击败过;由达仓热巴调解达成的协定使弟弟
诺布南杰登上了王位。僧格南杰表达了投身宗教追求的愿望(在类
[41]　似情形下,是一种常见的举动)之后,被分到了巴高和其他地方。
1624 年,他在瓦姆—勒建造了庄严的德钦南杰寺(bDe-chen-rnam-
rgyal)作为他的居住地(1974 年于地震中被严重损坏);他被要求,也

① 《达仓热巴传》,叶 30a。
② 《达仓热巴传》,叶 30a—b;《达仓热巴道歌集》,叶 34a;《拉达克王统记》,叶 39.26—27。
③ 弗兰克 1907 年书 c,页 99—100。
④ 《达仓热巴传》,叶 31a。

即被命令居住在那里，他应允照办。但"由于一些大臣的挑拨离间，兄弟两人之间产生了隔阂；诺布南杰去了无为之境（'dus-[ma]byas，换言之，他死了）；人主僧格南杰登上了王位"。他召请达仓热巴来主持他死去的弟弟的葬礼。① 这些简短且谨慎的词句，就是我们所知的有关这场争端及其解决和那场将年轻的王子过早投入坟墓的政变的全部内容。《王统记》甚至更加谨慎，完全忽略了这些事变。事实是诺布南杰曾在王位，尽管只是一个短时间（约 1623—1624）。无论僧格南杰对他兄弟之死负有怎样的责任，但在拉达克历史的很阴沉的背景前面，他显得非常突出，毫无疑问，他是拉达克国王中的佼佼者。他统治的最初几年主要问题是与古格的冲突，它的解决使他赢得了巨大的成功。这场冲突在其父亲死后不久就开始了。关于这个问题，我们可以从葡萄牙基督教徒安东尼奥·德·安特拉德（Antonio de Andrade）的信件中获取一些信息。② 他在 1624 年完成了去古格的首府察巴让（rTsa-brang）的首次旅行，并得到了国王（Chodakpo，jo-bo bdag-po）的优待，他从没有提到这位国王的名字，但我们知道他一定就是墀札失葛喇思巴德（Khri bKra-shis-grags-pa-lde）。他于 1625 年再度来到这里，组织了一个颇为成功地持续了好些年的传教团，但因受到拉达克征服的致命打击，不得不于 1635 年放弃了。安特拉德写于 1633 年的一封信告诉我们，18 年前（显然就是于 1615 年）古格的国王生有一个儿子，但在分娩时王后发疯了，"以致她仍受着病痛"。此后两年间，对她进行治疗的一切努力都被证明是无用的，国王决定再娶。新娘是拉达克国王的一位姊妹。婚约由代理人签订，但当新王后上道往见夫婿，到达离察巴让还有两天路程的时候，国王突然禁止她前进，命令她返回拉达克。拉达克国王立刻宣战。这场战争持续了 18 年，由于无法耕种和采矿，致使国家贫困衰

[42]

---

① 《达仓热巴传》，叶 31a。瓦姆—勒寺的建立在《拉达克王统记》中被简短提到，叶 40.7。
② 关于安特拉德的两次旅行见 F. M. 埃斯特任斯·佩雷拉（F. M. Esteves Pereira）：《安东尼奥·德·安特拉德对西藏的记载》（*O descobrimento do Tibet pelo P. Antonil de Andrade*），科英布拉（葡萄牙的一个城市），1921 年；《韦塞尔斯书》；《托斯卡诺书》。

落。① 这位新娘可能就是诺增旺姆(Nor-'dzin dbang-mo),作为僧格南杰的姐姐出现在两道碑刻中。当然,我们不应将这场冲突视为一场真正的战争,而应看作是一种持久的紧张局势,伴随着被或多或少的持续停战所打断的军事行动。达仓热巴的传记有助于弄清这件事情。在他去中藏旅行期间,他曾拜访过第五世主钦帕桑旺波('Brug-chen dPag-bsam-dbang-po),后者建议他返回并留在上部(普通意义上的西部藏区),以利益教法。此间的国王和他的兄弟正处于争斗之中。1622 年,他带着近 60 名弟子开始了他的旅行,准备去凯拉沙—马纳萨罗伐朝圣。在他到达那个地区时,方才得知,古格和拉达克之间正进行着一场战争,住持莫增巴(sMu-rdzin-pa)已在古格和芒域的三位国王(即觉卧达波 jo-bo bdag-po 和两位拉达克兄弟)之间议定了一次停战。② 当时正停留在古格的莫增巴邀请达仓宗巴去他的道场,并向他讲述了情况。古格和芒域已经缔结了为期三年的停战协定;现在达仓热巴试图促成一个永久性的解决。不过这种设想从未付诸行动。秉承主钦的旨意,达仓热巴建议首先应把莲花生大师在凯拉沙周围和马纳萨罗伐湖岸上建造的所有神殿修复,并且这项工程应由主钦来加持。但古格的统治者墀葛喇思巴札失(Khri Grags-pa-bkra-shis)③是一位格鲁派信徒,他坚信先前的祈愿(smon-lam)方式,不赞成这项工程。因此达仓热巴只在察巴让停留了 5 天,随后就去了拉达克。④

[43]

　　1624 年,当主巴噶尔巴僧人('Brug-pa sGar-pa)⑤开始在古格境

---

① 《威塞尔斯书》,页 75—76。

② 莫增巴属于主巴噶举的南支,是达那寺(sTag-sna)的住持(并可能是建立者);格坚书,页 295。

③ 这是《达仓热巴传》和《冈底斯山志》中的拼写。正如我们从碑铭中得知的,正确的名字是墀札失葛喇思巴德(Khri bKra-shis-grags-pa-lde)。

④ 《达仓热巴传》,叶 29b—30a。

⑤ 噶尔是高级噶玛巴和主巴喇嘛的军营和宫廷;石泰安(R. A. Stein):《西藏文明》(La civilisation tibétaine),页 118。主噶尔('Brug-sgar,译言主巴营)也在《达仓热巴传》中被提到,叶 35b、36a。主[巴]醒本曲班喇嘛('Brug gzims-dpon Chos-dpal lama)告诉我,这个名字与达旺(rTa-dbang)北方的甲桑额曲林寺(Byar gSang-sngags-chos-gling)即主钦的根本道场有关。当然它与属于噶玛巴派的噶尔巴喇嘛们没有任何关系,他们在 1642 年以后反对固始汗和达赖喇嘛的叛乱中起过重大作用;图齐 1949 年书,页67—68。

内抢掠时,觉卧达波和主巴之间的裂痕加深了,这些僧人来自凯拉沙附近娘波日宗寺(Myang-po-ri-rdzong)。① 由于代表一种制约力量的法王莫增巴圆寂以后,古格国王失去了耐心,他的军队于 1627 年占领了娘波日宗;一些噶尔巴僧人被杀,约有 80 名与他们的首领一起被投入监牢。② 当达仓热巴听说这次事件之后,他号召桑斯噶成道者(grub-thob)德哇嘉措(bDe-ba-rgya-mtsho)、拉胡儿(Lahul)(噶夏 Ga[r]-sha)之众生怙主嘉措札失(rGya-mtsho-bkra-shis)以及(处于拉胡儿和茹雪〔Rupshu〕之间的)诺玛(Nyo-ma)法王一起联合干预,并筹集赎金;但他没有得到响应。他毫无畏惧地派顷则(*dbu-mdzad*)丹巴达吉(bsTan-pa-dar-rgyas)前往娘波日宗,随后他亲自在国王僧格南杰面前提出这个问题。他提议或者与古格缔结为期一年的停战协定,以促使那些人得以获释;或者提供所需赎金。国王更乐于接受前一种建议。达仓最后真正促成了停战,噶尔巴僧人获释,并偿还了在娘波日宗被掠夺的财物;他自己对噶尔巴以后的行为作了担保。③

　　但麻烦从四面八方指向古格。不丹的沙布隆(*Zhabs-drung*,侍从喇嘛)阿旺南监(Ngag-dbang-rnam-rgyal,1594—1651?)也被激怒而反对古格统治者。他派遣持金刚者桑丹若吉(bSam-gtan-rab-rgyas)从南方(?)进入这个国家,并袭击和抢劫了古格的其卓(Phyi-'brog,外部草场)。④ 作为报复,古格军队采取了一次镇压的行动。在这次行动中,一些山间隐士(ri-pa)被杀,约有 80 人被送入监牢。这位持金刚者和洛窝顷则(Blo-bo *Chos-mdzad*)得以脱身,先在达

[44]

---

① 根据图齐 1940 年书,页 65(= 图齐 1971 年书,页 406),娘波日宗与在上部萨特累季(Upper Satlej)的多曲衮巴(Dulchu-gompa)相邻。但似乎娘波日宗应该与通常缩作聂日(Nyan-ri)的聂波日宗(Nyan-po-ri-rdzon)、斯文赫定的在凯拉沙西北方拉曲(Lha-chu)的娘地衮巴(Nyandi-gompa)相勘同;在《冈底斯山志》中对此有描述,叶 42a—43b。这个勘同见于另一本佚名者所作《凯拉沙志》(《冈底斯山和玛法木错湖圣迹志》)[*gNas Ti-se dang mtsho Ma-pham bcas kyi gnas yig*]),发现于《东洋文库》,东京,n.378—2672,它(叶 15b)把该名拼写作娘波日(Myang-po-ri)。同样的形式也发现于《曲结顿珠传》,叶 200a,和《司徒书》,叶 66a。
② 据《冈底斯山志》,叶 42b,当古格王墀葛喇思巴札失及其军队占领娘波日宗时,他们试图搬走它的稀有主尊像,但尽管他们尽了最大的努力还是不能搬动它。
③ 《达仓热巴传》,叶 31b—32a。
④ 其卓乃凯拉沙和噶大克之间的荒凉地带,靠近密色(Misser)。

仓处,后在瓦姆—勒避难,达仓派使者与古格指挥官讲和。后者回复说:前一年噶尔巴已肆行无礼,只是因为达仓热巴的说情才放走了事。进一步的侵犯活动都将不复宽容,最近这一次的行动将得到应有的惩罚。为此,达仓热巴提议将扣留在拉达克的那些人与监禁在古格和茹脱的那些人交换。这个建议被双方接受。除此以外,遭丘穆尔第巴(Chumurti-pa)囚禁的 88 人也被释放。①

所有这些都只是一些小打小闹的记载。但古格王国的末日已经近在眼前了。根据德·安特拉德神父写于 1633 年 2 月 4 日的一封信,至 1630 年,事态发展到了顶峰。当时国王已病入膏肓。一些颇有势力的军事指挥官起而谋叛,迎请拉达克国王,并许以古格的王位。在他们的帮助下,僧格南杰围攻察布让。实际上这个城市坚不可摧,但首席喇嘛建议觉卧达波在将其王国作为附属国保留下来的条件下纳款输诚,这位喇嘛是国王的兄弟。当围攻持续了一个月的时候,这项背叛性的建议被接受了,结果国王和他的家族成了阶下囚,并被押送到列城。他的叔祖父、自 1618 年始为脱定(mThol-ding, Toling)寺住持的罗桑意希沃(Blo-bzang-ye-shes-'od)亦同样成了阶下囚。② 一部分坚持抵抗的营兵获准自由地前往中藏。③ 达仓热巴传记中的简要记载逐条证实了耶稣会神父的叙述。1630 年,丘穆尔第巴揭竿而起,把全部古格农牧区(Bod-'brog)交给了国王僧格南杰。④ 拉达克的军队开进了古格,并围攻察布让城堡。为了议降,达仓热巴应召与他的几位弟子一起前往该地。觉卧达波已接受法主阿那(chos-rje A-ne)的劝告同意投降。⑤ 尽管以前曾反叛过拉

[45]

---

① 《达仓热巴传》,叶 32a—b。丘穆尔提巴是丘穆尔的总督,它是古格的西北部,在萨特累季河流的地方。
② 《黄琉璃》,叶 219a(221);译文见图齐 1971 年书,页 479、480。
③ 威塞尔斯书,页 76—77。耶稣会士们曾赠送一些他急切需要的武器,试图以此来帮助他们的施主而又不暴露自己。教士阿莱诺·斯·安觉斯(Alano dos Anjos)日期为 1627 年 11 月 10 日的信,由 H. 赫斯顿(H. Hosten)发表,见《弗朗西斯科·高丁厚 S. J. 教士发自西部西藏的一封信》(A letter of Father Francisco Godinho S. J. from Western Tibet),载于 JPASB 1925,页 54。
④ Bod-'brog 似乎指村庄和牧场。
⑤ 这可能是指多桑寺(Do-shang)住持和王室成员阿尼法主(A-ni chos-rje),他在《黄琉璃》中被提到,叶 221a(223);译文见图齐 1971 年书,页 481。

达克的帕日穷（Pha-ri-chung?）和居住在察布让的那加尔科特（Nagarkot，Kangra）商人仍然坚守着城堡。无论如何，他们的处境毫无希望，他们请求达仓热巴的保护。这项请求获得了批准，在人员、财物未受损害的情况下，他们被护送到普兰。所有的古格居民都得以维持他们先前的地位。觉卧达波和他的儿子请求准许其前往中藏。他们向拉达克国王输诚，国王对之优礼有加，但不允许他们离开。他们一行约 20 人以及他们所有的财物一起被送往拉达克，并受赐一处宽敞而又舒适的居所。国王和他的兄弟在此一直生活到他们的生命结束为止，而且享受国葬。后来（1647 年），古格王子受赐拉达克王后的一位姐妹为妻。①

我们可以增加的内容是，古格王朝的最后一位子孙罗桑班玛札失德（Blo-bzang-padma-bkra-shis-lde，1676—1743）在 1692 年来到了中藏，作为一位受到尊敬的贵族住在拉萨，一直到其过世为止。他没有男性子嗣。他的幼女与拉达克的一位国王结婚，为他生了两个儿子。② 他的长女可能就是死于 1745 年的央金班姆（dByangs-can-dpal-mo）。③

[46]

茹脱的下属头领也被罢免，他的国家被并入拉达克。④

征服古格后，拉达克遂与中藏直接接壤，那时中藏正由第巴藏巴噶玛丹衮（sde pa gTsang-pa Karma-bstan-skyong，1621—1642）统治。关于他们之间的关系存在一些误解，据说发生在 1641/2 年的僧格南杰和第巴藏巴之间的那场所谓的战争肯定不见于严肃的历史。这个错误是由迄今为止尚未被认清的一个事实所引起的，即在《王统记》抄本 B 和 L 中显然相应的记载（《拉达克王统记》，叶 40.19—

---

① 《达仓热巴传》，叶 33a；参见《拉达克王统记》，叶 40.28—29，其中洛陇（los-long）正如图齐恰当地指出的那样，是脱定（mTho-lding）的误写。

② 《吐蕃赞普世系》，叶 19b；《五世达赖续传》，cha，叶 69b—70a、78b 及以下；参见毕达克 1972 年书，页 82。

③ 《七世达赖传》，叶 332b。

④ 《拉达克王统记》，叶 40.29—30。但后来茹脱被给还其首领，因为在 1656 年茹脱旺波彭措南杰（Ru-thog dbang-po Phun-tshogs-rnam-rgyal）与达赖喇嘛有通信往来；他表现得对显、密经典如此精通，令达赖喇嘛认为他是一位博学家。他在 1663 年和 1664 年再次被提到，他的逝世祭供于 1670 年举行。另一位茹脱旺波在 1675 年被提到。《五世达赖自传》，Ka，叶 253a、232a、345b；Kha，叶 97a、267a。

23 和叶 40.30—41.1)实际上指的是两个不同的事件。

开始的接触曾经是真诚的。1632 年,拉达克国王派使者去见主钦和德钦曲喀以及杰结蔡寺(rGyal-byed-tshal)的住持;他也派噶噶阿旺顿珠(Ga-ga Ngag-dbang-don-grub)与他们一起往后藏问候第悉。作为报答,后藏统治者于 1634 年送给拉达克一个吉堆乃(Skyid-stod-nas)。① 1638 年,蒙古首领曲库喇嘛伽(Cho-kur Bla-ma-skyabs)②发动了一次对卓晓(Dro-shod)的其卓和古格的袭击。僧格南杰指挥他的军队前往驱逐,并一直进攻到室利伽迦(Śi-ri sKyar-skya)。这次远征演化成为与受了惊吓仓皇逃窜的蒙古人之间的一场赛跑。国王俘虏了一些囚犯;其中诺布仁钦(Nor-bu-rin-chen)被[47]释放,其余的人被投入监牢。诺布仁钦是一位古格头人,他显然反对拉达克统治,并已将宝押在了蒙古人身上。这次成功震惊了后藏西部的权贵们(gTsang-stod kyi sde-dpon rnams),他们以不同的途径派使者去见僧格南杰,显然是去表达他们的敬意的。国王班师回朝,他在途中征服了通过洛窝和卓晓的所有教派领地和牧人团体,同意了他们免税的请求。③ 可见,并没有任何反对第巴藏巴的战争。

1639 年,蒙古曲库(即喇嘛伽)恳请达仓热巴在他和拉达克国王之间媾和。事情就这么做了,这次冲突的罪过被推到诺布仁钦门下,不过,他显然也被包括在协定中。④ 1640 年,后藏第悉派出江孜的扎

---

① 《达仓热巴传》,叶 36a。关于吉堆,见毕达克 1973 年书,页 91—92。

② 这对和硕特干预西藏时及其以前蒙古部族的移动作了一个有趣的侧面说明。Čoqur(曲库 cho-kur)这个名字暗示喇嘛伽是俺答汗的后代。我们被告知在 1632 年,察哈尔(林旦)国王把四个永谢布(Ĵüngśiyebü)部族的首领赶回了柴达木地区。其中之一的喇嘛伽曲库是达垅巴派的施主,去了当雄(’Dam,位于腾格里诺儿的南方)。这给在哲蚌寺的一次聚会创造了机会(有关他们的宗教地位);《五世达赖自传》,Ka,叶 69b。关于俺答汗死后蒙古部落的分裂,特别是关于阿速特—永谢布(Asut-Ĵüngśiyebü),见和田清《右翼蒙古首领》(日文),在他的《东亚史研究·蒙古篇》(Studies on the History of the Far East [Mongolia])中重刊,东京,1959 年,主要见于页 669—677。

③ 《达仓热巴传》,叶 36b。同样的事件在《王统记》抄本 L 中也有叙述:"他对卫藏发动战争,并使室利(Śi-ri)和迦迦(Kyar-Kyar)进贡。卫藏的统治者第巴藏巴送去了许多驮黄金、白银和茶,[国王]满意地和他的军队一起回到拉达克。他也把洛蒙塘(Lho Mo-sdang)归入自己的权力之下。"《拉达克王统记》,叶 40.30—41.2。迦迦(Skyar-skya,即地图上的 Kyar-kya)是一个河谷和有着一个宗的废墟和尼姑庵的荒凉之地,离恰克塔克(Chaktak)藏布和藏布江交汇处不远,大约东经 85°22′,北纬 29°20′。斯文赫定:《南部西藏》,Ⅲ,页 305。室利是与迦迦相邻的室利(Sheri)山。

④ 《达仓热巴传》,叶 38a。

东哇(Brag-gdong-ba)作为他的使节。① 这是僧格南杰和噶玛丹衮之间的最后一次联系。1642 年,后藏王国被和硕特头领固始汗征服。在这次战争期间,诺布仁钦离开凯拉沙地区,前往宗噶(rDzong-dkar)。后来他重承"蒙古和西藏之国王"的旨令,带着这个地区所有头人提供的一个护卫队继续他的旅行。② 同年晚些时候,500 名蒙古士兵与诺布仁钦会合,伺机(入侵拉达克)。国王与闻此事后,立即集结了上下拉达克、桑斯噶、茹脱和普兰的武装力量,穿过瓦姆—勒(达仓热巴正住在这儿),驻扎在古格。诺布仁钦和蒙古部队立即撤退。约一个月之后,拉达克军队被遣散,国王返回瓦姆—勒,同年 11 月,国王在这里去世。③ 《王统记》抄本 B 证实了这个记载,还增加了这样一条资料,即有一个与中藏政府缔结的正式条约,通过这一条约承认了现有的边界。④ 　[48]

现在我们当讨论与其他毗邻国家的关系。桑斯噶当时由国王僧格德(Seng-ge-lde)统治,僧格德又称左乞(Dzo-ki);但开始时是他的父亲才仁班德(Tshe-ring-dpal-lde)以他的名义实际统治着这个国家。⑤ 晚些时候,颇得众望的大成道者德哇嘉措掌握了一些政治权力;我们已经碰见过他的名字。⑥ 1632 年,桑斯噶国王和大成道者送礼品给德钦曲喀寺住持。⑦ 左乞娶僧格南杰的姐姐结宗(rGyal-'dzom)为妻,这有助于维持两个朝廷之间的真诚关系。然而,1638 年夫妻反目,国王和德哇嘉措退隐至巴尔丹('Bar-gdan),这是该地区的首寺(主巴派建筑,今属达那)。为了逮住王后,他们从瞻婆

---

① 《达仓热巴传》,叶 38b。
② 《达仓热巴传》,叶 39a。
③ 《达仓热巴传》,叶 40a。
④ 国王"再一次进行战争远至绛昂仁。他停止于室利噶姆(Śi-ri-dKar-mo)。此时,一位西藏的使臣到达了,同意边境保持原样,并且他的统治范围应包括中藏以外的所有地区。在他的回程中,他死于瓦姆—勒。"《拉达克王统记》,叶 40.21—22。
⑤ 《阿旺才仁传》,叶 5b。参见弗兰克 1926 年书,页 160。
⑥ 德哇嘉措在拉胡儿实施了一项重大活动。他把在克朗(Kyelang)的沙苏尔(Shasur)寺和冈合拉(Gandhola)寺改宗他所属的主巴派不丹分支。他的偶像被当作那些寺院的第二个建立者来崇拜;哈钦森—佛格尔书,页 480。
⑦ 《德钦曲喀雍增自传》,叶 41b。参见《阿旺才仁传》,叶 6a。

国(Chamba)招募军队。她躲藏在桑斯噶的首府班敦(dPal-ldum)的城堡中,抓她的时机丧失了。因惧怕拉达克军队的到达,左乞逃至门域(疑即瞻婆),德哇嘉措则逃往中藏。巴尔丹的住持在不知他们已逃跑的情况下被逮捕,拉达克军队占领了这座寺院,并将桑斯噶日钦安插在这里为首席喇嘛。后来这位大成道者和左乞拜访了达仓热巴,请求宽恕。德哇嘉措被安排在卓朵林寺('Brog rDor-gling)的一处居所;但很快他就返回了中藏,1640 年在那里去世。① 国王得到了

[49] 人道的待遇,被给予一些马匹、黄金等礼物;但桑斯噶被并入了拉达克。② 王后杰宗(rGyal-'dzom)返回了她的祖国,僧格南杰的继承者在位期间,她作为行若王后(rGyal-mo'i tshul-'dzin-ma)的姑母(a-ne)杰宗而在两块铭文(F. 59,和 62)中被提到。或许因国王是一位鳏夫,故她是王国的第一夫人。她也可能就是在 1649 年被提到过的杰吉杰姆(rGyal-skyid rgyal-mo)。③

内部的证据表明,差不多同时,僧格南杰控制了上部拉胡儿。因为在那一地区没有发现任何在普里蒂·辛哈(Prithi Singh,1608—1635)之后和比德·辛哈(Bidhi Singh,1672—1688)之前的屈露王的铭文。④ 库伦的《王统记》中一个显然指的是同一时期的段落叙述道:"西藏(即拉达克)王占领了拉胡儿。"⑤特别难对付的地方是普日。每个人对绛央南监在乞当的灾难性的干涉记忆犹新。也许是为了在那一地区重建拉达克的声望,僧格南杰登基后不久就派一些军队入侵乞当(拼写作 Spyi-btan),但再度受挫。拉达克的头领噶噶赞巴与约 80 人一起被投入监狱。另一方面乞当头领的侄子和侄女被拘留在

---

① 《德钦曲喀雍增自传》,叶 76b。
② 《达仓热巴传》,叶 37b—38a。僧格南杰对桑斯噶的吞并由噶尼噶噶殿的赞文(见后文页 109,注 2)证实;格坚书,页 245。
③ 《达仓热巴传》,叶 47b。
④ 哈钦桑—佛格尔书,页 479;H. 戈茨(H. Goetz):《中世纪晚期〈瞻婆国史〉》(History of Chamba State in the later middle ages),载于 JIH,30(1952),页 307。在 1640 年,瞻婆的普里蒂·辛格(1641—1664)在他进军瞻婆从努尔普尔(Nurpur)统治下解放他的家乡时经过拉胡儿;戈茨上揭文,和其《在莫卧儿和锡克时代的瞻婆国史》(History of Chamba State in Mughal and Sikh times),载于 JIH,31(1953),页 137。但这只是一次顺道袭击,且并没有导致将拉胡儿并入瞻婆。拉胡儿诸事件的记载刊于 JIH,31(1953),139。其中凡有涉拉达克者均完全错误。
⑤ 弗兰克 1926 年书,页 202。

拉达克。因此,在 1625 年,这位头领派使者去见达仓热巴,求他出面调解;这位噶噶和他的人与乞当家属互换,还缔结了为期一年的停战协定。① 显然,这个协定被悄悄地延长了,因为我们听不到在以后的年代里有任何敌对行动。

　　正如它的地方世系谱所表明的那样,乞当与普日的大部分的地方一样,到那时已变成了一个以穆斯林为主体的地区。② 这为克什米尔的莫卧儿总督在其支持下实行干涉提供了一个永久的可能性。在巴尔提斯坦落入莫卧儿的统治后,这种可能性就越发变得现实了。在张格尔(Jahangir,1605—1627)末年的一次流产的远征之后,新继位的莫卧儿皇帝沙·杰汉(Shah Jahan,1627—1658)利用阿利·米尔的儿子阿当汗和阿伯达尔(Abdal)之间的不和,派一支武装部队于 1638 年 8 月 28 日进入斯噶尔多,将阿当汗立为服膺莫卧儿皇帝宗主权的首领。③ 翌年,斯噶尔多的阿当汗致书克什米尔新总督阿里·马登汗(Ali Mardan Khan),告诉他,大西藏(拉达克)的统治者僧格南杰(Sangi Bamkhal)已经与大量的骑兵和步兵一起,占领了小西藏(巴尔提斯坦,回溯至阿利·米尔时代的一个过时的称呼,Senggernam rgyal)的诸属地之一普日。前面提到的这位汗王派出的一名亲戚侯赛因·贝格(Husain Beg)与从帝国的奴隶中抽调出来的骑手、步兵、taqangčĭ 和弓手之突击队员一起,组成了克什米尔或属于上述这个地区的头领们的卫戍部队。1049 年回历二月(*Safar*)14 日(1639 年 6 月 16 日),侯赛因·贝格开始了他的远征,取道达昌·钵罗(Dacchan-pāra)地区(即经由佐吉拉路)。一些日子以后,阿坦汗带领一小队西藏士兵与他会合。回历四月(Rabī Ⅱ)24 日(8 月25 日),他们与僧格南杰在喀尔布(Karpū,mkhar-bu)附近相遇。南杰(Bamkhal)参加了战斗,但被打败了,他逃走并将自己藏匿在喀尔布的堡垒中。后来他发觉,在他能够到达安全地点以前他有可能被

[50]

---

① 《达仓热巴传》,叶 31a—b。
② 弗兰克 1926 年书,页 172—175。
③ 阿普杜—哈弥德·拉荷里(Abdul-Hamid Lahori),《帝王记》(*Badshāh-nāma*),I,2(加尔各答1866),页 29,282—284。也见伯尼尔书,页 421。参见毕达克 1939 年书,页 142—143。

杀或被俘。因此,他很谦卑地派一名使者去见侯赛因·贝格,开始了谈判。他答应,如果在他返回他的国家时,安全能够得到保证,他将献给帝廷适量的贡物。随后,侯赛因·贝格返回克什米尔,在回历六月(Jumāda-ul-Ākhira)22日(9月20日)到达该地。[①]

[51] 　1663年,法国旅行家弗朗索瓦·伯尼尔(François Bernier)在克什米尔搜集了一些关于这次小战争的资料。他的记载与前面提供的官方说法类似,但增加了一些有趣的细节。"在一次为期十六天的翻山越岭的艰难行军之后,这支军队包围和攻下了一座堡垒(喀尔布),这使居民们陷入这样的一种惶恐之中,即假如这支军队立即跨过一条颇有名气的湍急的河流(信度),并大胆地向首都进军的话,那么,无疑将完成对这个王国的征服。不过,季节已晚,这位莫卧儿指挥官担心他会遭到风雪袭击,便决定撤回,他在刚夺取的城堡中安插了一支驻军,试图来年早春重新开始对这个地区的侵略;但那一支驻军很奇怪且出人意料之外地撤离了那座城堡,不是由于害怕敌人,就是因为缺少钱粮。大西藏避免了那场已被延迟至来年春天的计划中的攻击。"[②]这两种记载互相补充。另一方面,《王统记》的说法截然不同:"巴尔提的国王阿当汗,引进了帕特沙·沙·杰汉(Pad-ca Śa·'jan,padshāh Shāh Jahān)的军队,他们在喀尔布发动了多场战斗,许多霍尔人(莫卧儿人)被杀,取得了对敌人的完全的胜利。"[③]但达仓热巴的传记对这次战争的完全沉默表明《王统记》的记载完全是夸大其词。僧格南杰受到了真正沉重的打击,只是因为答应进贡才得以身免,这当然永远不能记录下来。[④]

　这场冲突在商业贸易领域内造成了严重的后果。作为反对莫卧儿的一项经济性的报复,国王禁止商队过往,甚至禁止任何从克什米尔来的人进入他的领土。结果,从印度至中藏的交通改道巴特那(Patna)——尼泊尔——拉萨,而克什米尔与中亚的贸易不得不采用

---

① 阿普杜—哈弥德·拉荷里:《帝王记》,II,加尔各答,1868,页159—160。
② 伯尼尔书,页422。
③ 《拉达克王统记》,叶40.27—28。
④ 进贡从未支付过,这一点被伯尼尔书证实,页424。

更偏僻的道路,即经斯噶尔多和希噶尔(Shigar)至喀什噶尔
(Kashgar)。二十四年之后,即在 1663 年这条道路仍然受到封
锁。① 这条愚蠢的措施一定对拉达克的经济带来了真正的灾难,因为
当时和以往一样,拉达克的经济主要依靠这种转口贸易。僧格南杰
死后,这个王国的力量明显减弱,有可能在很大程度上是由于这种严
重自作自受的对经济的打击。

当达仓热巴最终从西藏返回之后,拉达克的宗教生活被他强有力的
个性所支配。② 他达到了使王室逐渐改宗主巴派之若陇(Ra-lung)分支的
目的。这最后的转变发生在 1630 年,与古格的征服同年,这或许是一种
明确的政治选择的结果。那一年,国王不仅将海—米斯、玛卓(Ma-gra 或
Ma-spro)、囊曲巴(Nang-chu-'bab)、横跨绒曲(Rong-chu)河之农牧区、普
孜(Phug-rtse)和夏鄂(Sha-ngos)等庄园赠送给达仓热巴和他的宗派,③甚
至还表达了使赤赛(Khrig-se)脱离格鲁派和将它交给主巴派的意愿。在
他的慷慨背后是个人的怨恨。在他与其兄弟发生冲突期间,他曾请求在
赤赛避难,但僧人们当着他的面闭上了大门。为了他的信誉,达仓热巴说
服国王放弃他的计划。他不想有任何类似宗教迫害的行为。④

达仓热巴的建筑活动也值得注意。我们已经叙述了在瓦姆—勒
的德钦南杰寺的建筑(1624)。达仓热巴最得意的工程是在海—米斯
建筑的绛曲桑林(Byang-chub-bsam-gling)尼姑寺,它变成了并一直
是拉达克的王家寺院。起先那里只有一个简单的茅棚。后来才开始
修造;1630 年主庙(*gtsug-lag-khang*)建成;1638 年,他为饰以图画的
大经堂('*du-khang*)开光。⑤ 达仓热巴对国王的影响对拉达克的纳税

[52]

---

① 伯尼尔书,页 425—427。
② 《王统记》用很大篇幅来赞扬达仓热巴;《拉达克王统记》,叶 39.24—40.13。
③ 海—米斯和玛卓是众所周知的。囊曲巴("囊"河口)可能靠近桑斯噶的囊地。绒曲位于诺玛
(Nyo-ma)上方的信度河谷上游地区(弗兰克 1926 年书,索引)。普孜和夏鄂在一份日期为
1822 年的法律文书中被提及(舒书,LⅢ);但这不能帮助我们确定其地望。
④ 《达仓热巴传》,叶 33b—34b。
⑤ 《达仓热巴传》,叶 33b,37a。一般认为由施拉金特维特发表的海-米斯碑铭,其日期属于僧格南
杰统治时期。但是这个碑铭主要是三世海—米斯活佛米邦才旺赤烈(Mi-pham Tshe-dbang-
'phrin-las)活动的传说,他生活在 1755 年至 1808 年之间;见后,页 120。这样,在此碑铭中的所
有日期当属于 18 世纪下半叶。

者来说一定负担沉重。除了靡费财物的建筑活动外,在此之上我们
还得加上《王统记》中罗列的一长串铜像、抄本、玛尼墙等等;国王还
根据他的提议常常派使者带了昂贵的礼物去中藏的噶举巴和其他宗
[53] 教派别的寺院。仅限于僧格南杰统治时期,我们就可以整理成下表;
除了第一和最后一条以外,它都取材于《达仓热巴传》的记载。

1624——往德钦曲喀寺(使团由项则梅默〔Me-me chos-
mdzad〕率领)①

1626——往主钦活佛、南杰伦布寺(rNam-rgyal-lhun-po)和
日窝孜结寺(Ri-bo-rtse-brgyad,于马纳萨罗伐)

1628——往主钦、德钦曲喀

1629——往主钦、红帽派活佛和德钦曲喀

1630——往主钦(使团由国王之兄弟赡林扎巴〔'Dzam-
gling-grags-pa〕为首)

1632——往主钦、德钦曲喀和杰结蔡

1633——往主噶、德钦曲喀和察日(Tsari)

1634——往主钦和致德钦曲喀

1641——因主钦之死而派出的特别使团,并给若陇、德钦曲
喀和许多别的各教派的寺院以大量布施

未标明日期——往一世班禅活佛处的使团,行国王母亲的
祭供仪轨。②

除了绿松石和昂贵的哈达披巾外,这些使团每次都携带几百
盎司黄金和更多的银子。我们可以增补的是,国王也是位于马纳
萨罗伐湖边的止贡巴寺院珠高寺(Khru-sgo)的一名施主;但在他的
时代那一地区的止贡巴陷于严重的衰败之中,他们的修道胜地几
成废墟。③

---

① 《德钦曲喀雍增自传》,叶 21a。
② 《拉达克王统记》,叶 39.30—40.3。
③ 《冈底斯山志》,叶 33b—34a。

最后,我们也应将世俗的建筑列入记载,其中最主要的是莱钦班喀(Slel-chen dPal-mkhar),即高耸于列城的九层王宫。^① 它似乎表明,尽管增加了新的疆土,但国王却使国家的经济和财政力量紧缩。1631 年,葡萄牙耶稣会士弗朗西斯科·德·阿泽维多(Francisco de Azevedo)游历了拉达克。他这次旅行的目的是要从国王那里得到对于察巴让小基督教团的默认,这个小基督教团备受战争、不公平的驱逐和总督的敌视等困扰。他经过阿尔纳(Alner,瓦姆-勒),"这里生活着喇嘛们的教皇"(即达仓热巴),随后经过 Guiar(甲),它由那位被"拉达克国王剥夺了他的马里乌尔王国(Mariul)"的统治者管辖。^②"就像以前他接待安特拉德神父时一样,他对我们甚为友善。"1632 年 10 月 25 日,阿泽维多进入列城,并立即受到了僧格南杰的接待;他对这位国王(类似于一位爪哇人)和王后格桑(bsKal-bzang)的外观作了一个奇怪的描述。经过几轮谈判之后,他得到了保证传播福音自由的一纸书券,并于 11 月 7 日离开列城,取道拉胡儿返回印度。^③

[54]

奇怪的是,对僧格南杰的主要大臣们我们几乎一无所知。不管是《王统记》,还是《达仓热巴传》,都没有在他在世时提到他们;这可能是因为,像法国的路易十四一样,这位国王偏爱独裁统治。我们得见曾有两位名班珠(dPal-grub)和喜饶罗卓(Shea-rab-blo-gros)的官员(宰相?)被提及,这二人是一份赐给南喀班衮(Nam-mkha'-dpal-mgon)的文书的提议者(zhu-ba-po),此人我们即将予以讨论。一名大臣(*chos-blon*)噶噶盼盼(Ga-ga Phel-phel)在一个出自林乃

① 《拉达克王统记》,叶 40.13。
② 玛域(Mar-yul,Mariul)乃拉达克的别名,然在此则不可能。它也不可能指茹脱,它的首领在前一年被僧格南杰罢黜,因为安特拉德神父在 1626 年 8 月 14 日的一封信中,把列藏族国家如下:古格(Gu-ge)、拉达克、马里乌尔、茹脱、卫藏和两个更东方的国家;威塞尔斯书,页 70—71。直到更多的资料出现,我想教士报告中的马里乌尔可能是上部拉达克和茹雪(Rupshu)的部分,参见托斯卡农书,注 104。似乎甲地封建首领(jo)的权力曾被僧格南杰真正地剥夺过。关于安特拉德对这位首领的访问,在教士的资料中没有提到;可能这是阿泽韦多回忆的插入。
③ 威塞尔斯书,页 94—119;葡萄牙文献出处同前揭书,页 282—313。1598 年在罗马印刷的《圣经》,莫可罗夫特(II,页 22—23)1821 年发现于巴琼(Pa-skyum),可能是由阿泽韦德留在拉达克的。参见托斯卡农书,页 249—250 注。

(Lings-snyed)的拼写得很差的铭文中被提及(F.52)。① 但唯一享有教法大臣(*Chos-blon-chen-po*)全称的人是阿古(A-gu 或 A-khu)噶姆('Gar-mo)，他仅在这一统治时期的最末几年间主事。② 僧格南杰之时最显赫的贵人之一是萨布的头领，弥药(Mi-nyag)家族的南喀班衮(Nam-mkha'-dpal-mgon)，此人曾为四代拉达克国王尽职。在猪年(差不多可确定为 1635 年)，国王委命他管理一些经典(《甘珠尔》《八千颂般若波罗蜜多经》《莲花生大师传》和《达仓日钦的生平和道歌》)的刊刻，为此他得到了适当的酬谢。③

[55]

僧格南杰的家族颇为庞大。我们已经涉及了他的弟弟诺布南杰及其悲剧性的结局。在他的两位同父异母兄弟中，我们对丹增南杰一无所知。④ 阿旺南监于 1630 年遁入法门，取法名赡林扎巴。同年，他率领一个例行的宗教使团前往中藏，⑤并再也没有返回故乡。他用过去的名字阿旺南监居住在哲蚌寺和扎什伦布寺。1634 年，他帮办了德钦曲喀雍增的成年典礼。他死于 1644 年，商卓特诺诺曲增(*phyag-mdzod* No-no Chos-'dzin)和拉尊土登(lha-btsun mThu-stobs)受遣往送祭仪。⑥ 当地的传说把鄂寺(Ngod)的奠基和达那的修建(确切地说是修复)归功于他。⑦ 国王与来自茹雪(Ru-shod, Rupshu)的叫作格桑卓玛(bsKal-bzang sGrol-ma)的小姐结婚，她通

[56]

---

① 弗兰克 1907b 书，页 657—658。
② 《弗兰克碑铭集》，页 54、57、209；也见于一个从杰哲(lCe-'bre)到衣古(dByi-gu)途中的未刊碑铭。它在一个由(或为了)南喀班衮所抄写的《八千颂般若波罗蜜多经》的题跋中被提及；格坚书，页 392—394。
③ 这份文件(《格坚文件集》,1)被刊于格坚书，页 395—396。这个"生平"可能曾是一个简短的普通记录或是一个别的什么初稿；达仓热巴于 1651 年才去世，而据我们所掌握，有关他的传记直到 1663 年才完成。南喀班衮是图齐 1949 年书中，页 365—367，注 21 那幅唐卡的施主。
④ 此时有一个章喀(Grang-mkhar)的玛本噶噶丹增南杰在斯匹提，被萨布题跋(见上引注 1)和一个斯匹提碑铭(F. 173)中提到。噶噶这个称号的确属于最高的贵族；但一位王子应被称为杰赛(*rGyal-sras*)，而不只是噶噶。
⑤ 《达仓热巴传》，叶 33b—34a；《拉达克王统记》，叶 39.13—14。
⑥ 《德钦曲喀雍增自传》，叶 23a—b、58b、85a、86b。
⑦ 弗兰克 1914 年书，页 60、67。

常与她的丈夫一起出现在铭文中,似乎起有一定的政治作用。① 她为
他生了三个儿子:德丹南杰(bDe-ldan-rnam-rgyal),另一位的俗名
不见于记载,以及德曲南杰(bDe-mchog-rnam-rgyal);她还生有一位
名诺增杰姆(Nor-'dzin rgyal-mo)的女儿。② 1630 年,二儿子出家为
僧,法名因陀罗菩提(Indrabodhi,藏语为旺布绛曲,dBang-po'i
byang-chub),但他主要为俗务奔忙。③ 另一个儿子,班恭南杰(dPal-
skyong-rnam-rgyal)或为庶出,1638 年在其父亲之前离开了人
世。④ 我们也已拥有王后家族的一些资料,她的兄弟土登嘉措
(Thub-bstan-rgya-tsho,可能是一名喇嘛)死于 1627 年,她的母亲和
国王的姐妹死于 1640 年。⑤ 僧格南杰于水马年 9 月之天降节(*Lha-
bab*)的第一天(22 日),即 1642 年 11 月 27 日,在瓦姆—勒去世,⑥终
年不足五十。⑦ 他的遗体被运往列城,在此举行了隆重的葬礼。

① 在巴高的赛桑(gSer-zangs)寺附近安立的一个小弥勒像带有一块铭文,说明这座佛像是由格桑
　卓玛于藏历水马年 2 月 25 日(1642 年 4 月 15 日)建立的。我感谢斯奈尔格罗夫博士给我这条
　资料(他于 1976 年 5 月 10 日给我的信)。
② 《拉达克王统记》,叶 41.4—5;《弗兰克碑铭集》,页 51、54。
③ 《达仓热巴传》,叶 33b。因陀罗菩提早在 1630 年就被达那寺的曲吉莫增(Chos-rje sMu-
　rdzin)收为比丘。后来他成为达仓热巴众弟子中的佼佼者;《拉达克王统记》,叶 41.6—7。
④ 《达仓热巴传》,叶 37a—b。
⑤ 《达仓热巴传》,叶 32a—33b、38b。协城的金舍利塔(gSer-gdung *mchod-rten*)中一个铜盘上刻有
　一篇铭文(《弗兰克碑铭集》,叶 209;也见于格坚书,页 381),日期为 1641 年,证明这个舍利塔(*sku-
　gdung*)是由喇嘛达仓、国王僧格南杰和王后格桑为王后的母亲设立的。在贡献铜和金的施主中,我们
　发现了贡论阿古嘎姆(*gung-blon* A-gu 'Gar-mo)。
⑥ 《达仓热巴传》,叶 40a。参见《德钦曲喀雍增自传》,叶 82a。
⑦ 格坚书,页 397。

第六章　拉达克政权的崩溃

　　僧格南杰的继承问题并没有一下子被解决。在一些年里,看起来似乎是王太后格桑充当了类似其三个儿子的摄政这样的角色;她曾有一次被冠以"护土自在女"(Sa-skyong-ba'i dbang-mo)的称号,[①]有点像是保护女神。我们也发现这样的表达方式:rGyal-mo sras-blon-bcas,译言"与她的儿子和臣子们在一起的王后"。我们还很突然地遇见了老臣阿古噶姆(A-khu 'Gar-mo),到此时为止此人只在铭文中出现过。这部传记经常将他的名字拼写作阿库噶姆王臣(A-khu'gar-mo-rje-blon),这似乎表明他是王后的一位叔父(阿库)。

　　首先开展的活动之一是作为追悼前国王的逝世(dGongs-rdzogs)而建筑一座新的寺院。地点的选择曾经是颇费考虑的一件事。在因各种不同的理由排除了列城、巴高、达那之后,决定选择奇姆日(Chimri,即《王统记》中的 lCe-'bre;《达仓热巴传》中的 Ce-khri);1644 年 3 月,达仓热巴为主庙(gtsug-lag-khang)奠基。它于1645 年 3 月 30 日或 1646 年 4 月 18 日竣工。[②] 尽管年事已高,达仓热巴的活动和无可匹敌的影响在其他领域亦一如既往。这反映在对中藏的耗费钱财的使团仍在继续。1643 年,他派出一个使团前往德钦曲喀。[③] 1645 年,又派出一个大得多的使团,这个使团由代表海—米斯寺的主巴多吉('Brug-pa-rdo-rje)和代表拉达克朝廷的土登拉旺

---

① 《达仓热巴传》,叶 42b。
② 《拉达克王统记》,叶 40.7;《达仓热巴传》,叶 41a—b, 42b(此日期似乎有点疑问)。奇姆日寺的全称是泰曲德钦林(theg-mchog-bde-chen g ling)。
③ 《德钦曲喀雍增自传》,叶 82b。

（Thub-bstan-lha-dbang）、阿库功曲（A-khu dkon-mchog）率领。① 正是这个使团，在 1646 年拉萨大祈愿法会（smon-lam，新年节庆）期间，安排了为僧格南杰举行的、迟到的超荐仪轨。② 应摄政——王后的请求，1647 年 2 月，达仓热巴为在协噶（协城）宫内的主庙奠基。③ [58]

在 1647 这一年的后期，拉达克受到了来自喀什噶尔的一支突厥（霍尔）人的武装袭击。他们到达甲地，在乌锡（U-shi）峡谷中与拉达克士兵有过一场影响不大的小遭遇战。在巴巴克·贝格（Babak Beg，Bha-bag-bhi）和萨拉·贝格（Sara Beg，Sa-ra-bhi）的率领下，他们到曲雪雄（Chu-shod-gzhung），在此爆发了另一次战斗，伤亡颇众，损失惨重。在拉达克王子们的请求下，达仓热巴派使者前往突厥人的营帐，并与两位敌方军官一起返回，这两位军官与这位住持举行了会谈。他们声明，这次袭击是为了替他们的公使桑达汗（Zandaq Khan，Zang-dags Khan）所受的侮辱报仇。紧接着的是一场谈判，传记提供了这次谈判的一个生动记录；突厥人用穆斯林称号辟尔（pir）称呼这位喇嘛。他们的统治者是叶尔羌汗（Yar-kyen Khan）。最后他们得到一份共 15 匹马的所谓礼物，撤除了营帐。④

至此解决王朝问题的时机已经成熟。它是在 1647 年 2 月 15 日举行的，由王国的全部官员和贵族出席的一次重大会议上解决的。这三位兄弟都被推上国王的宝座，但长子是最高的统治者。这个王国在他们之间被分割。因陀罗菩提，也称为因陀罗南杰（Indra-rnam-rgyal），得到了古格蕃卓绒松（Bod-'brog-rong-gsum）。⑤ 德曲南杰获取了桑斯噶和斯匹提；王太后则分得玛卓、衣古（dByi-gu）和普兰作为她的私人庄园。阿里三围的所有其他地区主要是上、下拉 [59]

---

① 《达仓热巴传》，叶 43a—b；《德钦曲喀雍增自传》，叶 87a。
② 《五世达赖自传》，Ka，叶 132a；图齐 1949 年书，页 256。参见阿赫玛德 1970 年书，注 130。
③ 《达仓热巴传》，叶 44b；《拉达克王统记》，叶 40.16。
④ 《达仓热巴传》，叶 44b。乌锡，U-chi 或 'Ub-shi（地图上的 Upshi），是在甲河与信度河的交汇处。Chu-Shod（地图上的 Chushot）是在信度河左岸差不多与赤赛相对的地方。
⑤ 古格三区指的是城镇和村庄（bod），牧场（'drog）和耕种的谷地（rong）。石泰安：《西藏文明》，巴黎，1962 年，页 83—84。

达克,则被分给了德丹南杰。① 此事了结之后,达仓热巴致力于完成在协噶(协城)的拉钦祖拉康(Lha-chen gtsug-lag-khang,译言主神庙),这个寺院是在德丹南杰和因陀罗南杰赞助下修建的,并按时落成。② 1649 年,他应因陀罗南杰之邀前往古格,在此他参观了脱定寺。是时,这个国家再次受到霍尔(突厥? 莫卧儿?)部队的威胁,他在此接见了两名霍尔使者。回海—米斯时,他受到了西藏之和硕特统治者固始汗派使的一名蒙古宰桑(Jaisang,管事官)和扎西通门巴(bKra-shis-mthong-smon-pa,可能是一名喇嘛)的拜访;结果,这两个政府之间达成了很好的谅解。③

老王后格桑在其晚年似乎变得十分活跃。1649 年,她派出以代表海—米斯寺的释迦达沃(Śākya-zla-’od)和仁钦班觉(Rin-chen-dpal-’byor)和代表朝廷的扎西多吉(bKra-shis-rdo-rje)和阿库桑嘎(A-khu bZang-dga’)、土登拉旺(Thub-bstan-lha-dbang)为首的一个使团往中藏。他们携带了献给于 1646 年去世的阿库噶姆的祭仪。④ 1650 年,她不听她那位可敬的师长的劝告,出游凯拉沙;最终,她在桑斯噶得病,于桑拉去世。她的遗体被运至协城,并在此举行了葬礼。⑤

也就在 1650 年,达仓热巴向达赖喇嘛、班禅、主钦、德钦曲喀派出了最后一个使团,使团由奥洛阿旺德勒(O-lo Ngag-dbang-bde-legs)率领。使团决定了每年派一组学僧去中藏的细节,为此曾在拉萨政府和主巴之间引起过一场争论。⑥ 此时,达仓热巴已年过七十又六,健康急剧恶化。他亲口对自己的丧事作了必要的安排,1651 年 1 月 29 日,他在海—米斯寺圆寂。⑦ 丧事办得相当盛大,5 名僧人受

[60]

① 《达仓热巴传》,叶 45a;《拉达克王统记》,叶 41.4—9。
② 《达仓热巴传》,叶 46b;《拉达克王统记》,叶 41.12—14。
③ 《达仓热巴传》,叶 47b。
④ 《德钦曲喀雍增自传》,叶 99a—b。
⑤ 《达仓热巴传》,叶 48b。为纪念她修建了一道长玛尼墙;《拉达克王统记》,叶 41.14—15。
⑥ 《达仓热巴传》,叶 49a;《德钦曲喀雍增自传》,叶 100a—102a。
⑦ 《达仓热巴传》,叶 51b。

命在他的遗体附近永久地念诵佛经。① 1655 年，又举行了一次盛大的纪念仪式，国王和他的兄弟（们）亦皆到场。② 1663 年 6 月，应国王德丹南杰之请，由僧人阿旺贡嘎伦珠土登格勒迥乃索南坚赞班桑波（Ngag-dbang Kun-dga'-lhun-grub Thub-bstan-dge-legs-'byung-gnas bSod-nams-rgyal-mtshan-dpal-bzang-po）撰写的达仓热巴的传记完稿。③

达仓热巴之死留下了一个难以填补的空缺。他的转世阿旺措结多吉（Ngag-dbang mTsho-skyes-rdo-rje）在拉达克的南部地区如期被发现。④ 但他从没有产生任何重大影响，他的名字从来没有在《王统记》中出现过。他唯一起过一点（很次要的）作用的场合是 1684 年与西藏订约的时候，这我们一会儿将会见到。由于此时他还只是个孩子，故国师（dbu-bla）之位便告空缺。实际上，达仓热巴在其圆寂之前夜留下的遗训之一是请求噶尔（dGar 或 sGar）寺⑤和德钦曲喀寺将达波喇嘛（bDag-po Bla-ma?）和措那法主（mTsho-na chos-rje）派往拉达克。⑥ 事实上，1650 年的使团已经就此事试探过这两个主巴派的中心。⑦

但事情进展并不顺利。与黄教的关系在达仓热巴生前曾相当热诚，然此时趋于恶化，引出了一连串严重的政治问题。它涉及格鲁派在拉达克和古格的，以及主巴派在达赖喇嘛辖区内的待遇问题，这两个教派都自认为受到了统治者的歧视。因此，这个问题也不得不被讨论。在 1652 年或不久以后，噶尔寺派囊索拉旺［旺］秋（nang-so Lha-dbang-[dbang-]phyug），德钦曲喀寺派助理管家（*gnyer-zla*）释

---

① 《达仓热巴传》，叶 53b。
② 《达仓热巴传》，叶 53b—54a。
③ 《达仓热巴传》，叶 56b。
④ 关于寻找达仓热巴转世，见《达仓热巴传》，叶 53a—b；《德钦曲喀雍增自传》，叶 102b。大约在 1666 年，国王德曲南杰邀请他去桑斯噶；《阿旺才仁传》，叶 12b。其他只在海—米斯的一些祈请文书（gsol-'debs）中提到过他。
⑤ 见前页 43，注 2。
⑥ 《达仓热巴传》，叶 51b。
⑦ 《德钦曲喀雍增自传》，叶 101a。

[61]　迦主卓(Śākya-rdzu-'phrul)去查察实情。① 此时国王致书主钦和达赖喇嘛,以冀得到一位很有声望的主巴派学者作为他的宗教上师。至于在他王国内的格鲁派的地位,国王提议对这两个教派一视同仁,以此为利益双方教法的最可靠的手段。②

　　这位囊索发现,顷则奥洛阿旺德勒 1651 年自西藏返回以后很令人不安地偏袒噶尔,海一米斯的官员们也是如此,因而制造了一些紧张局势。总之,他致书拉萨,建议同意这位国王的请求。③ 同时,达赖喇嘛已起身前往中原(1652 年 4 月),德钦曲喀雍增为他送行,他是为此而专程来到拉萨的。那位囊索的来信被交给了摄政索南若丹(bSod-rnam-rab-brtan),他将它转给了这位雍增;噶尔商卓特珠觉(dGar *phyag-mdzod* Grub-cog)为商讨此事也来到拉萨。最后珠觉和代表政府的香·扎西孜巴(Shangs bKra-shis-rtse-pa)一起被派往拉达克。他们请求国王赐给古格达波(Gu-ge bdag-po,即给旧王室)一座城堡和一处适宜的庄园,以及别的庄园去支持格鲁派。这些请求得到了满足(至少部分地),因此,在这个使团返回时(在 1654年),雍增提议将珠旺活佛(Grub-dbang Rin-po-che)派去作国王的上师;这并不是一个符合已故的达仓热巴的意愿的选择。一位住持不无讥讽地指出,这位珠旺太热衷于钱财,他的僧徒则太贪恋杯中之物。④ 很难确定此人是谁,因为珠旺在噶举巴中是一个极为普通的称号。⑤ 因此,在 1655 年,五世主钦活佛帕桑旺波(dPag-bsam-dbang-po)的一名弟子、师尊(dpon-slob)珠旺活佛被派往拉达克,西藏政府提供了他旅行所需的一切物品,此时已回到拉萨的达赖喇嘛亲自会

[62]　见了主钦和雍增,并在同一场合,赐珠旺以神秘的加持力,后者即刻

---

① 《德钦曲喀雍增自传》,叶 101b。
② 《六世主钦传》,叶 65b—66a。
③ 《德钦曲喀雍增自传》,叶 102a。
④ 《德钦曲喀雍增自传》,叶 102a—103a。
⑤ 达仓热巴曾送给他一些礼物;《达仓热巴传》,叶 47a, 49a。在一个晚得多的日期,《阿旺才仁传》,叶 102b,可能暗指他是工波的转世活佛(sku-skyes sprul-sku)觉才仁('Byor-tshe-ring),他是国王德丹南杰(bDe-ldan-rnam-rgyal)的国师。

开始了他的旅行。① 这个事件表明,尽管有一些小的争吵,但主巴和格鲁派基本上还是合拍的,这一次是这样,其他许多别的情形下亦都是如此。事实上,在那时候,主钦和雍增差不多每年都在拉萨参加大祈愿法会。而且,这种不断加温的对主巴的热情一定与国王对于法王莫增巴和国王僧格南杰时赐予达那寺的全部特权、免税权和庄园(在凯拉沙,在古格、桑斯噶、拉胡儿等)的恢复和确认有关;可作为证据的文件标明的日期为 1661 年 8 月。②

不过,珠旺活佛在拉达克活动的时间很短。1661 年底,拉达克国王就已经派管家(gnyer-pa)宗措哇(Grong-'tsho-ba)携带献给已故珠旺的祭仪往拉萨。这位管家由负有政治使命的大臣(blon-bo)阿觉乞古(A-jo Khyi-gu)和顿珠盼(Don-grub-'phel)陪同。③ 他们将去提醒拉萨政府,在香·扎西孜巴访问拉达克期间,国王答应他给予阿里的格鲁派一个公正的待遇,并且自那以后,他一直信守诺言。但假如没有任何回报,假如在中藏的主巴得不到同样的公平对待,那么严重的后果将是可以预料的。这个问题被提交至政府,政府决定派一个使团去拉达克,这个使团由代表政府的萨纳比丘(Sa-nam dGe-slong)、代表主钦的杰结蔡庙祝绛央坚赞('Jam-dbyangs-rgyal-mtshan),以及代表雍增的一名俗官组成;他们要使德丹南杰确信,中藏的所有主巴都受到了拉萨官方的极度重视。④

在以后一些年内,甚至在拉达克和中藏的主巴之间也出现了摩擦。一名从海—米斯来的桀骜不驯的僧人,从察日返回,途中在凯拉沙地区停留,在此他访问了当地的一些在山间修行的苦行僧(gangs-ri-ras-pa);他们互相说了一些对拉达克主巴僧侣有所侮辱的话。海—米斯喇嘛康巴(Khams-pa)上书国王,诉说此事。它被上传至拉萨摄政,他将它交给噶尔和雍增,请他们去裁决此事。从噶尔派出了

[63]

① 《六世主钦传》,叶 66b—67a。《五世达赖自传》,Ka,叶 242b—243a。参见《一世班禅自传》,叶 150a。
② 格坚书所列,文书 2/Ka。
③ 《德钦曲喀雍增自传》,叶 109b;《五世达赖自传》,Ka,叶 313b、314a、315a。
④ 《六世主钦传》,叶 75a—b。

赛林(gSer-gling)喇嘛去质问这些苦行僧,与其同行的有庙祝绛央坚赞和管家多吉曲桑(rDo-rje-chos-bzang)。他们带着这样一个印象返回,即所有这些就是"对我们的诽谤和为国王施放的烟幕"。①

1664年,国王再次派阿觉乞古去拉萨澄清此事。绛央坚赞的报告并不很令人满意,雍增坚持西部藏区和中藏的主巴之间的和谐和亲善的必要性。最后,西藏政府任命顷则措那东(mTsho-sna-gdong chos-mdzod)和来自噶尔的丹增珠结(bsTan-'dzin-'brug-rgyas)、赤烈若结('Phrin-las-rab-rgyas)一起,随阿觉乞古(去拉达克?),寻找一个体面的解决办法。在拉达克这一边,他们受到了来自海—米斯的土登赤烈(Thub-bstan-'phrin-las)的接待,中藏政府的使者送给他《达仓热巴道歌》的刊刻本和多卷本班玛噶波著作全集;这场争吵友好地收场了。②

事实上,那时德丹南杰有比那些僧侣间的口角严重得多的问题要操心。如前所述,喀尔布战争之后,国王僧格南杰已答应向莫卧儿人进贡;而这种进贡从未兑现过,拉达克实际上仍是一个独立的国家。但1633年新皇帝奥兰泽布(Aurangzeb)去克什米尔作他首次也是唯一的一次旅行时,③或许是对一位有理由对拉达克怀有不满,并且同样有理由强迫其作补偿的统治者在边界上出现感到不安,拉达克国王向他派出了使臣。使臣们受到了这位皇帝的接见,并向他重申国王的忠诚和进贡保证,并答应将建造一座清真寺,背诵"呼图白",硬币上铸上皇帝的名字。法国旅行家弗朗索瓦·伯尼尔当时在莫卧儿朝廷,他见到了这些使者,还和他们有所交谈;正是由于他,我们才有了关于这一事件的唯一可利用的资料。应该提请注意的是,这些使者并不是自发地作这样的表示,而是重压下的结果,因为伯尼

[64]

---

① 《德钦曲喀雍增自传》,叶112b—113a。
② 《五世达赖自传》,Ka,叶349b;《德钦曲喀雍增自传》,叶113b—114a;《六世主钦传》,叶86a。但是这些事件的前后次序既不清楚又不确定。
③ 伯尼尔所载日期1665年是错的。见J. H. 沙卡(J. H. Sarkar):《奥兰泽布史》(History of Aurangzeb),Ⅲ,页14和Ⅴ,页420。

尔说道,拉达克国家只是屈服于一个明确的侵略威胁。①

当奥兰泽布离开克什米尔时,德丹南杰显然自认为正确地重复了他的父亲在 1639 年以后的行为,再次无视莫卧儿的声明。但奥兰泽布可不是可以被玩弄的,特别是在宗教的事情上,他的本性要比随和的沙·杰汉强硬得多。两年以后,克什米尔的统治者赛义夫汗(Saif Khan)派一名使者来见拉达克国王,这位国王被给予"大西藏之柴明达尔(Zamīndār)"的称号和名字 Daldan Namjal,这是德丹南杰的一个很好的转写。这位携带帝国诏诰(famān),名叫穆罕默德·莎菲(Muhammad Shafi)的使者,责令拉达克国王接受莫卧儿的宗主权和伊斯兰教,并威胁他,假如拒绝将遭帝国军队的入侵。抵抗显然是毫无可能的,因此德丹南杰颇为体面地屈从了这种不可逆转的命运。穆罕默德·莎菲在列城之外六公里处得到了国王和大臣们的迎接。他们恭敬地接受了帝国的诏书,满足了其一切要求。于是,以奥兰泽布的名义宣读了"呼图白",为一座清真寺奠了基,拉达克政府着手在人民中间宣传伊斯兰宗教。这位使者带着 1000 阿什拉非(ashrafis,古伊朗钱币名——译者)、2000 卢比和许多其他珍贵物品的进贡满载盛誉而返回克什米尔。解决拉达克问题的消息在奥兰泽布统治的第 8 年的 6 月 11 日,即 1665 年(新历)12 月 19 日传到了帝国宫廷。②

虽然我们的史料都没有提及,但我们可以推断,在这个时候国王解除了灾难性的对克什米尔贸易的封锁,这种封锁自 1639 年起持续实行,一定对这个国家的商业利益造成了沉重的打击。穆罕默德·莎菲的出使的成功在很大程度上是因为有足够的军事支持。一名后来的、但见识广博的作者穆罕默德·阿赞姆(Muhamad Azam)甚至说成是一次"大西藏的征服"。③ 这当然只是溢美之词。但奥兰泽布 [65]

____

① 伯尼尔书,页 422—424。
② 《世界记》(Ālamgir-nāma),加尔各答,1863 年,页 923;《异密之门》(Ma'āsir-ul-Umarā),II,加尔各答,1890 年,页 482—483;J. H. 沙卡:《奥兰泽布史》,III,页 18。在同书 V,页 421,日期错误地确定为 1666 年。但是奥兰泽布的统治时代开始于斋月(Ramazān)的第一天,这样第 8 年相当于回历纪元后 1075—1076 年,即从 1665 年 3 月到 1666 年 3 月。、
③ 《克什米尔历史》(Tarikh-i-Kashmiri),阿拉哈巴德(Allahabad)手抄本,页 138a。

的诏诰所受到的足够重视既可能是由于克什米尔边境上的武装陈列,也肯定是因为斯噶尔多的首领们在外交和军事上的支持。自1637年开始,他们就是皇帝的忠实属民,监视着拉达克的异教徒们,他们与这些异教徒们常起摩擦。在这个时期,斯噶尔多王是默拉德汗(Murad Khan),他是在1637年曾帮助过莫卧儿的穆罕默德·默拉德(Muhammad Murad)的孙子和拉菲汗(Rafi Khan)的儿子。① 《世界记》告诉我们,由于他这一次帮了大忙,所以他得到了受封一体荣誉袍(Khil'at)的酬劳。巴尔提的传说甚至自称,曾在阿利·米尔的软弱的继承人治下丢失给巴尔提人的拉达克,又被默拉德收复了。② 可能他被委任为帝国在拉达克的利益和权利的代理人。对拉达克归顺的接受是由奥兰泽布在同一个第8年(可能是1666年初)给Deldan(德丹南杰)的一份官文书(kharīṭa)中宣布的,它确认了三个主要条件:诵读"呼图白"、铸币、建造一座清真寺。③ 我们不知道那时候有没有真的铸造了钱币;总之没有一枚流传至今。现存于列城的清真寺是在回历1077年(1666/7)由莎哈·穆赫都丁(Shaikh Muhi ud-din)建造的,这是一座不铺张招摇的建筑。④ 一封效忠信通过赛义夫汗递交给了皇帝,对此奥兰泽布以赐另一封官文和一袭荣誉袍作答(第9年,1666/7)。⑤

[66] 我们对此前一时期内伊斯兰教在拉达克的地位一无所知。可以肯定的是,对商人已允许其完全的宗教自由。但从西部藏区的传说来看,对伊斯兰教似乎曾有戒备性的控制甚或敌视。1625年,最后一位古格国王推倒了一座清真寺。⑥ 对莫卧儿宗主权的承认有可能对削弱与达赖喇嘛及其政府的关系起了一定的作用。总之他们的关系

---

① 坎宁安书,页35。在《世界记》中他因送贡品到朝廷时几次被提及。
② 维格纳书,II,页253。
③ 阿赫罗瓦列亚书,页6—7。
④ 这个日期保存在那座清真寺入口处所存的一块碑上;波斯语文献由格坚书提供,页404。
⑤ 阿赫罗瓦利亚书,页7。
⑥ H. 赫斯顿:《弗朗西斯科·高丁厚神父发自西部西藏的一封信(察巴让,1626年8月16日)》(A letter of Father Francisco Godinho, S. J., from Western Tibet, Tsaparang, August 16, 1626),载于 *JPASB*,21(1925),页70。

转坏,与此相对应的是格鲁派和主巴之间关系明显的冷淡。在这些年内,不论是主钦,还是雍增活佛都没有访问过拉萨。1667 年,对将他的上一个使团委付给无能的乞古而感到后悔,并为主巴的内部纠纷感到担忧的德丹南杰派赤赛和白脱(dPe-thub)的 *mchod-gzhis-pa* (行政官?)去拉萨。他们被当作半开化的乡巴佬来接待,受到了最明显不过的蔑视。"虽然是阿里国王的使者,他们把自己打扮得类似于普通香客,实在是给自己丢脸和自取轻侮。使者中有一人接受了灌顶,另一人成了居士(*dGe-bsnyen*)。"①怪不得在 1669 年,德丹南杰发现有必要派一名职位更高的人,即贵族诺诺杰(No-no-rgyal)去拉萨。他将去处理来自阿里的格鲁派的抱怨,因为主巴没有为他们提供神灯所需的酥油,而这似乎是他们曾答应提供的。

达赖喇嘛拒绝居间调停,因此这件事情可能是诺诺杰自己设法解决的。他由定本班雅(lding-dpon dpal-yag)陪同,后者可能是一名拉达克军官。阿里的格鲁派又再次抱怨,因为虽然在班雅(dPal-yag)负责范围内的驿站的维持是由格鲁派寺院负责的,但他们却不被准许利用由他们维持的驿路旅行。我们不知道这个抗议是如何处理的。② 这次出使似乎比前一次要成功得多。因为这一时期没有进一步的危机发生。1672 年,赤赛寺住持达吉南杰(Dar-rgyas-rnam-rgyal)受到了西藏摄政的接见,他委托他转交一封给国王德丹南杰的信。③ 也许是与拉萨的关系的短期改善促使了这位国王利用释迦嘉措(Śākya-rgya-mtsho)的帮助,对他的西部边境采取了更具进攻性的策略,这将一位注定要在以后一些年内起重大作用的人推上了舞台。他属于萨布家族,是僧格南杰的大臣阿古噶姆的孙子。当后者于 1646 年去世时,由他的儿子曲尼多吉(Chos-nyid-rdo-rje)袭职任萨布噶伦(不是首相)。国王德丹南杰垂涎他的妻子,并企图让一名侍

[67]

---

① 《五世达赖自传》,Kha,叶 30b—31a;译文见阿赫玛德 1968 年书,页 342—343。
② 《五世达赖自传》,Kha,叶 82b;译文见阿赫玛德 1968 年书,页 343—344。这份文献似乎在尾部被截去了。我们也从《弗兰克碑铭集》57,这个德丹南杰时代最早的碑铭中得知诺诺杰德。
③ 《五世达赖自传》,Kha,叶 140a。这可能与雍增于 1673 年所接待的是同一个使团;《德钦曲喀雍增续传》,叶 20a—b。

者在他进入宫门时将他杀害;他躲过了那一次,却在他返回萨布的途中被他自己的管家杀害了。当国王正准备婚礼时,这位寡妇逃往衣古,并削发为尼,以此阻止这件婚事。僧侣们出面调停,国王不得不放弃了这个企图。此事激起了强烈的不满,他不得不提供佛像和玛尼墙去赎还谋杀这位无辜大臣的罪过。① 受害者的儿子释迦嘉措受命袭其父职(虽然他非常年轻),并随后成了首相,直到尼玛南杰(Nyi-ma-rnam-rgyal)时一直任此职。他的庄园是衣古,不再是萨布,不过,萨布仍在这个家庭的另一支手中;在后来一个时期,我们发现它为释迦嘉措的一名侄子贡嘎彭措(Kun-dga'-phun-tshogs)所有。② 释迦嘉措出任这支军队的指挥官后,立即于 1673 年入侵下拉达克和普日的领地。1674 年,拉达克的行动延伸至巴尔提斯坦,喀普鲁(Kha-pu-lu)和曲巴(Chor-'bad)被攻占,第一块领地被封授给了哈蒂姆汗(Hatim Khan),第二块给了苏丹汗(Sultan Khan)。当然,这种扩张策略侵害了莫卧儿的势力范围;根据斯噶尔多统治者的请求,克什米尔的总督派出一支小部队往下普日;它被拉达克大臣珠南杰

[68] ('Brug-rnam-rgyal)阻止(否则它将不为人所知),并被迫撤回。③ 不久以后,德丹南杰派释迦嘉措去援助国王的外祖父和舅父,洛窝蒙塘(Glo-bo sman-thang,今尼泊尔境内的木斯塘);将军征服了洛窝的斯噶克宗(sKag rdzong,今噶克贝尼 Kagbeni),并镇压了这个王国整个东部地区的土匪活动。④ 随后我们得知,“当那瓦伯·伊卜拉欣汗(Nawab Ibrahim Khan)和帖木儿·贝格(Timur Beg)率领的克什米尔人和霍尔(莫卧儿)军队出现在普日时,释迦嘉措以他的机智和聪

---

① 萨布的传说见于格坚书,页 398—400。
② 格坚书所列题跋,嘛呢与书籍清单,第 11 和 13。
③ 《拉达克王统记》,叶 41.19—27;释迦嘉措的文件,载于弗兰克 1926 年书,页 243.2—3。莫卧儿文献中没有关于此事的线索。
④ 释迦嘉措的文件,载于弗兰克 1926 年书,页 243.3—4。弗兰克对这条资料的翻译不对。它的意思是:“他使洛窝之斯噶克宗屈服;他给洛窝的外祖父和舅父(mes-zhang)效力。在他制服达林(Da-ling?)之后,在冈底斯山(Gangs-ri,凯拉沙)地区不再有强盗帮出现。”关于洛窝(Glo-bo 或 Blo-bo 木斯塘),见图齐 1965 年书,页 8—19;D. 斯奈尔格罗夫(D. Snellgrove):《铎波四喇嘛》(Four Lamas of Dolpo),牛津,1970 年,I,页 8—10。

明办法一个接一个将他们赶了回去,因此,接着而来的是一个繁盛时期"。① 除非《王统记》中的日期是错误的,否则这次战争不可能就是1673年至1674年的那一次,因为伊卜拉欣汗那时不是克什米尔的总督。这一事件几乎不可能发生在他的第一次总督任期(1662—1664)。因此,这场小战争一定发生在他第二任期(1678—1685)的最初几年。

德丹南杰在几块碑刻(《弗兰克碑铭集》57,59—65,106)中被提到;但从中无法发现任何重要的东西。在他正式登基以前,首相是阿古噶姆,他在僧格南杰统治期间就已出任此职(《弗兰克碑铭集》,57);但在1646年他已经去世了。② 显然,首相由首要大臣(*Chos-blon chen-po*)觉哇嘉措('Byor-ba-rgya-mtsho)继任,他在碑刻中(《弗兰克碑铭集》65,188)被提到,1658年国王为酬谢巴高的敦珠盼(Don-grub-'phel)在他去喀普鲁和喀尔布旅行期间提供人马而赐发给他的一份文书中,他作为提议者(Zhu-ba-po)出现。③ 觉哇嘉措在1679年蒙藏冲突时仍在世和在职。④ 释迦嘉措在1673年和1674年间仍不是首相,但他的任命一定发生在不久以后。另一名显贵是囊论贡嘎坚赞(*nang-blon* Kun-dga'-rgyal-mtshan)。⑤ [69]

德丹南杰有三个妻子。首先他与贡宗(Kun-'dzom)结婚,这在《弗兰克碑铭集》56中被提及,她在德勒南杰时仍在世。⑥ 第二位王后是班则(dPal-mdzes),她在德勒南杰时也仍在世,并于1696年参观了扎什伦布寺,请求班禅赐教。⑦ 在他向莫卧儿投降(1665年)之后,他与布赤杰姆(Bu-khrid rgyal-mo)结婚。⑧ 所有这三位王后曾在

---

① 释迦嘉措的文件,载于弗兰克1926年书,页243.4—6。
② 《达仓热巴传》,叶44a。
③ 格坚书,文件2/Ka。这显然是1661年陪同伦波阿觉乞古(A-jo Khyi-gu)去拉萨的顿珠盼。见前,页62。
④ 《颇罗鼐传》,叶16a。
⑤ 他出现在上文引过的题跋中,第10。
⑥ 她出现在那位国王的一个碑刻(《弗兰克碑铭集》,107)中。
⑦ 她在一份出自萨布的题署中被提及;格坚书,嘛呢与书籍清单,第11。对班禅的访问,在《二世班禅自传》,叶154b中被提到。
⑧ 《阿旺才仁传》,叶28b;格坚书,页405。

一个题记中一起被提到。① 国王的长子是德勒南杰,他生于 1650 年。根据他父亲的请求,由达仓热巴亲自为他起了名字。② 很奇怪的是,《王统记》的大部分抄本,以及所有碑刻仅仅提到过他的名字。但事实上,一位小王后(*yum-chung-ba*,显然是布赤)后来为国王生了另外三个儿子:阿旺彭措南杰(Ngag-dbang-phun-tshogs-rnam-rgyal)、济哲南杰('Jig-bral-rnam-rgyal)和土登南杰(Thub-bstan-rnam-rgyal)。③ 这些王子一定比他们的异母兄长德勒南杰年轻 15—20 岁。他们中的第一位作为拉达克的格鲁派寺院的首领,在寺院政治中扮演了重要的角色,这一点我们将在后边见到。第二位济哲南杰于 1683 年被作为人质派往克什米尔。关于第三位则一无所知。1675/78 年左右,国王将国家的事务委托给了他的长子,④虽然他仍是名义上的统治者。他得享高寿,约死于 1694 年,因为在是年 4 月 28 日(6 月 21 日)记录下的一首偈语中,似乎隐约提到了他的去世。⑤ 另外,标明日期为其在位[70]的第 39 年的 6 月 3 日(1696 年 1 月 9 日)的奥兰泽布的一封官文书中说道:"因报告了国君尼玛南杰(德勒南杰的儿子和继承人)之祖父、国君阿赫巴特·玛赫默德汗('Āqibat Maḥmūd Khān)的去世,君主满意地授予后者一袭体荣誉袍和官职(*mansab*)。"⑥因此,国王德丹南杰比他的儿子多活了 3 年左右。

对德勒南杰是否曾是一位拥有全权的国王应持有很大的疑问。《王统记》显然没有给他王号,目前所知道的碑刻中也是如此;他总是作为一位王子,与他的父亲联系在一起。⑦ 另外,莫卧儿和中藏的文

---

① 格坚书前引题跋,嘛呢与书籍清单,第 10。
② 《达仓热巴传》,叶 48a。
③ 格坚书,页 405;坎宁安书,页 330,把这些名字拼作 Banchak、Jigbal、Thuptan。
④ 据坎宁安书,页 330,德丹南杰为支持其子而退位并退居于"Stuklakte"城堡(达孜 sTag-rtse,关于它见弗兰克 1914 年书,页 99)。
⑤ 《芒域法王世系》,《五世达赖续传》,cha,叶 179b。
⑥ 格坚书中的波斯文文献,页 454—455。莫尔克罗夫特(Moorcroft)的英文译文由阿赫罗伐利亚(Ahluvalia)发表于其书中,页 7—8。阿赫巴特·玛赫默德汗是作为与莫卧儿人订立条约(1683 年)的结果而为德丹南杰采用的称号。
⑦ 《弗兰克碑铭集》,60、61、65、107;也有一块甲地的未发表的碑刻,被弗兰克 1914 年书,页 65 提及。

献始终忽视他,有关古格战争的地方只提到德丹南杰。这似乎提供了确证,即他只是作为他父亲的代表或副手,而不是独自处理国务。其统治时的决定性事件是拉达克、西藏和莫卧儿帝国之间的三角冲突,这一冲突导致了拉达克在西部喜马拉雅的短命的最高统治权的终结,并使它的领地缩减到它现有的边界内。因为对此我已经在两篇文章中很完整地研究过了,① 所以我在此仅限于提供一个关于这个冲突和令其结束的一些条约的概要,并提供一些尚未为人关注的信息。

按照西藏人的看法,这场战争的起因是拉达克国王对格鲁派的不断升级的敌意,以及洛窝和茹脱百姓对萨噶(Sa-dga')和卓晓(Groshod)的藏人地区的袭击。② 在前几页中,我们已经认识到拉达克与拉萨的关系是如何的不稳定;另一个文献告诉我们,虽然僧格南杰已公平地保护所有教派,并在他新占领的古格境内避免了与格鲁派的抵触,但德丹南杰却将脱定寺的僧人人数限定为仅有的 30 名。③ 这[71]场战争的近因是南方主巴(Lho 'Brug,即不丹)激发的,它与拉萨发生了一场争吵。拉达克的国王作为主巴派一切分支的支持者,"发了一封信给西藏,说他将帮助[不丹的主巴统治者]"。④ 这指的是达赖喇嘛政府在 1676 年发动的那场战争。西藏的军队遭到了惨败,由于萨迦住持和班禅之司库的居中调停,在 1678 年缔结了和约。⑤

拉达克人愚蠢的干涉企图明显是发生在 1677 年,这加快了和约的缔结,使得西藏能将它的全部力量转过来打击拉达克。战争的决定是由达赖喇嘛自己作出的,没有征得他的施主和保护者和硕特汗的同意,尽管防务是后者的职责。战争的指挥委托给了一位喇嘛,他

---

① 毕达克 1947 年文和阿赫玛德 1968 年文。我们关于这次战争的资料是:《拉达克王统记》,释迦嘉措文件和坎宁安对拉达克的叙述;《五世达赖自传》和《颇罗鼐传》关于西藏的部分;所谓的南杰(Namgya)文件关于巴沙赫尔(Bashahr)的部分;穆罕默德·阿赞的《克什米尔史》关于莫卧儿的部分;《不丹摄政传》中简短提及部分内容。

② 《颇罗鼐传》,叶 11a—b。

③ 《黄琉璃》,366b(376)。

④ 《拉达克王统记》,叶 42.1—2;新译文由阿赫玛德译,载于其 1968 年书中,页 351—352。

⑤ 《不丹摄政传》,页 98b—104a。参见毕达克:《公元 1650—1750 年间不丹的统治者》(The rulers of Bhutan c. 1650—1750),载于《远东》(Oriens Σxtremus),19(1972),页 208。

来自扎什伦布寺,名甘丹才旺班桑(dGa'-ldan-tshe-dbang-dpal-bzang),作为一名准噶尔王子出生于洪台吉家族。他有一段辉煌的寺僧生涯,1662 年第一世班禅圆寂时,他负责维持此间市场的秩序,并以无情的力量执行了这项任务。① 1678 年 8 月 8 日(9 月 23 日)他在拉萨,在此他从达赖喇嘛处得到了给北方,特别是塘拉(Thang-lha)和纳木措(gNam-mtsho,腾格里诺尔)之地祇(yul-lha-gzhi-bdag)的供养和祝福。8 月 14 日(9 月 29 日),他携带礼物觐见达赖喇嘛。另一次觐见被获准于 8 月 20 日(10 月 5 日)。8 月 25 日(10 月 10 日),他前往当雄。② 1679 年,他再次在拉萨出现,在此他力陈武装干涉拉达克,以缓解黄教在西部藏区的地位的紧迫性。摄政(第悉)罗桑金巴(Blo-bzang-sbyin-pa)反对这个提议,并暂时成功地

[72] 阻止了它。但在他去职以后和他的继承者桑结嘉措(Sangs-rgyas-rgya-mtsho)上任前不久,达赖喇嘛决定宣战。1679 年 5 月 28 日(7 月 7 日),甘丹才旺接到了他的进军令。③ 一开始,他的部队仅由250 人组成,大部分是蒙古骑兵;但他从萨噶地区的地方长官卓窝噶波(Khro-bo-dkar-po)和阿松(A-gsum)那里得到了充足的给养、装备和增援。④ 当他到达凯拉沙-马纳萨罗伐地区时,通过一次私人会见,他得到了巴沙赫尔(Bashahr)大君凯哈利·辛格(Kehari Singh)的武装援助,并以贸易便利为交换。⑤ 与此同时,释迦嘉措指挥拉达克军队向东开进。⑥ 两支军队在一个称为若拉喀玛(Ra-la mKhar-dmar)的地方交战,此地即地图中的 Ra-la-jung,位于扎西冈(bKra-shis-sgang)上方、信度河两条主要源流汇合处的荒原上,约相当于东经

---

① 《颇罗鼐传》,叶 12a—13a;《六世主钦传》,叶 115a。
② 《五世达赖自传》,Ga,叶 91a—93b。
③ 《五世达赖自传》,Ga,叶 131a;译文见于阿赫玛德 1968 年书,页 345。参见《颇罗鼐传》,叶 13b—14a。据坎宁安说,他的副指挥是罗桑喜饶(Blo-bzang-shes-rab)。
④ 《颇罗鼐传》,叶 15a—16a。阿松是西藏未来"国王"颇罗鼐索南多杰(Pho-lha-nas bSod-nams-rdo-rje)的祖父。
⑤ 毕达克 1947 年书,页 175—176。
⑥ 《拉达克王统记》,叶 42.16—17。

79°45′,北纬32°27′。① 拉达克人遭重创,被追赶至今拉达克—西藏边界的隆空(Lungkhung),他们在此重整旗鼓阻止西藏人。败军的另一部分在达拉喀(Taklakoth)、察巴让和扎西冈的城堡中避难。这些事情发生在 1679 年秋天,因为消息是在 12 月 1 日(1680 年 1 月 2 日)前传到拉萨的。② 这场战斗绝不是决定性的,双方的兵力都很少,顶多不过是一支先头部队;此外,鉴于众所周知的蒙古人对有城墙之处的无奈,城堡可以抵挡住围攻。但就在这时刻,拉萨政府派出了大规模的增援部队,一共 5000 人左右。这使得西藏的军队变成了一支占压倒性优势的力量;在古格城堡的拉达克驻军尚未等到进攻就投降了。③ 在 1680 年 3 月 23 日(4 月 22 日)到达拉萨的甘丹才旺的信使所通告的可能就是这一次的成功。④ 当他核查沿信度河的直道后,甘丹才旺宁愿绕道茹脱。在那里,他与停留在羌拉(Changla)山口前面的拉达克主力相遇。出于某种原因,这位蒙古将领将此地的指挥权托付给了大臣(*mdun-na-’don*)布穷(Bu-chung)、班玛杰波(Padma-rgyal-po)、若措仁增(Rog-tsho Rig-’dzin)和一位名纳木塔(Namtar)的蒙古官员。这次战斗以西藏人全胜告终,拉达克国王和他的将领释迦嘉措从战场逃脱。⑤ 我们再次可以推测,7 月 15 日(9 月 8 日)到达拉萨的甘丹才旺的信使,和 1680 年 7 月 25 日(9 月 17 日)举行的典礼指的就是这次胜利,在这次典礼上他贡献了所送的礼物。⑥ 甘丹才旺在没有遇到任何抵抗的情况下推进和占领了首都列城。⑦ 拉达克军队的残余盘踞在巴高之内或巴高附近,可能就在那个部分地使信度河谷折向小城东南的山嘴上,西藏人与他们对峙。

[73]

---

① 坎宁安书,页 326—327。这个地方被释迦嘉措的文件称为若拉班杰(Ra-la dPal-rgyas),见于弗兰克 1926 年书,页 243.6;并且它被《拉达克王统记》,叶 42.5 称作夏玛定(Zhva-dmar-lding)。

② 《五世达赖自传》,Ga,叶 168b;译文见于阿赫玛德 1968 年书,页 346。

③ 《颇罗鼐传》,叶 18a—19a。

④ 《五世达赖自传》,Ga,叶 181a。

⑤ 毕达克 1947 年书,页 180—181,及那里所引资料。

⑥ 《五世达赖自传》,Ga,叶 199a,203a。

⑦ 我们可以推测他送往拉萨的礼品是用来庆祝这一事件的,那些礼品于 1681 年藏历 4 月 20 日(6 月 6 日)被收到。

不连贯的和无关紧要的战斗持续了三年(1681—1683),与此同时,国王和政府驻于定姆冈(gTing-mo-sgang)。

战事并不仅仅局限在拉达克本土。1682 年秋天噶夏寺(dKar-sha)的一些喇嘛引蒙古军队进入桑斯噶。这个地区的防卫被托付给了国王因陀罗菩提,他显然亲自指挥了在古格的第一次抵抗,并在拉达克人最后失败之后,撤退至拉达克南部的山中。他在塔拉(Thar-la)扎营。为了增援他的小部队,他招请了来自绒蒂(屈露)的门地部队,这支部队置身于对立的力量之间,并为他们自身的利益而开始在这个地区抢劫,囚禁僧、俗人等,占有了因陀罗菩提的山羊和牦牛群。最后,桑斯噶的国王和噶夏寺的喇嘛们联合起来,发动了对门地的进[74] 攻,他们才撤退。至于蒙古人,他们在这个地区似乎不很活跃。① 不过我们知道,他们攻打了普达寺(Phug-dal),但未能攻克。② 巴高的僵局最终被拉达克国王打破,他对依靠其独自的力量来驱赶入侵者感到绝望,他请求并得到了克什米尔的莫卧儿总督伊卜拉欣汗(Ibrahim Khan,1678—1685)的干预。菲戴汗(Fidai Khan)率领的一支小部队穿过佐吉拉,进入普日。③ 在此它得到了来自巴尔提斯坦的部队和下拉达克被征兵员的增援。它在巴高和聂姆(sNye-mo)之间的甲杰(Bya-rgyal)平原上与西藏—蒙古人相遇;西藏人被击败,逃至今边界以外的扎西冈(bKra-shis-sgang)。至于桑斯噶的蒙古部队,它在该地区作了最后一次袭击,④然后公然撤退。

至于使国王结束了这一半流放式的紧张时期的莫卧儿干预的月份则见于两份有关报赏那些立有功勋者的文书中。第一份,标明日期为 1683 年 4 月 13 日(6 月 7 日),是应释迦嘉措的请求在定姆冈颁发给功乔才仁的。⑤ 它已残破不堪,国王的名字亦正好佚去,其内容

① 《阿旺才仁传》,叶 36a—37b。有关因陀罗菩提的资料很少。1655 年他仍在统治古格;《德钦曲喀雍增自传》,叶 103a。1682 年的诸事件是他最后一次被提及,并且他可能不久以后就已经死去。
② 舒书,页 53。
③ 《阿旺才仁传》,叶 38b。
④ 《阿旺才仁传》,页 40b。
⑤ 舒书,LXXX。

不甚了了。另一份也发自定姆冈,时间是 1683 年 5 月 18 日(7 月 11 日),是国王德勒南杰(?)应噶伦释迦嘉措的请求赐给列城的坚赞顿珠(rGyal-mtshan-don-grub),以奖赏曾在香孜(Shang-rtse)被蒙古军队包围时提供帮助的四位极其穷困的百姓(du-bag)。① 蒙藏军队的撤离结束了这场连莫卧儿也被牵涉在内的战争,菲戴汗提出应为这次援助偿付的账单。条件极为苛刻,从理论上说应从 1664 年开始交纳,但显然从未交纳过的贡品,这一次在种类和质量上都作了精确限定,贡品须每隔三年送往克什米尔一次,由 18 匹花马、18 荚麝香和 18 条白牦牛尾巴组成。作为交换,国王每年将得到 500(或 300)袋稻谷,这是从纳莎尔(Naushahr)的封地(jāqīr)上自然增长出的税收,②而这份封地则显然是在 1665 年他投降时封授给他的。德丹南杰本人不得不接受伊斯兰教,教名阿赫巴特·玛赫穆德汗('Āqibat Mahmūd)。他承诺以皇帝的名义铸币,③并将列城的清真寺修缮完好,还将他的小儿子济哲南杰('Jigs-'bral-rnam-rgyal)作为人质送往克什米尔。最重要的是把羊毛输出和转口贸易的垄断权转让给了克什米尔,这对于克什米尔的披巾工业来说是必不可少的,披巾工业与藏红花同为克什米尔的主要出产。边界的情况只有一点小小的变化,纳伯萨特(Nabsat? 拼写值得怀疑,地望不知,可能在德拉斯境内)村被割让给克什米尔。和约在奥兰泽布在位的第 26 年缔结,是年开始于回历纪元后之 1094 年九月,即 1683 年 8 月。④ 确切的日期无法被确定,但差不多是在 1683 年的秋天。⑤ 所有约定的条件在一段时间之后就失效了,但克什米尔的总督(最初是莫卧儿,然后是阿

[75]

---

① 格坚书,文件,3 kha。我们同样可以在此提到一个较晚的文件(3Ka),它由德勒南杰于 1690 年第 7 个月颁发自巴高,内容为免除列城朵噶乞才仁伦珠(Tshe-ring-lhun-grub)的税务,作为其提供服务的奖赏。
② 《拉达克王统记》,叶 43.6—10;新译文见于阿赫玛德 1968 年书,页 355—356。
③ 拉达克钱币大部分(不是全部)在克什米尔铸造;但实际上没有任何早于 1771 年的钱币为人所知。见帕尼沙文,页 185—188;但此文所述的历史背景几乎完全是错误的。
④ 《克什米尔史》,叶 147a;Maāsir-i-'Ālamgīrī,页 236。
⑤ 关于莫卧儿条约见毕达克 1947 年书,页 192—193。菲戴汗在其作战期间,以皇帝的名义向喇嘛宇菂的僧侣们颁发了一份文件,禁止他人骚扰他们的宗教仪轨,并侵占他们的土地。莫尔克罗夫特书,II,页 14。

富汗,再后是锡克)坚定不移地、成功地掌握了羊毛贸易的垄断权;在米尔·伊泽特—乌拉赫(Mir Izzet-Ullah)和莫尔克罗夫特(Moorcroft)于 1812 年和 1820—1822 年参观拉达克时,这种情形依然如故。①

作为这个和约的次要后果,在 1682 年被屈露的大君比地·辛格(Bidhi Singh,1672—1688)占领了的上拉胡儿依然保持在他的手中。② 在 1677 年和 1674 年获得的普日和巴尔提斯坦的一片土地则再度独立。关于这一点,坎宁安是我们唯一的权威,据他说,莫卧儿人离开以后,甘丹才旺发动了另一次进攻,在进攻过程中,他摧毁了列城的堡垒。③ 关于这个事件,有些是确实的,因为我们被告知:"博硕图汗(Bośogtu Khan,即准噶尔统治者噶尔丹)提供了辅助部队去增援甘丹才旺的军队,国王德丹南杰和他的儿子没有能力阻挡(这些军队)开进拉达克,被迫与阿里一起向我们输诚效忠,并做他们被要求做的一切事情。"④

[76] 事实上,进一步的敌对显然是毫无用处的。在国王投降莫卧儿之后,西藏的摄政、五世达赖喇嘛圆寂后统治这个地区的桑结嘉措,对以国王皈依伊斯兰教为代表的对于佛教的现实威胁怀有极深的忧虑。1683 年秋天,他与已经到达拉萨的第六世主钦米邦旺波(Mipham-dbang-po,1641—1717)讨论了这件事。由于作为主巴派的首领,他可能会对拉达克王室产生巨大的影响,因此摄政请他往拉达克旅行,甚至答应从甘丹才旺在列城获得的战利品中给他一笔丰厚的报酬。主钦接受了这个提议。⑤

他的旅行的确切日期没有被清楚地记载下来,但显然开始于 1683 年与 1984 年之间的冬天。在衣贡噶萨(dByi-gong sGar-sa,

① 伊泽特—乌尔拉赫书,页 288;莫尔克罗夫特书,I,页 347。
② 哈钦森—佛格尔书,II,页 462。
③ 坎宁安书,页 328。
④ 《五世达赖续传》,Ca,叶 73b—74a;译文见于阿赫玛德 1968 年书,页 346—347。虽然这条资料是在 1684 年 11 月 20 日的日期下给出的,它其实与这前一年的事件有关。
⑤ 《六世主钦传》,叶 109b—110b。

Gargunsa?），他遇到了甘丹才旺，甘丹才旺与他的军队一起驻扎于此，他同意主钦的建议，即应协商一个包括有拉达克国王重新皈依佛教这个意思在内的和平条约。海—米斯活佛阿旺措结多吉（Ngag-dbang mTsho-skyes-rdo-rje）也拜会了这位活佛，并向他诉说了境遇。随后，主钦旅行至定姆冈（gTing-'bur-sgang, Tingmosgang），并与两位国王就普通的佛教教法和特殊的主巴和格鲁派教法进行论辩。他适时地向他们提起了古格统治者喇嘛意希沃（Bla-ma Ye-shes-'od）的自我牺牲，他于 11 世纪落入了葛逻禄（Qarluq）人手中，放弃了他的自由和生命，命令其侄儿将为他赎身而收集的黄金用于进一步发展正教。他恳求他们放弃伊斯兰教，因为那种信仰导致他们和他们的臣民走向毁灭。他获得了完全的成功，国王和大臣们宣布他们重新皈依佛教（尽管我们知道，他们在克什米尔官员前面仍维持伊斯兰的假象）。

[77]

　　于是，主钦大概于 1684 年的春天或夏天返回了中藏。① 第六世主钦的出使或许从一场严重的危机中拯救了拉达克的宗教和文化；因此，他的名字和对他的尊敬和感恩一起载入碑刻中。在一定程度上，海—米斯活佛也分享了他的荣耀。② 但措结多吉仍是一位软弱的人物，或者至少他常常将他自己保持在政治圈子之外；这可从以下事件中清楚地看出，即至少在一段时间内，王朝再度偏向于格鲁派。

　　第六世主钦的传记想让我们相信，他将他的出使严格地限定在宗教方面。但别的文献给我们提供了他代表拉萨政府缔结的那个条约的完整细节。条款可归纳如下：在回顾了吉德尼玛衮在 10 世纪进行领土划分的介绍之后，正式宣布西藏是一个佛教地区，克什米尔是一个非佛教地区，两种宗教彼此不能相容；拉达克和西藏之间的争吵

① 《六世主钦传》，叶 114b—117b。
② 对主钦所致敬意，见于《弗兰克碑铭集》108。他和阿旺措结多吉都在一个未刊的碑刻中被赞颂，这个碑刻在奇姆日（Chimri）前面的大玛尼墙上，他们也在另一个甲地的玛尼墙上两块石头上的碑铭中受到赞扬。后者在弗兰克 1914 年书，页 63—64 中被描述为两面墙上的两块不同的碑刻。然在图齐教授好意借给我的一幅照片上，显示它是在两块石头上的同一篇铭文，在同一道墙上，一个被放置于另一个的上面。

将被当作过去的事情,为了保卫在非佛教地区和佛教地区之间的边境,国王答应不再招请外国军队。至于贸易,阿里三围的山羊毛决不能出售给除克什米尔以外的任何国家,价格固定为每 80 秤(nyags,一秤相当于 4.25 盎司)长毛羊毛折两个红银商品(dngul-dmar-zog)或一个银价(Rin-dngul,一个卢比)。(拉达克的)宫廷商人将不被允许进入茹脱。为了羊毛贸易,四位克什米尔商人将驻在白脱,与克什米尔贸易。除了为克什米尔转运外,不允许任何来自克什米尔的商人进入羌塘(Byang-thang,即西部藏区)。拉达克的克什米尔居[78]民去羌塘游历不得自带他们的羊毛去克什米尔。按照主钦制定的关于供灯和拉萨大祈愿法会所需费用的规定,在马纳萨罗伐境内的飞地麦赛(Men-ser)归拉达克所有,以此来支付这笔费用(直至本世纪 50 年代,这块飞地仍归拉达克和克什米尔所有)。除了这个例外以外,边界被固定于靠近德觉(bDe-mchog)的拉日(Lha-ri)河一线。每年从拉萨来的政府贸易商队(通常称作"恰巴"[Cha-pa])将由 200 驮茶和(另一数量)长方形砖茶组成;它将只经德觉一口入境。国王每隔三年将为大祈愿法会和为达赖喇嘛祝福而送贡品至西藏(这种使团被称为"洛恰"[lo-phyag],即逢年朝贡)。除了给别的喇嘛的数量不明的礼物外,这三年一次的使团将带给拉萨的拉章(Bla-brang)金库 10 钱(thur-zhos = 拖拉[tolas])黄金,10 两(srang 盎司)香料,6 卷霍尔(莫卧儿)布料,1 卷帕达(bab sta?)布料。在其停留拉萨期间,将获供日常所需。他们应被允许携带 200 驮商品,25 骑马,加上为扎营和作餐用的一切私人物品。马匹将被供给他们用作乌拉('u lag,义务的劳动)运输。来自阿里三围的三个部分的税收归主钦所有;但拉萨政府更乐意将这个地区保持在它自己的控制之下,将中藏三个庄园的税收赐给主钦作为交换。如此,茹脱、古格等被并入西藏,表面看来是为了提供圣灯和拉萨的大祈愿法会节日的用品。①

1685 年 4 月 21 日(5 月 23 日),西藏摄政任命了阿里几个地区

---

① 《拉达克王统记》,叶 42.13—43.6。我遵照了阿赫玛德 1968 年书,页 352—355 中的新译文和解释。关于对主钦的供养,见《五世达赖自传》,Nga,叶 295a—b。

的知府(宗堆，rdzong-sdod)。[①] 1687 年，在达拉喀(sTag-la-mkhar，Taklakot)建造了一座新的寺院，并在扎西冈建立了一个密宗僧院。脱定寺仍是格鲁派在西部藏区的主要中心；它被精心修复，其住持直接由拉萨派出。[②] 领土的割让也包括斯匹提，1685 年在此任命了一位宗堆，1687 年换任。[③] 但后来这个职位显然消失了，斯匹提不久回到了拉达克松散的统治之下，虽然拉萨在该地区继续维持一定的影响。有可能就是在这个时刻，上部库纳瓦尔(Upper Kunawar)被割让给了巴沙赫尔(Bashahr)的大君，他在战时曾是西藏人的一个同盟军。王国的瓦解就这样完成了。 [79]

如前所述，条约是在 1684 年春天缔结的。外交关系立即得到了恢复，1684 年 10 月 13 日(11 月 18 日)，诺诺阿旺南监在拉萨提交了拉达克国王德丹南杰的请愿书。[④] 至于甘丹才旺，这位胜利的将领慢慢地回到了中藏。1684 年 6 月 10 日(7 月 21 日)，他正式向班禅宣布了对阿里的兼并。[⑤] 11 月 11 日(12 月 17 日)，他回到了拉萨，在此受到了摄政和和硕特汗的盛大欢迎。[⑥] 后来他可能去了准噶尔。他派来的使者 1685 年底在拉萨受到接见。[⑦] 在 12 月 29 日(1687 年 1 月 11 日)和以后的第二个月，西藏的首府为他举行了祭悼仪轨。[⑧] 这两个条约完全粉碎了拉达克的势力，剥夺了它一半以上的领土，将这个王国降格为一个三流的邦国；从此以后它一蹶不振。它垮台的原因并不是甘丹才旺的占优势的军事力量；在他指挥下的武装力量绝不是不可抗拒的。真正的原因一定是在经济领域内。拉达克的经济显然受到了僧格南杰和他的继承者对本地和西藏寺院的大量

---

① 《五世达赖自传》，Ca，叶 104b。
② 《五世达赖续传》，Ca，叶 226a，231a；也见 Nga，叶 277a - b。
③ 《五世达赖续传》，Ca，叶 104b，218b。
④ 《五世达赖续传》，Ca，叶 73b - 75a，译文见于阿赫玛德 1968 年书，页 346—347。阿旺南监，更确切地说是阿旺彭措南杰，是德丹南杰的一个儿子(bu；被 Z. 阿赫玛德误念作 khu)。我们现在要回到他的事情上来。
⑤ 《三世班禅传》，叶 89a。
⑥ 《颇罗鼐传》，叶 22b - 25a；《五世达赖续传》，Ca，叶 78b；译文见阿赫玛德 1968 年书，页 347。
⑦ 《五世达赖续传》，Ca，叶 141b。
⑧ 《五世达赖续传》，Ca，叶 199b，209b。

布施,以及建筑活动的严重摧残;从 1639 年开始直到 1665 年的对克
什米尔的长期贸易禁令一定促成了这个地区的财政崩溃。拉达克已
太虚弱,以至无法抵抗两个邻近政权中的任何一个,并在这两者之间
的冲突中全面崩溃。它作为一个颇为重要的喜马拉雅政权的作用一
次性并永久地终止了,后来的历史则仅仅具有地方意义。

[80]

　　除了战争以外,仅有的一条关于德勒南杰的其他信息是他对达
那寺的保护和供施。① 德勒南杰妻子的名字不得而知。他有四个或
五个儿子,但《王统记》的各种抄本中对他们的名字的记载很不一致。
只有第一个儿子(尼玛南杰 Nyi-ma-rnam-rgyal)和第二个儿子(阿旺
南监,Ngag-dbang-rnam-rgyal)是没有争议的。第三个儿子在抄本
B、C、L、索南中被称为旺秋南杰(dBang-phyug-rnam-rgyal),但被格
坚书页 442 偶然地遗漏了,并被坎宁安书页 330 称作德却
(Dechok)或德衮(bDe-skyong)。抄本 L 在此插入了一名其他所有
资料中未见的顿珠南杰(Don-grub-rnam-rgyal),他被坎宁安称为
Chholtan-grub 或 Chho-dval-ton-grub。最后一位似乎是确定的:他
的名字是甘丹南杰(dGa'-ldan-rnam-rgyal),据格坚说,他出生于蒙
古战争之后;只有坎宁安将一位 Chho-tran 放在他的位置上。坎宁
安似乎错误地将属于这个王朝的最后几位国王的名字插在这里。假
如我们完全忽视他,并且省去抄本 L 中的顿珠南杰,那么剩下的 4 个
名字是可以作为历史人物来接受的。

　　德勒南杰死于 1691 年或 1691 年之前,因为那年 6 月 28 日(8 月
21 日),为了拉达克赤巴(khri pa,不是国王!)德勒南杰的葬礼,诺诺
伦珠(No-no Lhun-grub)携带了金、银、织物等来到拉萨。不久以后,
于 7 月 3 日(8 月 26 日)他为了同样的使命到达扎什伦布寺。②

---

① 格坚书,页 442。
② 《五世达赖续传》,Cha,叶 25a;《二世班禅传》,叶 121a。

第七章　十八世纪前半叶的拉达克

尼玛南杰在 1691 年开始执政，约于 1694/5 年成为挂名国王。

这位国王进行了超乎寻常的大规模封赏。为了便于参照，兹有必要提供它们的清单。除另作说明者外，它们全都是从列城发放的。

1. 应释迦嘉措之请，1697 年 3 月 17 日（5 月 7 日）在巴高赐给托巴噶伦索南伦珠（Tog-pa *bka'-blon* bSod-nams-lhun-grub）的文书。国王的祖父和父亲曾经将属于曲尼〔多吉〕（Chos-nyid〔-rdo-rje〕）的庄园赐给索南伦珠，他又将他自己的祖父及父亲传给他的庄园加了进去；他妥善地管理着它们（格坚书，文书 4/11）。

2. 应贡嘎彭措（Kun-dga'-phun-tshogs）和彭措南杰（Phun-tshogs-rnam-rgyal）之请，于 1698 年 6 月赐给囊索阿旺扎西（nang-so Ngag-dbang-bkra-shis）土地和房屋（格坚书，文书 4/12）。

3. 1699 年 6 月 10 日（8 月 5 日）颁赐的文书。没有提供细节（格坚书，文书 4/5）。

4. 应索南伦珠之请，于 1703 年 6 月 1 日（7 月 15 日）赐文书予聂姆（sNye-mo）之僧格（Seng-ge），作为对其效劳的报答，准予蠲免赋税（格坚书，文书 4/10）。

5. 应索南伦珠之请，于 1704 年 8 月 25 日（9 月 27 日）颁发的文书，涉及袞哇嘉措（'Gong-ba-rgya-mtsho）和顿珠索南（Don-grub-bsod-nams）之间的一场纠纷。袞哇嘉措的家族是喀拉孜的世袭贵族（drag-shos），顿珠索南是贡玛巴（Gong-ma-pa）家庭的首领（他的名字也见于一块喀拉孜碑刻，《弗兰克碑铭集》，111；刊布于弗兰克1906年书b，页240—241中）。

　　6. 发送给玛卓寺的清规（*bca'-yig*，僧侣行为规范），时间为1711年1月月圆之日（3月4日）（舒书，XLVII）。

　　7. 1711年2月8日（3月27日）颁发的文书，没有说明细节（格坚书，文书4/9）。

　　8. 应索南伦珠之请，于1712年6月赐给桑斯噶之嘉措（rGya-mtsho）的文书；[①]作为其征服斯噶尔多城堡时提供服务的酬劳（格坚书，文书4/8）。

[82]　　9. 应索南伦珠、才仁若丹和嘉措玛利克（rGya-mtsho Malik）之请，于1717年6月25日（8月2日）自巴高赐给库布巾（sKyur-bu-can）之功乔才仁（dKon-mchog-tshe-ring）的文书。在抗击斯噶尔多和喜-斯格尔（Shi-gar）的战争期间，他在索姆卓（Sur-mo-'brog）的日那（Ri-sna）附近抗击喜-斯格尔人；在拉达克人被打败的时候，他没有投降，虽然差不多就剩下他一人了，但仍战斗不止（格坚书，文书4/6）。

　　10. 应贡嘎嘉措和彭措南杰之请，国王尼玛南杰和德袞南杰于1718年自巴高赐给索南伦珠的文书；确认他在1715和1716年巴尔提战役中的贡献（格坚书，文书4/4）。

　　11. 于1722年赐给托克（Tog）之桑觉（bSam-'byor）的文书，奖赏他作为[托克之]仲本（*grong-dpon*）和作为索南伦珠之管家（*gnyer-pa*）所做的工作（格坚书，文书4/7）。

　　12. 于1725年8月9日（9月15日）从赤赛赐给当地寺院的文书，奖励提供食物和饲料（格坚书，文书4/3）。

---

① 　1707年，嘉措当时在拉达克，曾与其父争吵，故往桑斯噶定居。《阿旺才仁传》，页82a。

13. 应索南伦珠和其他人的请求,于木兔年 8 月 3 日
(1735 年 9 月 19 日)赐给释迦嘉措(?)的文书,提供了他的服务
的一个记录(格坚书,文书 4/1,①其核心部分刊布于弗兰克
1926 年书,页 242—244)。

14. 应楚臣多吉(Tshul-khrims-rdo-rje)、桑斯噶的国王珠丹
增南杰('Brug-bstan-rnam-rgyal)和贡嘎彭措(Kun-dga'-phun-
tshogs)之请,于 1736 年 2 月 1 日(3 月 13 日)赐给萨波拉(Sa-
spo-la)的嘉措的文书。1733 年,斯噶尔多王穆罕默德·扎法
尔·汗(Muhammad Zafar Khan)入侵喀普鲁(Kha-pu-lu)时,
嘉措被任命为头人('go-ba),并统率拉达克军队。他攻打了萨
林(Sa-gling)和才诺(Tshe-no)的一些城堡。他们再次围攻喀普
鲁的城堡,王多拉特汗(Daulat Khan)请[援助]。这位国王亲
自向前进军;约 4000 名[敌人]被俘虏,约 200 人受伤,80 人毙
命,缴获许多马匹和武器。在这个时刻,嘉措的表现值得赞赏
(格坚书,文书 4)。

15. 应王子和其他人的请求,于 1737 年 8 月 3 日(9 月
27 日)为释迦嘉措促成喀普鲁的首领和普日之陇冈(Lung-
gang?)的首领们的归顺时所作的工作而赐给他的文书(格坚书,
文书 4/1)。②

这一统治时期的一些碑刻也被保存下来(《弗兰克碑铭集》66,
67,69,70,112);但它们通常没有提供有历史价值的材料。所有这些
碑刻都没有日期,只有《弗兰克碑铭集》69 是个例外,它是为纪念在
阿齐那塘(A-ci-na-thang)和哈努(Ha-nu)之间的一些道路工程而于
1729 年建立的;或许他们是打算改善通往巴尔提边境的军事交通。
1933 年,图齐在斯匹提的喀尔孜(mKhar-rtse, Kaja)发现了这位国

---

① 对这些细节要谨慎。首先,这份文书不是颁给释迦嘉措的(他肯定在 1735 年之前很久就去世
了),而是颁给其女系后裔的,正如弗兰克 1926 年书,页 242 中所说的那样。第二,这个日期对
于索南伦珠充当请求者(Zhu-ba-pa)来说是非常晚的,虽然这正好勉强有可能。日期的第一个
部分可能是错误的(可能是土兔年 1699 年);但是我们没有确定的材料来改正它。
② 这个文件有同样的问题,并且与 13 号文件引起同样的怀疑。

[83] 　　王的一组碑刻。那里存有拉达克国王们的一座宫殿,并且尼玛南杰派人修复了喀尔孜的萨迦派寺院。①

　　尼玛南杰由于在司法领域内的作为而在拉达克众国王中占据特殊的地位。他似乎实现了司法制度的真正重建。在他亲自作出决策时,他总是与政府官员们协商。从一个较低的层次上,他任命来自各个地区的长老们(*rgan-po*)去解决问题。关于地产问题的法律文书(*bka' shog*)不能仅仅根据一份直接的或通过中间人转达的请求就颁发,这份请求首先要提交给由三位年长的政府官员组成的小组,有争议部分将根据三宝起誓。这个案例的来龙去脉将被仔细地调查清楚,以至这个判决也可以充当将来的一个先例。因此,他的公文比所有别的国王的公文要好。从整体上说,这导致了诸如抢劫和偷盗一类的犯罪行为的明显减少。②

　　在文化领域,这位国王鼓励印刷,刻制了一些经典的木版。③照例,他也修建了许多佛像、玛尼墙和转经筒。据《王统记》的记载,他是一位特别虔诚的国王,"他向起自拉萨和桑耶的所有西藏寺院供奉了金水和圣灯"。对所有大喇嘛都一视同仁地赠以礼品,而那些关系特别亲密者则被应邀熬茶布施(tea-generals)。④这段叙述寓意颇深,它表明主钦于1684年(讽刺性地)强加的、黄教的宗教和部分的政治霸权确是十分真实的。它由拉萨政府,即由摄政桑结嘉措有效地行使着。大概是他首先发现了诺诺才仁桑珠(No-no Tshe-ring-bsam-grub)这个工具,此人于1684年12月17日作为胜将甘丹才旺的幕僚之一到达拉萨。⑤他在藏历12月4日(1685年1月8日)返

[84] 家。⑥后来在藏历1687年10月12日(11月16日),他受赐"畏青诺颜"(Uicing Noyon)的称号和印信,以及大量津贴,作为他替政府尽

---

① 图齐和E.吉尔希(E. Ghersi):《西藏的秘密》(*Secrets of Tibet*),伦敦和哥拉斯科,1935年,注41、43—44。
② 《拉达克王统记》,叶43.25—28和44.18—19。
③ 《拉达克王统记》,叶44.15—17,有带非常省略的标题目录。
④ 《拉达克王统记》,叶44.12—13。
⑤ 见前,页79。
⑥ 《五世达赖自传》,Ca,叶88b—89a;译文见阿赫玛德1968年书,页347—348。

职的回报。① 1694 年,他仍被提及,他的葬礼于 1699 年举行。② 但那时他已不在拉萨政府内供职了。在这段插曲之后,摄政更乐于打宗教牌。1691 年底,赤赛寺的新住持已经不再在本地任命,而是直接从拉萨派出了。③ 但这还不够,摄政的这个政策以企图在拉达克创造一个不仅能全面控制格鲁派寺院,而且也能全面控制其他教派寺院的超级宗教权威而达到了顶点。这个任务被托付给了一名王室成员,德列南杰的幼弟阿旺彭措南杰,在《五世达赖传》中他被简称作阿旺南监,这本身容易造成混淆。正如我们已经见到的那样,他已经于 1684 年 11 月 18 日缔结和平条约时到达拉萨。④ 他是应甘丹才旺本人的请求来到中藏的,也有充当人质的意思。⑤ 其后不久,于藏历 12 月 16 日(1685 年 1 月 21 日),他与 47 名随从一起削发为僧,取法名为罗桑阿旺彭措(Blo-bzang-ngag-dbang-rgya-mtsho),此后便以这个名字知称。他被送到帕崩卡活佛尊前(Pha-bong-kha zhal-snga-nas)受业,并受赐一笔津贴(dge-bed)作为他的生活费用。⑥ 几个月以后,这项安排有所更改,他被安置在一座永久的居所。于藏历 1685 年 9 月 29 日(10 月 27 日),国王德丹南杰庄严地重申他对格鲁派的忠诚,并请求拉萨政府赐予一处庄园,以支持他那位正在哲蚌寺受学的次子罗桑阿旺彭措。这份津贴获得了批准,并在几个条目中作了精确的限定。⑦ 这位王子的地位格鲁派统治集团中急速上升。 [85]
差不多经过九年的学习之后,他在哲蚌寺的罗赛林扎仓(Blo-gsal-gling)获得了格西若拉然巴(dge-bshes rab-'byams-pa)学位。1694 年 4 月 28 日(6 月 1 日),他被任命为江孜白居寺(dPal-'khor-

---

① 《五世达赖续传》,Ca,叶 227b。

② 《五世达赖续传》,Cha, 叶 178b,179b;《六世达赖传》,叶 374b。

③ 《五世达赖续传》,Cha,叶 35a。

④ 《颇罗鼐传》,叶 22b—25a;《五世达赖续传》,Ca,叶 78b,译文见阿赫玛德 1968 年书,页 347。

⑤ 格坚书,页 434;坎宁安书,页 330。

⑥ 《五世达赖续传》,Ca,叶 90a。

⑦ 《五世达赖续传》,Ca,叶 124a—125a;译文见于阿赫玛德 1968 年书,页 367—360。还有《五世达赖续传》,Nga, 叶 294b—295a。

chos-sde)住持。① 这显然是为了给他更高的声望,因为另一项任务
正等待着他。藏历 1694 年 7 月 8 日(8 月 28 日),摄政代表达赖喇嘛
颁发给他一份极有意义的文件。其云:拉达克早先曾皈依主巴派,
现经甘丹才旺之请,它的实际统治者(srid-skyong)尼玛南杰表现出
了他本人对黄教的信仰。因此,赤则(Khai-rtse)、白脱(dPe-thub)、
鲁奇(Klu-skyil〔Li-Kyir〕)、德吉(bDe-skyid)等格鲁派寺院和别的教
派的寺院,诸如杰哲(lCe-'dre)、昂莱(Ang-le,即瓦姆—勒 Waṃ-le)、
巴尔丹(Par-brtan,即桑斯噶的巴尔丹 'Bar-gdan)、玛卓(即 Ma-
spro)、哲古(? Gri-gu)、岗额(sGang-sngon)、扎达(Brag-ltag)、琼茹
(Khyung-ru),达那(sTag-sna)等等,所有这些寺院都得服属格鲁派
主寺哲蚌寺的统治。罗桑阿旺彭措被任命为它在拉达克的代理
人。② 如此,这位王子成了赤赛寺的住持和七个黄教寺院(Ser-po-
dgon,格鲁派寺院)的首领,③对这些寺院拉萨还发布了一套寺院清
规(bca'-yig)。④ 别的教派的寺院也被期望归属于这位新权威的统
治,尽管这实际上并没有实现。而且,他在拉达克建立高级宗教研究
院的设想也从来没有化为现实。从长期的角度来看,这个雄心勃勃
的规划所留下来的是赤赛寺的住持们由转世活佛继承,他们保持对
拉达克其他格鲁派寺院的最高权威;在一个未知的日期,一位王子成
了白脱寺的住持,并使那个寺院独立于赤赛寺,至此,甚至这一项成
功也告吹了。⑤ 值其受任之时,罗桑阿旺彭措曾向班禅表达了他的敬
意。⑥ 随后他前往拉达克,不过,他并没有在此停留很久,1697 年,他
已再度出现在拉萨。⑦ 这是否表明他的出使的失败,似乎已超出了我
们的资料所允许我们去推断的范围。我仅要指出,在他的父亲的死

[86]

① 《五世达赖续传》,Cha,叶 179b。
② 《五世达赖续传》,Cha,叶 184b—185a 中,有这份文件的概述,它被刊发于格坚书,页 435—438。
③ 它们是:列城孜姆(rTse-mo)山上的拉康乌玛(Lha-khang-dbu-ma)、赤则、白脱、鲁奇、德吉、努布拉的德吉、桑斯噶的噶夏(dKar-sha)。后来加上了列城附近的桑噶(bSam-dkar)。
④ 《五世达赖续传》,Cha,叶 198b。
⑤ 格坚书,页 438—439。
⑥ 《二世班禅自传》,叶 142b。
⑦ 《六世达赖传》,叶 195b。

讯传到拉萨后不久,他即被派出。或许他发现他的侄儿尼玛南杰已经在他的位置上牢牢地站稳了脚跟,以至于不允许他去扮演预期的政治角色。总之,在 1697 年后,罗桑阿旺彭措便渐渐淡出。他被另一位王子替代,这回是尼玛南杰的弟弟,他于藏历 1697 年 11 月 5 日(12 月 18 日)得到了达赖喇嘛的接见。① 差不多可以肯定他就是世系史中的那位阿旺南监(Ngag-dbang-rnam-rgyal)。他也成了一位僧人,因为我们被告知,1698 年,顷则(*chos-mdzad*)阿旺罗桑丹增(Ngag-dbang-blo-bzang-bstan-'dzin),阿里尼玛南杰的弟弟,来到了扎什伦布和拉萨。② 1699 年,这两位拉达克王子仍在(或者再次?)拉萨。③ 其中的一位(或许是阿旺罗桑丹增),只被简称为王子(*rGyal-sris*),不再有任何僧号,并且通常与桑斯噶的王子一块被提及,至少直到 1702 年仍住在拉萨。④

在这段时间内,两个政府之间直接的接触也不少。藏历 1695 年 7 月 1 日(8 月 10 日),拉达克国王的使臣们抵达拉萨。⑤ 诺诺罗桑顿珠或许就是这样一名使臣,他在 1697 年 7 月前往扎什伦布。⑥ 他显然就是 1698 年陪同阿旺罗桑丹增的那位诺诺罗桑,1699 年新出家的那位阿里诺诺喇嘛兴许也就是他。⑦ 由于 17 世纪末叶拉达克对拉萨的从属地位是如此紧密,以至于藏文文献中甚或提到过国王派往拉萨的交税人(*khral-'bul-ba*),⑧就好像拉达克是在达赖喇嘛的统治之下。

但在这段热络交往时期之后,格鲁派的文献把我们留在了暗处,我们对好些年内拉达克—拉萨的关系一无所知。这或许可以简单地

[87]

---

① 《六世达赖传》,叶 215a。
② 《六世达赖传》,叶 308b、310a、318a;《二世班禅自传》,叶 190b - 191a。
③ 《六世达赖传》,叶 329a。
④ 《六世达赖传》,叶 342a、375a、382a、395a、458b、501b、504b。这个桑斯噶王子是罗桑扎西嘉措,他是国王德曲南杰的儿子,因此也是僧格南杰的孙子。在 1686 年的第 10 个月,拉萨政府拨出一笔款子资助他在哲蚌寺学习;《五世达赖续传》,Ca,叶 196b;Nga,叶 295b。他在 1695 年被再次提到(《五世达赖续传》,Cha,叶 264b),并且在此后的年代中经常被提及。
⑤ 《五世达赖续传》,Cha,叶 275a。
⑥ 《二世班禅自传》,叶 159b。
⑦ 《六世达赖传》,叶 390b。
⑧ 《六世达赖传》,叶 234b、388b、438b。

归之于资料的缺乏,但也有可能在摄政桑结嘉措的悲剧性结局之后和拉藏汗(1705—1717)统治时期,来自西藏政府的宗教—政治压力已经消失了。这种情况因与主巴派的关系一度复兴而更是如此。一位名扎西济丹(bKra-shis-'jig-rten)的拉达克国王的大臣(*blon-po*)于 1702 年来到桑额曲林(gSang-sngags-chos-gling)寺,并在此出家为僧。① 1710 年,国王又派使臣向主钦问候。②

这个时期内,拉达克与不丹主巴派的关系则更为紧密。它开始于 1683 年,当时[拉达克]的内侍大臣(*gsol-dpon*)噶噶派了一位阿里拉达克人阿旺班觉(mNga'-ris La-dvags-pa Ngag-dbang-dpal-'byor)去为不丹的临时统治者(*rgyal-tshab* 摄政)效力,后者任命他为巴卓(sPa-gro)总管(*spyi-bla*);1687 年,他依然如此地被提及。③ 但这些交往的顶点是以一位伟大的不丹学者赛乌拉文殊怙主阿旺坚赞(Se'u-la Byams-mgon Ngag-dbang-rgyal-mtshan,1647—1732)的出访为标志的。他于 18 世纪初到达拉达克,在此成了尼玛南杰的宫廷上师(*dbu-bla*)。后来他返回不丹,在不丹他成了巴卓的首任总管,后来又作了不丹统治者的国师。④ 在拉达克期间,他曾经当过王子丹增诺尔布(bsTan-'dzin-nor-bu)的教师,后者或被记作拉达克国王的儿子,或被记为僧格南杰的一名晚辈(dbon-brgyud;侄孙?);他生于蛇年,即 1689 年。阿旺坚赞剃度他出家,然后将他带至(或者后来召他到了)不丹,在此他曾一度作了第二摄政阿旺贡嘎坚赞(Ngag-dbang-kun-dga'-rgyal-mtshan,1689—1713)的一名弟子。他首先成了侍寝官(*gzims-dpon*),以后又被任命为首都扎西曲宗(bKra-shis-chos-rdzong)的主事('*dzin bdag*)。他官宦生涯的顶点是在他被任命为第八任长老(*gnas-brtan*)或首席堪布(*rje-mkhan po*,

[88]

---

① 《六世主钦传》,叶 149a。
② 《六世主钦传》,叶 156b。
③ 《不丹摄政传》,叶 163a、191b。关于第一位摄政阿旺丹增若杰(Ngag-dbang-bstan-vdzin-rab-rgyas,1638—1696)见毕达克:《公元 1650—1750 年不丹的统治者》,载于《远东》(*OE*),19(1972),页 205—206。
④ 《不丹早期史》,叶 68a、72b—74a;《不丹摄政传》,叶 368b。

不丹寺院的首席长官,通常在职七年)之时。他于 1743 年退隐,死于 1746 年,终年 58 岁。① 不幸的是在拉达克资料中没有发现任何关于他的线索。

1717 年,拉藏汗垮台之后,拉达克与拉萨的关系得到了恢复,但此时已没有任何从属的成分了。它一定开始于 1717 年,因为翌年尼玛南杰向邦喀巴彭措(Bang-kha-pa Phun-tshogs)发出了一封答谢函,因为他给了他 3000 块银元,作为在中藏诸大寺院熬茶布施的费用和葬仪。② 是时,达赖喇嘛的世俗权力正丧失殆尽,在准噶尔短暂的占领(1717—1720)之后,西藏为清王朝支持下的世俗贵族所统治(1721—1750)。拉达克不得不考虑这一改变了的形势。在清朝—准噶尔人争夺拉萨期间(或此后不久),拉达克国王显然企图估算战争双方胜负的可能性。在 1722 年前的一两年,他派出了由诺诺罗桑尼玛(No-no Blo-bzang-nyi-ma)率领的一个使团前往准噶尔(Sog-yul)境内。③ 显然在那儿得到的情报并没有给国王留下很深的印象,为了从那次争端中保持安全,国王更乐于结交赢家。1723 年,尼玛南杰的一名使臣访问拉萨;他正在去北京的途中,他抵达于此之事被及时地记载在汉文文献中,时间是 1724 年 8 月 11 日。④ 载有皇帝回复的汉文文献已佚,但它的藏文译本依然存在。它标明的日期为雍正四年一月某吉日(1726 年 2 月);它仅仅提供了一个汉人征服西藏的简短记载,并向国王表达帝国的感谢。⑤ [89]

为使与中藏有关的资料齐全,我们似还应该提到一位拉达克王(rgyal-po,或大臣 blon)索南南杰(bSod-nams-rnam-rgyal),八世红帽派活佛和司徒班禅于 1724 年会见过他,此时他们正在马纳萨罗伐

---

① 《不丹早期史》,叶 63a、83b。
② 格坚书,页 448。这个诺诺彭措既可能是贡嘎彭措也可能是彭措南杰。关于这两位大臣见后,页 93。
③ 关于这个使团,我们唯一的资料是一份在 1722 年联合摄政德衮南杰(bDe-skyong-rnam-rgyal)致托克的扎西若丹(bKra-shis-rab-brtan)的文件所提供的,后者曾随同出使;格坚书,文件 5。
④ 《七世达赖传》,叶 97b;《世宗实录》,页 21.19b;毕达克 1948 年书,页 222。
⑤ 刊布于格坚书,页 455—457。

地区巡游。① 这是一条颇令人迷惑的资料,因为据我们所知,那时在拉达克并不存在一位叫这个名字的国王或者王子。与洛窝公国间的旧王朝的联系特别密切。1723 年,大臣楚臣多吉(Tshul-khrims-rdo-rje)使这个公国免受久姆拉(Jumla)国王的吞并。楚臣多吉的文件中有一个段落部分地被弗兰克误解,正是从这个段落中我们了解了这些事实,②这里值得重新翻译如下:

> 在 1723 年,当女儿(gces-ma)诺增旺姆(Nor-'dzin dbang-mo)前去与洛窝之第巴(成婚)时,楚臣多吉受遣陪护。洛窝的父王因一次不公平的行动而与久姆拉发生争执。第巴本人和阿皮(a-pi)诺增旺姆,以及与由 40 名知事僧(zhal-ngo)、长(dpon)、官(blon)组成的随从一起被囚禁门(Mon)地③首府斯噶克(sKag,在尼泊尔的 Kagbeni)的监狱中。此时,洛窝(百姓)正遭受来自门地的危险和恐惧,于是楚臣多吉前往卓晓,并机敏地设法得到了王公岱青巴都尔(Daicing Batur)的援助;④他带着由 100 名蒙古骑兵和大约 70 名拉达克人组成的护卫队,激励了洛窝的军队,并率领他的部队攻打了斯噶克城堡。当他们迫近决战时,正战斗着的门地人中的最勇猛者从城堡中冲了出来。有一位门地的王被楚臣多吉击中,并杀死;他们被驱赶回去,许多门地人因受伤而亡。在此之后,包围圈('dzin-ra)被冲破,一位快使被派往古鲁(Gru)国王。⑤ 接着 1000 名来自古鲁的门地人赶到,斯噶克的城堡被围得密不透风。在这场持续达 18 昼夜的战役之后,轮到门地的国王塌下了(即投降了)。他被获准赦免,父王和阿皮诺津以及他们的扈从,即 40 名知事僧、

[90]

---

① 《八世红帽活佛传》,叶 200b;《司徒传》,叶 66b。
② 弗兰克 1926 年书,页 230.11—24。格坚书,页 471—473 中的录文与其不同。
③ 在朵波(Dol-po)和木斯地区,门(Mon)这个名字(通常是对喜马拉雅南麓人的一般称呼)意指久姆拉。D. 斯奈尔格罗夫(D. Snellgrove):《朵波四喇嘛》(Four Lamas of Dol-po),I,页 9。
④ 岱青巴都尔(Daicing Batur)是自 1721 年至其于 1727 年被谋杀为止,西藏政府首脑的康济鼐(Khang-chen-nas)的称号。
⑤ 我无法确定古鲁的地望,它显然是一个较小的喜马拉雅部落。一位古鲁官员扎巴丹增(dpon Grags-pa- bstan-'dzin)在《八世红帽活佛传》,叶 202a 中被提及。

长、官等被一起交还给我们。为了保证双方将按照桑珠班巴（bSam-grub-dpal-'bar?）和必扎（Bhi-khra）的儿子时（立下的）规矩生活，复安排了一次与门地人的会议，并写下了誓言。用黑石制成的斯噶克宗之护法神的石像和国王自己的铁念珠被双双用来作为信物；协议终于缔结，他们前来致敬。

这里似还应添上几句解释性的话。1724年初，当八世红帽派活佛和司徒班禅前往凯拉沙途经洛窝的时候，他们受到了头目或国王扎西南杰和他的妻子，以及这位头目的父母的接待。[①]显然，这位曾为门地之阶下囚的老第巴已经服从其儿子的意愿逊位。他的妻子是阿皮（a-pi，按字义为祖母）诺增旺姆；那时有两位同名的拉达克公主，她们与洛窝家族联姻。在他们从凯拉沙返回时，红帽派活佛与司徒再次和第巴扎西南杰以及杰尊玛（rje-btsun-ma，他的寡母?）和那位拉达克人（?）相见。[②]遵循其父祖的先例，国王尼玛南杰维持与莫卧儿皇帝们的友好关系，他向他们派出了使臣。

在他正式登基时曾收到过奥兰泽布的荣誉袍，这已经在前面作了介绍。[③]克什米尔贸易道路的安全对于拉达克来说当然是头等重要的；当其在位时，它仅受到过两次威胁。1715年，巴琼（Paskyum）的首领霍尔王（Hor-Jo）反叛；拉达克国王不得不集结了一支部队，并将它的指挥权托付给大臣索南伦珠，他围攻了巴琼，迫使它投降。当时还是一位低级官员的楚臣多吉在一次夜间突围中表现突出。[④] 1720年，索特（bSod）和噶孜（dKar-rtse）的首领联合起来，攻击他们的邻居。若丹（Rab-brtan）将军受命反击噶孜，楚臣多吉则反击索地。后者打赢了一次战斗，包围了这座城堡。七天之后得到了 [91]

---

① 《八世红帽活佛传》，叶200a；《司徒传》，叶65a。
② 《八世红帽活佛传》，叶201a；《司徒传》，叶66b—67a。1726年，扎西南杰受到达赖喇嘛的接见；《七世达赖传》，叶115a。
③ 《阿旺才仁传》，叶28b；格坚书，页405。
④ 文件第10号（见前页82），刊于格坚书，页444—447（有关的那段见页445）；楚臣多吉的文件见于弗兰克1926年书，页228.6—7中。

其头领巴朗·贝格(Bahram Beg)的降书。[①] 除了这些小事以外，克什米尔道路上的交通一直畅行无阻。这是耶稣会士马诺艾勒·弗里尔(Manoel Freyre)和伊波利托·德西德里(Ippolito Desideri)亲眼所见的，他们在 1715 年从佐吉拉进入拉达克，并在尼玛南杰的宫廷中受到了很好的招待；德西迪里提供了一个关于宫廷和喇嘛生活的记载。[②]

尽管与喀普鲁(Kha-pu-lu)头目们[③]的一种王朝间的联系在尼玛南杰与来自那个家庭的一位小姐西西合敦(Zi-zi Khatun)成婚时就已经存在，但与巴尔提上层之间的关系则更成问题。这种关系实乃造成其边境动荡不安的基础。但它也使喀普鲁遭受其他头目们的敌视，并迫使拉达克肩负起沉重的军事责任。在 1715 年以前的某个时间，喀普鲁的巴巴(Baba,"祖父")哈丁汗(Hatim Khan)被卷入了一些军事事务中，对此事文献中付之阙如。[④] 1716 年，当哈丁汗的女婿多拉特汗(Daulat Khan)反叛时，事端重又挑起。来自喜—斯格尔(Shi-sgar)和斯噶尔多的部队前来支持他，并夺取了萨林(Sa-gling)城堡。哈丁汗请求帮助，索南伦珠再次受命出征，楚臣多吉则作为他的副将。起先，拉达克军队在索姆卓(Sur-mo-'brog)的日那(Ri-sna)附近惨遭失败，虽然有些军官作了顽强的抵抗。最终，索南伦珠打败了喜—斯格尔和斯噶尔多的部队，并用炮火攻打萨林城。

[92]

---

① 弗兰克 1926 年书，页 229.8—14 中楚臣多吉的文件。1725 年，巴朗·贝格被列于瓦姆—勒协定的署名者之中；格坚书，页 467。

② 德西迪里对拉达克的记录发表于 MITN(《西藏与尼泊尔的意大利传教士》)，V，页 22—32)；F. 德·菲利比(F. De Filippi)之英译，《西藏录》(An account of Tibet)，伦敦，1937 年，页 79—82；H. 赫斯顿之英译，《小伊波利托·德西德里神父，一位于西藏的传教士的信件和其他文件》(Letters and other papers of Fr. Ippolito Desideri, S. J., a missinary in Tibet)，载于 JASB，信函，4(1938)，页 625—638。弗里尔的记载见于 MITN，VII，页 194—199；德·菲利比之英译，见其上揭书，页 353—355。

③ 见坎宁安书，页 30 中喀普鲁头领名单；但是日期不可靠。

④ 弗兰克 1926 年书，页 228.2—5 中楚臣多吉的文件。虽然在坎宁安的名单中只提到了一次，哈丁汗这个名字反复出现于喀普鲁头领之中。其中一位是由拉达克人在 1674 年拥立的；见前，页 67。另一位公元 1715 年在位。第三位生活在 19 世纪末；J. E. 邓肯(J. E. Duncan)：《夏日骑马穿行在西部西藏》，伦敦，1906 年，页 208。

多拉特汗只身脱逃，其剩余的随从投降，事态很快平息了下来。①

拉达克人的卷入渐渐加深。1719 年，斯噶尔多大公请求拉达克帮助其反击一次由喜—斯格尔的头目威胁说要发动的进攻。一支部队被派往哈努(Ha-nu)，这一力量的显示，伴随以外交手腕，胜利地制止了喜—斯格尔头目。② 但这种缓和局面瞬息即逝。1722 年很有魄力的喜—斯噶尔头目阿扎姆汗(Azam khan)将他的统治扩张至斯噶尔多和包括绒都(Rongdo)和吉尔吉特在内的整个巴尔提斯坦。害怕受到突然袭击的哈丁汗再次请求帮助。在隆冬季节，楚臣多吉将军沿努布拉道进发。他平息了哈丁汗家族内部的不和，然后，穿过吉里斯(sKye-ris，Keris)，攻占了库列斯(Ku-res)城堡。这时最初曾支持过他的巴尔提边境头目对这种与喇嘛教异教徒的联合产生了疑虑。楚臣多吉利用其无穷的机智克服了这个严重的困难；然后他重新开战，包围了吉里斯城堡，并迫使其头领玛赫穆德汗(Mahmud khan)投降。③ 一支来自喜—斯格尔、斯噶尔多、绒都和吉尔吉特的大部队赶来增援，但正好迟到了一步；翌日它被阻截在开阔地中，并被彻底击溃。这于拉达克将军的一生中是一次伟大的胜利和至高无上的功绩。凑合而成的阿扎姆汗王国陷入分裂。他逃往绒都，拉达克人立阿里汗为喜—斯格尔的新头目，玛赫穆德·扎法尔·汗(Mahmud Zafar)为斯噶尔多的大公。大部分巴尔提头目都向胜利者输诚，在穆斯林喜—斯格尔发现的一些佛教遗物，与大量的战利品一起被运往拉达克。④ 当然拉达克对巴尔提斯坦的这种最高权威几乎是不可能维持的，事实上也很快就消失了；但这次胜利至少为尼玛南杰统治的其余时间保证了巴尔提边境的和平。[93]

这些军事事件有助于我们将注意力正确地集中在尼玛南杰统治

---

① 文件第 9 号和第 10 号(见前，页 81，和格坚书，页 446)；弗兰克 1926 年书，页 229.1—3 中楚臣多吉的文件。

② 弗兰克 1926 年书，页 229.4—7 中楚臣多吉的文件。关于喜-斯格尔或喜噶头目的一份名册，见坎宁安书，页 33。

③ 关于吉里斯首领的一份名单，见坎宁安书，页 31。但是玛赫穆德汗没有被包括在里边。

④ 弗兰克 1926 年书，页 229.15—29 中楚臣多吉的文件。阿扎姆汗和阿里汗被坎宁安适当地排列在那个世次中；当然他对时间的记录一定要略去不计。

时期的那些最主要的领袖们的身上。最明显的特征是这个国家最高
层官员的世袭成分的增长。首先有已经转移到衣古(dByi-gu)的萨
布(Su-bu)家族的那个分支,大概就在这个时候开始使用邦喀巴
(Bang-kha-pa)这个名字。它的头目是老丞相释迦嘉措;至 1697 年
他仍在职,当时他充当第一号文件的请求人(见前,页 81)。但他不久
后便退隐或谢世了,没有留下男性子嗣。他的继承权由他的两名侄
儿贡嘎彭措和彭措南杰取得。在 1698 年的一份文件和 1719 年的另
一份文件中他们一起作为请求人出现;其名也见于属于尼玛南杰在
位时期的一份题署中。① 但是这两人中更有影响的是贡嘎彭措。他
早在德列南杰统治时期就已经很知名了。在一份题署中他曾与王后
班则(dPal-mdzes)一起被提到。② 后来,在他的兄弟不在之后,我们
在 1731 年的一份文献中和 1736 年的另一份文献中,以及在尼玛南
杰和德衮南杰(始自 1730 年)共理朝政那个时期的一份题署中都发
现了他的名字。③ 正如我们随后将看到的那样,他下一任统治时期,
他依然在职,总共约五十年。但即使粗略地估计他的实际政治影响
也是困难的,因为我们对他的其他任何活动一概不知。

　　另一个显赫的家族是甲地的王族,它是拉达克腹地唯一的自治
封邑。这个家族入政府供职,随着索南伦珠立即登上最高等级。在
国王德丹南杰和王子德列南杰的未曾出版的甲地碑刻中,他首次作
为诺诺(No-no,还不是曲论 Chos-blon)出现。1697 年,他是托克
(Tog)的噶伦,并至少得到了部分财产,这些财产是被德丹南杰和德
勒南杰没收来给被谋杀了的曲尼多吉的后嗣们的(第一号文
件)。④ 1698 年,他(诺诺索南)拜会了第六世达赖喇嘛。⑤ 其后他担
任首席大臣。他的军事活动并不很能给人以深刻的印象,仅在
1715 年和 1716 年指挥了发生在普日和巴尔提斯担的几次战役。他

[94]

----

① 　文件第 9 和第 10 号(见前,页 82);格坚书,嘛呢和书籍清单,第 12。
② 　格坚书,嘛呢和书籍清单,第 11。
③ 　格坚书,文件 5/1(德衮南杰的);文件第 14 号(见前,页 82)。
④ 　这很奇怪,这份文件应该是应释迦嘉措这位受害者之子的要求而颁发的。
⑤ 　《六世达赖传》,页 248a、262a。

作为几个文件(第 4〔1703〕,5〔1704〕,8〔1712〕,9〔1717〕,11〔1722〕)的请求人出现;他也在这个统治时期的两块碑刻中(《弗兰克碑铭集》70 和 112)被提到。1724 年,他(诺诺索南)在西部藏区与红帽派活佛和司徒班禅相遇。[①] 1726/7 年,他再次前往中藏去拜会达赖和班禅二人。[②] 他的任职期似乎包括了尼玛南杰的整个统治时期,因为我们发现在《弗兰克碑铭集》111 和一份来自杰哲的未曾出版的碑刻中都提到了他,这两份东西全是属于国王尼玛南杰和王子德衮南杰共掌朝政时期的。

索南伦珠所享权力和财富之程度为一个后出的文件,即 1752 年的瓦姆—勒协定披露,该文件将其名字缩写为大臣索。他是珠扎('Brug-grags)的弟弟,为甲家族的首脑,并且起初是一位僧人。其后他脱离僧界,成为国王尼玛南杰的一名官员(仲科尔,drung-'khor)。后来他被擢任首相,最终他成为这个国家的真正主人。他利用他的职位为其家族增殖财富,甚至涉嫌觊觎王位。[③] 这一点或许有较大的夸张,但事实上,他显然作为一名显要人物出现在这个时期的资料中。索南伦珠尽可能快地将其儿子楚臣多吉与他的工作联系起来,以便锻炼他成为他的继承人。

根据普日的国王扎西南杰颁授的一份长篇文件,我们对他的生平极为清楚。[④] 当其 16 岁时,在第一次喀普鲁战役和其后的第二次战役中,他就已经在其父亲手下服役。在 1715、1720 年的普日远征期间和 1719 年、1722 年的巴尔提战役中,他担任指挥。后来在1723 年,他冒险出使洛窝,此已在前面作了叙述。他的活动延续至下一任统治时期。尼玛南杰渴望由一位属于中藏贵族家庭的妇女来作他的王后;藏历 1694 年 5 月 7 日(6 月 29 日),达布的望族仲族

〔95〕

---

① 《八世红帽活佛传》,叶 200a;《司徒传》,叶 66a
② 《七世达赖传》,叶 119b,《二世班禅自传》,叶 356a。
③ 消息出自弗兰克 1926 年书,页 225.4—19 的瓦姆—勒协定中。
④ 主要部分刊于弗兰克 1926 年书,页 228—235。弗兰克错误地把这份文件归诸德衮南杰。但是在页 230,从下自上 1.3,这位统治者给了他自己一个奇怪的称号"土地婆罗门"(Sa-yi-tshangs-pa),而它只属于扎西南杰,就如 1750 年章程所显示的那样。此章程刊于格坚书,页 471。

(Bhruṃ)的小姐索南嘉措(bSod-nams-rgya-mtsho)来到拉萨,在此她得到了政府的大量馈赠,随后在两位拉达克和两位西藏贵族陪同下被送往拉达克。[①] 她或许就是文件中提到的赤杰姆(*Khri-rGyal-mo*)。[②] 但这位第一夫人生了一位儿子德衮南杰之后就去世了。后来,国王娶哈丁汗的孙女、喀普鲁之多拉特汗的侄女西西合敦作为他的第二夫人,她为他生了一个儿子扎西南杰和一个女儿扎西旺姆(bKra-shis-dbang-mo)。[③]

　　大约在 1725 年,尼玛南杰与他的长子德衮南杰合坐王位。[④] 1729 年,他最后逊位,[⑤]虽然仍维持其王的地位,[⑥]并偶尔颁发一些有关国家两个部分之共同利益的文件。[⑦] 后来(1734 年之后)因公主扎西旺姆与喀施特瓦尔(Kashtwar)国王的婚姻问题引发了一场家族争端;我们一会儿将回到这个题目上来。结果前任国王与德衮南杰彻底反目,并投奔他在穆尔伯赫(Mulbhe)的次子扎西南杰。他于藏历 1738 年 10 月 11 日(11 月 21 日)在此地去世。[⑧] 德衮南杰的名字以"小王子"(*Lha-sras-gzhon-nu*)的形式出现在两块碑刻中(《弗兰克碑铭集》67 和 111),他显然是其父亲的预定继承人,1725 年前后,他与其父共理朝政。但于此时(或者甚至更早一些),他的异母兄弟扎西南杰,或更确切地说是他的母亲向王国提出了要求。那位女士的目标提得很高:在瓦姆一勒协定中收录有她关于她与国王(尼玛南杰)的婚姻协议的声明,它规定如果她生养一个儿子,他将获得"上堡"(*steng-mkhar*),[⑨]这个字或许就是"最高政府"的意思。然而这与

[96]（左侧页边标注）

---

① 《五世达赖续传》,Cha, 叶 180b - 181a。
② 格坚书,文件 4/13 和 4/14;还有嘛呢和书籍清单,第 12。可能是《弗兰克碑铭集》,碑刻 71 中的拉姜(*lha-lcam*)。
③ 《拉达克王统记》,叶 44.19—21。瓦姆一勒协定,引于弗兰克 1926 年书,页 190。
④ 这是在《弗兰克碑铭集》,68,70,以及文件第 10 号(见前,页 82)中所述的情况。
⑤ 在 1729 年的第一个月,尼玛南杰仍是国王(《弗兰克碑铭集》,69)。在那一年晚些时候,德衮南杰已经拥有王号(见后)。尼玛南杰得到了作为"食邑"(*gsol-skal*)的赛赤和托克;瓦姆一勒协定,列于格坚书,页 444,447。
⑥ 这就是《拉达克王统记》,叶 44.26,"成为法王"(Chos-rgyal-du-song)一句所表达的意思。
⑦ 1736 年文件第 14 号,(见前,页 82)。
⑧ 格坚书,页 451 所引瓦姆一勒协定。
⑨ 弗兰克 1926 年书,页 190。

贵族和长老们的意愿发生了严重的冲突,他们专横地要求扎西南杰出家为僧或者放逐于定姆冈城堡内。后来尼玛南杰逊位,1729年德衮南杰当了国王,同年他的妻子尼达旺姆(Nyi-zla dbang-mo)在扎什伦布寺受到班禅接见时被称为"拉达克国王之妻"。① 但西西合敦并没有放弃她的斗争,一些日子以后,②她至少取得了部分的成功,主要是因为德衮南杰的生母过世很早,他是由西西合敦抚养成人的,他非常爱她,故无法拒绝她的任何要求。因此在她的请求下,扎西南杰被给予普度关(Photu)以西的普日地区作为一个独立的王国,首府设在穆尔伯赫。③ 他正式被扶上王位是在1734年。④

　　当然他的新地位也赋予他担保在巴尔提斯坦一边的边疆防卫的使命。他立即卷入了与玛赫穆德·扎法尔·汗的敌对之中,而正是拉达克人自己在1722年帮助了这位头领,使其成了斯噶尔多的统治者;1733年,他进攻喀普鲁。拉达克政府派出了以萨波拉(Sa-spo-la)的嘉措(rGya-mtsho)为首的一支部队;他夺取了萨林和才诺(Tshe-no)等城堡。斯噶尔多的军队明显后撤,但翌年重又向前推进,围攻喀普鲁城堡;它的头领多拉特汗再次向拉达克求援。扎西南杰开始作战,但为保全其新组建的王国计,又不得不留在后边。他先派其叔父(a-khu),即桑斯噶的国王珠丹增南杰('Brug-bstan-'dzin-rnam-rgyal)和大臣楚臣多吉为首,嘉措为副的一支快速部队出征。他们击败了巴尔提人,据称给他们造成了死300名、俘虏3500名的重创(据另一个资料称死80名,俘虏4000名)。一些村庄被移交给了"巴巴"(叔叔,多拉特汗),一个新的头目被设置在吉里斯和库列斯,还强迫斯噶尔多提交了一份正式的效忠誓约。⑤ 当然拉达克在巴尔提边境的最高统治权的重新确立只不过是昙花一现。

[97]

---

① 《二世班禅自传》,叶376b。
② 一个属于这一时期(尼达旺姆死后)的碑刻(《弗兰克碑铭集》,73),有国王德衮南杰、王子扎西南杰、赤哈敦(太后)和国王的新妻子布赤旺姆的名字。
③ 《拉达克王统记》,叶44.26—28。
④ 弗兰克1926年书,页230.28中楚臣多吉的文件。
⑤ 弗兰克1926年书,页230.9—231.16中楚臣多吉的文件;尼玛南杰的文件第14号(见前,页82)。

　　关于德衮南杰的短暂统治没有更多的话可以说。他继承了他父亲对中国和印度的政策。在莫卧儿皇帝穆罕默德·沙(Muhammad Shah)在位的第 18 年(1736/7),他从这位皇帝处接受了赠给大君阿赫巴特·玛赫穆德·汗(Rāja ʿAqibat Mahmūd Khān)的一件荣誉袍,阿赫巴特·玛赫穆德·汗是拉达克国王们的习称。① 这显然是在尼玛南杰逊位之时所发生的(太迟了些)。早先德衮南杰曾通过拉萨的西藏当局与清廷沟通。他正为中国搜集关于叶尔羌地区之准噶尔人的活动情报。1732 年 4 月 16 日,皇帝给了他一个礼貌的答复。② 另一个使团是在六年以后派出的,携带了关于准噶尔人的情报和一些礼物;它被记录在汉文的档案中,时间是 1738 年 1 月 27 日。③ 这种对中国的特别注意或许是因为清廷的宠儿、西藏统治者颇罗鼐(1728—1747)所获得的声望。

[98]　　德衮南杰在位期间最让人头痛的问题之一是家庭纠纷。老国王尼玛南杰和西西合敦决定将他们的女儿扎西旺姆嫁予喀施特瓦尔的国王。德衮南杰和他的大臣们激烈反对这个设想,尼玛南杰来列城企图说服他们。尽管他失败了,这一对老人不顾新国王的反对("一名孩子的统治者是父亲和母亲"),举行了婚礼。然而,公主在新的环境中并不快乐。自小及长无拘无束地生活的藏族姑娘,无法习惯隐居在面罩(Parda)后面,而她的丈夫强迫她如此(喀施特瓦尔家族在 1687 年已经皈依穆斯林)。因此王后将她的女儿召回拉达克。她的丈夫要求她回去,并已开始上路来接她。为此,害怕他的到来会给扎西南杰对普日的统治带来威胁的西西合敦便使人将他谋杀致死,她的一名仆从在标志喀施特瓦尔和培达尔(Paidar)的边界的一座桥上,将他推入河中。此事曾被试图当作一件意外事故搪塞过去,但事实真相立即被揭穿,拉达克家族的声望因此而受到严重的损害。死

① 阿赫罗伐利亚书,7〔被达塔之书(页 60—61)错误地归之于奥兰泽布〕。
② 《世宗实录》,页 116.14a—b;译文见于毕达克 1948 年书,页 223—224。藏文译文的日期是 1732 年 5 月 20 日,见于格坚书,页 460—462。
③ 《高宗实录》,页 62.4b—5a。皇帝回函的藏文译文所记日期为 1738 年 5 月 16 日,见于格坚书,页 458—459。

难者的母亲向莫卧儿皇帝申诉冤屈，请求派兵惩罚拉达克。莫卧儿的干预通过贿赂帝国宫廷而得以幸免。后来喀施特瓦尔皇后又请印度婆罗门诅咒拉达克王朝，所有随之在这个家族内出现的麻烦如夭折等，都被归咎于这些诅咒。扎西旺姆原指望能与其在洛窝的姑妈诺增旺姆在一起，但相反却与喀普鲁的穆斯林首领成婚。这些令人讨厌的做法在这两位异母兄弟之间种下了很深的芥蒂。至于尼玛南杰，如前所述，他与扎西南杰一起住在穆尔伯赫，并老死在此。①

18 世纪 30 年代，首相仍是楚臣多吉和贡嘎彭措，我们至少发现过两次由他们二人一起充任首相的例子。② 1729 年，在几次求婚均遭拒绝之后，楚臣多吉终于得到了一名来自古格的新娘（或许是为了拉达克后继有人）。③ 她可能是古格王子罗桑班玛札失（Blo-bzang-padma-bkra-shis，1676—1743）的第二个女儿。④ 1734 年，正如我们已经见到的那样，他参加了那次打击斯噶尔多的胜仗。1737 年，他为班禅的葬礼而送礼物给扎什伦布寺。⑤ 贡嘎彭措似乎已经是德衮南杰的格外重要的大臣。⑥ 这位国王的另一名大臣是彭措丹增。⑦ 德衮南杰的第一夫人是尼达旺姆（Nyi-zla-dbang-mo），一名来自洛蒙塘（Glo sMon-thang）的公主；这恢复了一个已经成为传统的联盟。她为他生了一个儿子，名萨衮南杰（Sa-skyong-rnam-rgyal）；但不久"他们便因脾气不合而离异，王后返回"洛窝。后来，他与来自努布拉之德吉的布赤旺姆结婚，她生了彭措南杰。⑧ 她在《弗兰克碑铭集》

[99]

---

① 瓦姆—勒协定，格坚书，页 449—453；《拉达克王统记》，叶 44.29—45.6。《王统记》中的记录是非常简略的。这个故事很难与喀施特瓦尔的当代史相一致。那个时期的统治者是克里特·辛格（Kirat Singh，1681—1728），他在年老时被一位克里什纳·巴特赫阿（Krishna Padhiar）和阿姆罗克·辛格（Amluk Singh，1727—1771）杀害；哈钦森—佛格尔书，页 654—656。可能拉达克资料中的"喀施特瓦尔之国王"是那个家族中的一位小王子。
② 《弗兰克碑铭集》，72 号碑刻；尼玛南杰文件第 14 号。
③ 弗兰克 1926 年书，页 230.25—27 中楚臣多吉文件。第 234 页的译文应该如此修正："1729 年，信使们带着有关从古格迎请一位新娘（'dum-ma-pa 念作 'dum-ma）的提问和回答被派出，但没有结果出现。楚臣多吉被再次派出，并把她带回这里。"
④ 《吐蕃赞普世系》，页 19b；亦见前，页 45。
⑤ 《二世班禅续传》，叶 106b。
⑥ 格坚书，文件 5/1(1731 年）；嘛呢和书籍清单，第 13。
⑦ 格坚书，文件 5/2(1734 年）。
⑧ 《拉达克王统记》，叶 44.22—23。

(73)和一个出自萨布的题署中被提到。① 或许在《弗兰克碑铭集》
(68)中也提到了她。1737 年,她为班禅的葬礼送去了礼物。② 她比
她的丈夫长寿,在下一任统治时期,她是幕后的实际统治者。③ 据说
国王也曾娶桑斯噶公主丹增旺姆为妻,此前她是一名尼姑。不过他
[100] 将她派回去统治桑斯噶,这桩婚姻大概只有纯粹的表面价值。④ 国王
死于藏历 1739 年 2 月 11 日(3 月 20 日),仅比他父亲晚 4 个月。⑤ 是
年下半年,王后布赤旺姆给达赖喇嘛送去了为其已故丈夫德衮南杰
作追悼仪轨的供养;它们由诺诺嘉措带至拉萨。1740 年初,达赖喇嘛
作了礼貌地回答,提到了"拉达克父子两位国王",即德衮南杰和尼玛
南杰的葬礼。⑥

据《王统记》的记载,"当时,尽管扎西南杰和长子萨衮[南杰]都
有成为这个城堡(即指王国)之主的资格,但由于他们互相误解(ma-
sgo 应读作 ma-go),故弟弟彭措南杰的母亲耍了一个花招,使[萨衮
南杰]成了海—米斯的一名喇嘛"。⑦ 彭措南杰当上了国王。在扎西
南杰和彭措南杰的双头统治下,拉达克与中藏和汉地的接触依然很
热络。1740 年,拉达克国王扎西南杰的使臣来到拉萨。⑧ 1743 年初
"伦波贡嘎"作为拉达克国王派出的使臣,[向达赖喇嘛]递交了其国
王的信件。是年藏历 6 月 1 日(7 月 22 日),他在扎什伦布寺受到班
禅的接见。⑨ 我们还必须指明的是,拉达克与当时在准噶尔统治之下
与喀什噶尔之间的贸易联系也是紧密和频繁的。我们从一份汉文档

---

① 格坚书,嘛呢和书籍清单,第 13。
② 《二世班禅续传》,叶 106b。
③ 瓦姆—勒协定,引于格坚书,页 467。
④ 桑斯噶之萨尼寺(Sa-ni)噶尼噶(Kanika)殿的赞文(《弗兰克碑铭集》,149)。丹增旺姆是国王旺
　曲南杰(dBang-phyug-rnam-rgyal)的女儿,而他是德曲南杰之子和僧格南杰之孙。她的名字也
　出现在一本未刊的《贤劫经》(bsKal-pa-bzang-po)的题献页上,它藏于柏林人类学博物馆
　Museum für Völkerkunde),在弗兰克 1926 年书,页 162 中被顺带提及。
⑤ 瓦姆—勒协定,引于格坚书,页 451、460。
⑥ 《七世达赖传》,叶 259a、267a。
⑦ 《拉达克王统记》,叶 45.6—7。但是文本看起来已受损。
⑧ 《七世达赖传》,叶 267a。从这条资料来看,我们猜测这位国王是从拉达克而不是从普日获得这
　个称号的,至少在外国政权的眼中是这样的。
⑨ 《七世达赖传》,叶 291b—292a;《三世班禅传》,叶 47a。

案中得知,1743 年准噶尔统治者噶尔丹策凌(Galdan Cering)从拉达克人那里得到了关于西藏佛教寺院情形的完整情报;这个消息有助于他作出决定,并派出一个半商业和半宗教的使团去拉萨。[①]
1745 年,拉达克的统治者给拉萨政府送去一封信,提供了有关拉达克和叶尔羌之间贸易的详情;这封信被转到北京,并于 1745 年 11 月 30 日在此得到了处理。这位统治者的名字被写作"拉达克汗策卜登那木扎尔(才丹南杰)"。[②] 这引出了一个复杂的问题,因为在这个时期拉达克并没有一位叫这个名字的国王。彭措南杰的第二子确实叫作[米济]才丹南杰([Mi-'jigs-] Tshe-brtan-rnam-rgyal,根据抄本 S 的记载),他承袭了桑斯噶王国。但按年代则无法作这样的比同。对此,目前无法提供任何解释。 [101]

不管怎样,拉达克作为西藏西北大门的守卫在以后的岁月里依然发挥着作用。1747 年,来自拉达克的一个致敬使团在拉萨露面。[③] 1752 年 3 月 4 日,有消息传到北京,据拉萨接到的一封拉达克国王(没有提供名字)的来信,从叶尔羌来到拉达克的准噶尔商人正在探询关于西藏的情况。[④] 同年 9 月 29 日,拉达克国王(又是佚名)报告说,他接见了准噶尔使臣,他们再次向他询问西藏的局势。[⑤] 这个时期见到了主巴派影响的复兴。最让人信服的标志是七世主钦噶举赤列兴达('Brug-chen dKar-brgyud-'phrin-las-shing-rta,1718—1766)的访问;从另一本书中一条偶然的记载中,我们猜测它发生在 1747/8 年。[⑥] 这位大德的传记仍未见到,因此除了他为遭受了侮辱的大臣楚臣多吉和他的家族说情外,我们对关于他在这个国

---

① 《高宗实录》,页 208.11b—13b。关于 1743 年去拉萨的准噶尔使团,见毕达克 1972 年书,页 184—186。关于拉达克与喀什噶尔之间的贸易关系,也见《高宗实录》,页 407.12a—15a(主要在页 14b)中的一个 1751 年的文件。
② 《高宗实录》,页 252.18a—20b。关于一位在 1747 年被准噶尔杀害的才丹的资料,为毕达克 1948 年书,页 227 中提供并驳斥,认为它是由一个误解所致,实际并不存在;毕达克 1956 年书,页 293。
③ 《七世达赖传》,叶 340a。
④ 《高宗实录》,页 382.9a—10a。
⑤ 《高宗实录》,页 402.12a—b。
⑥ 《噶脱传》,叶 130a—b。主钦活佛于 1747 年途经拉萨前往拉达克;《七世达赖传》,叶 340b。

家停留的详情一概不知。

　　这一步成了一次不幸的争端的起点，这场争端使拉达克在好些
年内陷于混乱之中。楚臣多吉在新国王统治下仍是首相，最早与贡
嘎彭措一起，[①]后来单任，这是一些碑刻中所显示的。[②] 1747 年，他仍
在职，当时他倡议草写了一份准许一个来自努布拉的人蠲免税收的
文件。[③] 此时，他是拉达克最大的土地所有者。他非法获取的庄园不
但扩展到拉达克，而且也扩展到了普日，他从这些庄园中每年能得到
31000（藏克 khal）青稞的巨额收入。他的影响和富裕激起了彭措南
杰和他的母亲的妒嫉和猜疑，这导致了他的突然垮台。他被"镇压"，
即被剥夺了地产，并被判刑，可能是死刑。[④] 他和他的家庭投奔到杰
赛仁波且（rGyal-sras Rin-po-che，关于此人见后）处避难，经主钦从
中说情，后者给他们在海—米斯提供了一个避难所。但一待在那里
安顿下来，他们又"作出了与寺院教规相悖的行为"，当杰赛决定惩罚
他们时，他们逃亡普日。[⑤] 按另一种说法，当他们得知进一步的保护
将以他们出家为条件时，他们更乐于离开这座寺院。[⑥] 一旦到了穆尔
伯赫，他们就能感到安全，因为国王扎西南杰娶了楚称南杰的女儿。
这位前丞相显然是死于 1749 年或 1750 年，但他的儿子和继承人才
丹旺杰（通常被简称为旺杰），策划了反对列城国王的阴谋，恶化了叔
侄关系，并唠唠叨叨地反复讲述早已存在的怨恨。按照上部拉达克
人的看法，扎西南杰企图夺取对有利可图的克什米尔贸易的完全控
制，并不择手段侵犯拉达克中心地区。[⑦] 而另一方面，穆尔伯赫的国
王抱怨道，尽管他不曾挑起进攻，但作为征服普日的前奏，与斯噶尔

[102]

[103]

----

① 格坚书，嘛呢和书籍清单，第 14。
② 《弗兰克碑铭集》，113、114；可能也有《弗兰克碑铭集》，75 的片段。
③ 格坚书，文件 8。于 1750 年扎西南杰给他的儿子颁发了一份文书（格坚书，文件 6），回顾了这位
　 老臣的服务；它被刊于格坚书，页 471—474。
④ 格坚书，页 617。
⑤ 瓦姆—勒协定，载于弗兰克 1926 年书，页 225.19—226.3。弗兰克的翻译需要重审。文字极为
　 简略，如把索南伦珠和楚臣多吉简称为 blon bSod 和 blon Tshul。楚臣多吉的"惩罚"（Chad-pa
　 phog）从政治和经济的角度来看都曾有深远的影响。晚至 1762 年和 1780 年的文件（格坚书，文
　 件 9/15 和 9/5）提到作为对这位大臣的"惩罚"之后果的土地所有权问题。
⑥ 《噶脱传》，叶 178a—b。
⑦ 《拉达克王统记》，叶 45.8—9。

多的统治者结盟的拉达克国王已夺取了喜—斯格尔城堡。① 且不论此事的是非曲直,总之,这场争端变得愈来愈严重,达到了威胁中藏的商业利益的程度;拉萨政府不得不对此予以注意。一开始这场冲突似乎只发生在彭措南杰和旺杰之间;因此,达赖喇嘛在1751年给双方发出了一封吁请他们保持和平的公文。② 但那时二者间裂缝已经扩大,并已成为两个国王间的冲突。几个月以后,叔侄双方据说都曾亲自给在拉达克的顺畅贸易中理所当然地拥有直接利益的克什米尔总督去信。正如一份资料所说,"上部拉达克的国王彭措南杰向克什米尔的莫卧儿(stod-hor)那瓦伯(Nawab)提出一项请求,③后者提供给他将近十万士兵。下部拉达克的[国王]亦向莫卧儿人求援"。④ 这预示着与1683/4年相类似的局势,充满着同样的危险。因此当双方(或者来自双方的一些贵族)派使臣请达赖喇嘛为拉达克指定一位仲裁者时,他一定感到高兴;他们提议在主钦和噶脱日增(Ka'-thog Rig-'dzin)之间挑选一位。⑤

　　噶脱日增才旺诺布(Tshe-dbang-nor-bu, 1698—1755)⑥是一名来自康区的宁玛巴活佛,他在中藏、朵尔波和尼泊尔等地作了广泛的游历。1751年,他再度往尼泊尔,去修复这个地区的西藏佛殿。因此他就在近处,并愿意前往,这大概就是达赖喇嘛为何选择他去执行这项使命,并给他发出反复催促的信函,请他接受这项使命,并立刻行动。藏历1752年3月26日(5月11日),他同意出使,遂离开尼泊尔前往拉达克。⑦

[104]

① 瓦姆—勒协定,弗兰克1926年书,页193。

② 《七世达赖传》,叶396b。

③ 西蒙古指上部突厥。这些年间,克什米尔的莫卧儿代理总督是阿布尔-哈辛(Abul-Qasim)。然而在1753年这个国家就已经在阿富汗的阿赫玛德·沙·杜兰尼(Ahmad Shah Durrani)的统治之下。

④ 《噶玛巴史》,叶336a。

⑤ 《七世达赖传》,叶404a。参见《拉达克王统记》,叶45.10—13。在1752年中,拉达克使者仍在(或又一次来到)拉萨;《七世达赖传》,叶409a,410b。

⑥ 噶脱是一座宁玛巴派寺院,大约离德格(Derge)东南40英里。关于这位活佛的文学活动,见黎吉生:《十八世纪的一位西藏古董收藏家》(A Tibetan antiquarian of the XVIIIth century),载于《藏学集刊》(Bulletin of Tibetology),IV, 3(1967),页5—8。

⑦ 《噶脱传》,叶167a—168b。参见《拉达克王统记》,叶45.10—11。

　　这一回，我们得到了关于他的出使的详细报告。它需要巧妙的和细致的外交上的准备。比如两位国王都表示要派欢迎团去马纳萨罗伐地区的愿望，拉达克的使团由 600 人组成，普日的使团由 400 人组成。这当然是一件很长面子的事情，而噶脱日增不得不坚持分别减少至 100 人和 80 人。他也拒绝将他的住所安排在列城，因为这可以被解释为对彭措南杰的偏袒，他决定住在瓦姆—勒。① 与这两个欢迎团体的会见在噶大克（Gartok）当着西部藏区两位专员（sgardpon）的面举行，这两位专员任命两名官员陪护这位活佛。后者召请两位国王至迟于 8 月在瓦姆—勒与他见面。②

　　噶脱到达瓦姆—勒在 1752 年室宿月（藏历 7 月 16 - 8 月 15 日）10 日（9 月 18 日），在此举行了第一次劝解仪式。③ 此时第一个障碍出现了，普日的国王拒绝亲临，希望派一名大臣来代替他；他被触怒，因为他截获了携带着致克什米尔那瓦伯（Nawab）信函的拉达克使臣，信中提议在国王缺席期间克什米尔和拉达克的军队采取联合行动打击普日。噶脱不得不再度写信给扎西南杰，亦给克什米尔去信，请求那瓦伯派一名使臣参加谈判。毕竟，他完全明白，在阿赫玛德·沙·杜兰尼入侵和莫卧儿军在玛努普尔崩溃（1748）之后，北印度处于一片混乱之中，克什米尔的莫卧儿总督并无条件发动了侵略。④

　　事态慢慢地明朗化了。彭措南杰已经来到了瓦姆—勒。太后和杰赛仁波且（关于他见后）在此与他会合。最后，普日的国王也迫于神秘的宗教压力而屈服，亲自赴会。⑤ 现在真正的谈判能够很认真地开始了；谈判于藏历昂宿月（smin-drug）下半月第三欢喜日（dga'-ba），即 1752 年 12 月 1 日结束。⑥ 这场王朝争端通过对现存局势的

————————
① 《噶脱传》，叶 169b。
② 《噶脱传》，叶 173b—174a；《拉达克王统记》，叶 45.14。
③ 《噶脱传》，叶 175a。
④ 《噶脱传》，叶 176b—179b；参见《拉达克王统记》，叶 45.15—17。
⑤ 《噶脱传》，叶 180b—182a。
⑥ 《噶脱传》，叶 183a。在格坚书，页 464—465 中发现了一个诉怨和对它们所作更正的目录。

简单认可而被平息。"不管在拉达克的城堡中可能会诞生多少个儿子，但唯有长者可以继位。弟弟们将在白脱、赤赛等寺当喇嘛，不应有两位国王。在印度边境拥有辖区的桑斯噶国王丹松南杰（bsTan-srung-rnam-rgyal）将与从前一样仍是国王。显然是王室后裔的海那古（He-nas-sku）统治者和他的微不足道的王国也仍将保留。① 除了这两个特例外，将不允许在一个王国内存在两位国王"。"只要他活着，国王扎西南杰将仍是普日的统治者；以后它将与拉达克重新合并"。② 这实际上意味着长子继承权的采用，依此拉达克可免遭进一步的分裂。最终，旺杰和丹培（bsTan-'phel）也被获准完全赦免。称为《拉达克协议》（La dvags kyi 'ching yig）的协议书非常详细，它记录了争议双方对每一个议题的陈述。它被收录在噶脱的全集（gsung-'bum）中，但保存在托克（sTog）宫的那一个版本的全集中的已经佚失了。1973 年在列城出版的《噶脱日增选集》（Selected works of Ka'-thog Rig-'dzin）亦未被收录进去。③ 不过 A. H. 弗兰克和约瑟夫·格坚都利用了它，他们的著作中收录了它的一些片断。这份协议的签署者名单（格坚书，页 466—470）差不多可以充当一份 1753 年的完整的"拉达克贵族名册"。

但在这个协定正式签署以前，上部拉达克的局势发生了变化。很长时间以来，彭措南杰的精神健康已趋恶化。"作为一名孩子，他是聪明的，但现在他的智力已很不健全"。④ 实际上，国务是他的母亲处理的。但这不能持久，唯一的解决办法是国王逊位给他仍未成年的儿子才旺南杰。逊位仪式在瓦姆—勒举行，时间是水鸡年 3 月19 日，相当于回历 1177 年，即 1753 年 4 月 23 日。"叔侄两位国王首

[106]

---

① 在尼玛（南杰）时代赐准建立的海那古（He-nas-sku）小王权，不久之后又被并入拉达克，因为才旺南杰第 6 号文件（见后，页 111），日期为 1761 年，表明海那古由一位拉达克官员管理。
② 《拉达克王统记》，叶 45.18—21、45.27—28；《噶脱传》，叶 184a。在瓦姆—勒协定中所给的"海那古国王"的名字是衮乔珠（dKon-mchog-grub）；格坚书，页 467。
③ 自 1976 年来在德里陆续付印《噶脱日增钦波选集》（Kah-thog Rig-'dzin-chen-po's collected works），是否会把它收录进去，则尚拭目以待。该书之卷Ⅲ和Ⅳ，至 1977 年 4 月为止唯一出现的二卷中不包括它。
④ 《噶脱传》，叶 176b。

肯,噶脱亲自出席;杰赛仁波且主持(了仪式)"。① 这将一位迄今为止
所有拉达克历史的现代研究都不知道的要人引到了前台,他就是杰
赛仁波且。这个故事显然以王子萨衮南杰为开端,在被太后骗走了
他的王位继承权之后,他先在海—米斯当了一名喇嘛,后成为一名普
通的持明(rig-'dzin)。② 据我在当地得知,"持明"这个称号在拉达克
指的是没有接受剃度出家为僧,但追随宗教事业、实施苦行的一名俗
人。或许(但完全不能肯定)他可以与那位在海—米斯大碑文中发现
法名的王子相勘同:怙主父宝(skyabs-rje yab rin-po-che)米邦绛班
托脱多吉(Mi-pham 'Jam-dpal-mthu-stobs-rdo-rje)。③ 他的名字也
出现在一块碑刻(《弗兰克碑铭集》,113)中,形式略有不同,作米邦托
脱绛班(Mi-pham mThu-stobs-'jam-dpal),乃身穿僧衣(chos-dkos 应
为 chos-gos)的法王尼玛南杰的后裔。噶脱的传记向前更进了一步,
除了称他为宝贝佛子(rGyal-sras rin-po-che)外,还把他当成一名活
佛(海—米斯活佛 He-mis Sprul-sku),有一次还提供了他的全名作王
子活佛米邦绛班多吉(rGyal-sras sprul-sku Mi-pham 'Jam-dpal-rdo-
rje)。说他就是萨衮南杰亦另有所据,格坚书 489 中提到"萨衮[南
杰]之子米邦才旺(Mi-pham Tse-dbang,即米邦绛班多吉之子)"。在
中藏的资料中他亦屡次被提及。因此,他就是那位于土羊年末,即
1740 年 1 月来到拉萨的海—米斯活佛,拉达克国王之子。④ 他到达
扎什伦布不久之后,在此他被认作班禅的弟弟,⑤这是一条很奇怪的
资料。1745 年,他再次参观了西藏首府,⑥并且或许就是在同年去

[107]

---

① 杰赛仁波且登位(rGyal-sras-Rin-po-che khrir-bzhugs);瓦姆—勒协定,格坚书,页 474 所引。在
其他地方(格坚书,页 464—465),登基日期记载为藏历水猴年(1752 年)3 月 19 日;但这很清楚
是个错误。
② 格坚列出了两份萨衮南杰的文件。第一份(文件 7)日期为木猴年(1764 年);格坚错误地把它等
同于 1753 年。它是致旺杰的,并承认他父亲楚臣多吉在出使洛蒙塘期间的服务。第二个(文件
7/1)颁发于火兔年(1772 年),给一名来自努布拉的人,事关一件法律事务。二者所给的日期都
有疑问。
③ 关于海—米斯大碑铭见后,页 120;《噶脱传》,叶 180a。
④ 《七世达赖传》,叶 265a。
⑤ 《三世班禅传》,叶 21b。
⑥ "拉达克国王之侍从(nye-ltos),心子米邦";《七世达赖传》,叶 322b。

了扎什伦布寺的那位"拉达克统治者的儿子",①尽管后者没有被冠以任何僧职称号。据海—米斯大碑文的叙述,在他的时代七世主钦访问了海—米斯。1752 年,他正扮演类似一名大臣的角色,参加了在瓦姆—勒的谈判。② 年轻的国王登基之后,他或一度担任摄政。这个事实并没有在《王统记》中被提及,但可以从别的资料中得到证实。一块碑刻中(《弗兰克碑名集》,108)似以摄政(rgyal-tshab)米邦衮(dGon,当作 mGon)的称号提到了他。1754 年,米邦绛班托脱多吉和王子(lha-sras)才旺南杰与他的母亲一起给在托克的若丹嘉措颁发了一份文件,确认了尼玛南杰的一项赏赐。③ 我认为这已足以证明杰赛仁波且曾为摄政。

前国王彭措南杰和他的母亲与新君主分享了在列城宫殿中的动产,然后迁往赛赤(gSer-khri,靠近赤赛? 或萨克提 Sakti?),赛赤与托克和萨布一起作为庄园赐给了他们。④ 只是在新国王登基之后,噶脱才同意为裁决书的正式拟定而去中部拉达克游历。在海—米斯过冬之后,他到达协城,在 1753 年 6 月 29 日和 7 月 16 日之间,这份协定在这里得以公布、批准、受祈祷和宣誓。⑤ 与克什米尔人关于两个国家之间不中断的商业交通和税务的协议被镌刻在五块铜板上,其中四块分别保存于列城、穆尔伯赫、桑斯噶和海—米斯;第五块也许被送往克什米尔。⑥ 据《王统记》载,克什米尔的使臣住在列城时曾被噶托所示奇迹镇住。⑦ [108]

在圆满地完成了他的使命之后,噶脱于 1753 年底前往吉仲(Skyid-grong)。1755 年,他前往尼泊尔,在廓尔喀和加德满都的国王们之间媾和,他还主持了斯伐牙姆不呼那特(Svayambhūnāth)的

---

① 《三世班禅传》,叶 59a。
② 参见上引《噶脱传》,叶 183a。
③ 格坚书,文件 9/17。
④ 《拉达克王统记》,叶 45.14—25;格坚书,页 465。
⑤ 《噶脱传》,叶 183b—185b。参见《拉达克王统记》,叶 45.29。
⑥ 《噶脱传》,叶 184b;《噶玛巴史》,叶 336a;《拉达克王统记》,叶 46.2。
⑦ 《拉达克王统记》,叶 45.29—46.2。

重建工作,在此他遇见了七世主钦。同年他圆寂于此。① 彭措南杰的家庭环境并不很清楚。他的大王后显然就是贡宗尼达旺姆,她出现在瓦姆—勒协定的签署者中间。② 在海—米斯玛尼墙(maṇ-gdong)铭文中也能见到她的名字。但《王统记》的抄本 B 提到萨衮南杰成了一位持明,还进一步告诉我们,王后贡宗有两个儿子,一位是众生怙主佛子(skyabs-mgon rgyal-sras)米邦,对他且容我们于后边再述,另一位的名字没有提供;二人都出家为僧。③ 有可能她是彭措南杰和萨衮南杰两个人的妻子。这大概是一妻多夫制的正常例子。萨衮南杰的地位也不会成为障碍,因为一名转世活佛也可以是一位持明,因此可以结婚,这在主巴派中并不鲜见。④ 这位夫人差不多可以肯定就是王母(rgyal-yum)尼达旺姆,司徒班禅曾在 1762 年遇见过她。⑤ 她也就是在 1764 年祝贺八世达赖喇嘛坐床的拉达克太后(a-yum-rgyal mo)。⑥ 在鼠年和牛年(1780 年和 1781 年?),才旺南杰发起建造了一座大玛尼墙,以此作为给太后贡宗尼达旺姆葬礼的供养。⑦ 贡宗是否为才旺南杰国王的母亲还不完全清楚。《王统记》的抄本 C 和索南抄本说她是;但它们搞混了事实,将这位夫人与德衮南杰连在一起,并认定在那位国王的第一位妻子(尼达旺姆)离开之后,贡宗被请作王后,他们生了一个儿子才旺南杰。⑧ 总而言之,很难说到底谁是才旺南杰的母亲。

　　另一条有疑问的材料是《王统记》抄本 S 所提供的。据其记载,彭措南杰有两个儿子:才旺南杰(Tshe-dbang-rnam-rgyal)和米济才丹南杰(Mi-'jigs Tshe-brtan-rnam-rgyal);后者继承了桑斯噶王国。

[109]

---

① 《噶脱传》,叶 194a,206a。
② 格坚书,叶 467。
③ 《拉达克王统记》,叶 45.25—27。
④ 第 11 世主钦(死于 1960 年)是结婚的,他的儿子是现在的图赛活佛(Thug-sras Rin-po-che:是 12 世主钦的老师)。
⑤ 《司徒书》,叶 220b。
⑥ 《八世达赖传》,叶 36a。
⑦ 海—米斯大玛尼墙上的未刊铭文。
⑧ 《拉达克王统记》,叶 44.23—24。

首先，这位王子完全不见于任何别的资料。其次，在鲜为人知的桑斯噶历史中并没有为他留下更多的位置。发生在那个极为闭塞的国土中的事件十分模糊，在此无法详述。

关于他们在 17 世纪和 18 世纪时的情况，我们所知道的总共就这些。僧格南杰将王位给了他的小儿子德乔南杰。后者有四个儿子：长子阿旺南监德（Ngag-dbang-rnam-rgyal-lde）继承王位，与被称为丹增旺姆（bsTan-'dzin-dbang-mo）的拉达克公主成婚，但无嗣而终。王位由他的弟弟旺秋南杰（dBang-phyug-rnam-rgyal）继承，国王尼玛南杰（Nyi-ma-rnam-rgyal）先让其与释迦嘉措的小女儿，后又与其大女儿结婚。从他的岳父那儿，他继承了在拉达克衣古（Igu）的庄园。他有四个女儿：长女丹增旺姆（bsTan-'dzin-dbang-mo）先是一名尼姑，后与国王德衮南杰结婚，并且可能一度统治了桑斯噶。旺秋南杰还有三个儿子：珠丹增南杰（'Brug-bstan-'dzin-rnam-rgyal，生于土鼠年 1708 年），才丹南杰（Tshe-brtan-rnam-rgyal，生于土［当为铁］兔年 1711 年）和后来的索南南杰（bSod-nams-rnam-rgyal）。长子是一位有教养和才艺的人，统治了桑斯噶和衣古；次子出家当了僧人；第三个儿子得到了桑斯噶的桑拉（bZang-la）庄园。[①] 珠丹增南杰在 1735 年是桑斯噶的国王。[②] 1745 年，桑斯噶统治者（萨衮）的一个儿子拜会了班禅。[③] 这大概是丹松南杰（bSan-srung-rnam-rgyal），1752 年桑斯噶的独立被正式确认时他是国王。[④] 1754 年新年佳节，拉达克国王和穆尔伯赫国王二人各自的一名使臣在拉萨，为拉达克桑斯噶国王已经去世了的父亲举行了超荐仪轨，[⑤]这表明珠丹增南杰已经在 1753 年左右去世了。彭措南杰的次子（假如他曾经存在的话）如何能够继承桑斯噶王国则难以叙说。退位国王彭措南杰最后

［110］

①　桑斯噶萨尼寺的噶尼噶殿的赞文。刊于格坚书，页 225—254。
②　格坚书，文件 4。
③　《三世班禅传》，叶 60a。
④　格坚书，页 467。
⑤　《七世达赖传》，叶 436a—b、438b。使臣们于 1753 年藏历 10 月 11 日（12 月 6 日）、1754 年藏历 1 月 8 日（3 月 3 日）在扎什伦布受到接见；《三世班禅传》，叶 118a，119b。

一次出现是在 1756 年 7 月,他的使臣们在扎什伦布受到接待时,他的名字被提到,但没有王号。① 他大概不久后就去世了。要是能确认他的母亲就是布赤班宗(Bu-khrid dpal-'dzom),即"拉达克君主(萨衮)的妻子(赞蒙)"的话,那么她可能于 1757 年时仍在世,那年 3 月她曾派使臣去扎什伦布。② 至于扎西南杰,他于 1754 年派他的大臣嘎嘎丹增出使去见达赖喇嘛和班禅。③ 他和楚臣多吉的女儿丹增布赤结婚,有一个儿子名阿旺坚赞,先其父而终。他死于 1758 年,没有留下子嗣,他的王国被重新与拉达克合并。④

---

① 《三世班禅传》,叶 128b。
② 《三世班禅传》,叶 135b。
③ 《七世达赖传》,叶 434b、436a;《三世班禅传》,叶 119b—120a。嘎嘎丹增是瓦姆—勒协定的签名者之一;格坚书,页 468。
④ 《拉达克王统记》,叶 44.28—29 和 45.27—28;《噶脱传》,叶 178a;格坚书,页 474 提供了他去世的日期,没有提出根据。

第八章　拉达克王国的没落时代

　　最初,才旺南杰维持了王子的称号,在 1754 年杰赛仁波且的文件①以及一块碑刻(《弗兰克碑铭集》,79)中,他都被称为王子。后来,摄政杰赛仁波且退隐或去世了,才旺南杰成了真正的国王;年代不得而知,但或许是在 18 世纪 50 年代末期。这位国王的许多文件被保存至今,就像尼玛南杰的情况一样,提供它们的目录当便益读者。

　　1. 1755 年赐发给支应乌拉差的伐木工工头噶培勒(dGa'-phel-le)的文件(格坚,档案 9/16)。

　　2. 赐给来自茹雪(Rupshu)的一些百姓以放牧权的一份已被毁坏了的文件副本(格坚,档案 9),时间为 1758 年藏历 5 月8 日(6 月 14 日)。

　　3. 应大臣贡却班盼(Kun-khyab-dpal-'phel)之请,1760 年赐发给曾于 1715 年去过蒙古地区(Sog-yul)的托克之若丹的文件(格坚,档案 9/10)。

　　4. 1760 年赐发给托克的才仁的文件,才仁曾给诺诺旺杰和阿旺提供过帮助,后者是 1759 年斯噶尔多统治者反叛时的军队指挥官(格坚,档案 9/11)。

　　5. 1760 年藏历 2 月 19 日(4 月 4 日)赐给定姆冈的冈哇彭措('Gang-ba-phun-tshogs)的文件,因为他于 1759 年反击斯噶尔多统治者时恪尽职守(格坚,档案 9/12)。

---

①　《七世达赖传》,叶 265a。

6. 应贡却之请,于 1761 年藏历 3 月 8 日(4 月 12 日)赐发给海那古（He-na-sku）的伦波扎西坚赞（bKra-shis-rgyal-mtshan）的文件,因为他屡次出使克什米尔,并在对索特(bSod)地区的增援远征中充当将军(格坚,档案 9/1)。

7. 1762 年 8 月赐发给诺诺扎西的文件,他在处罚楚臣多吉时曾得到过一块额外的土地(格坚,档案 9/15)。

8. 1762 年藏历 6 月 8 日(7 月 28 日)赐发给努布拉甲若萨（Bya-ra-sa）的囊索扎西（*nang-so* bKra-shis）的文件,为其 1762 年作为努布拉将军所作的服务,当时他俘虏了噶达夏喀芒（Kar-tag-sha mKhar-mang）的瓦齐尔・乞（Wazir khyi）和 20 个人,征服了那萨赛堡（Nar-sa-ser）,俘虏了它的统治者和 18 个人(格坚,档案 9/3)。

9. 1765 年 5 月赐发给噶伦旺杰的文件,他受遣充当穆尔伯赫的国王、祖父(me-me)的陪伴(格坚,档案 9/9)。

10. 应副司库（噶恰 *bka'-phyag*）诺诺才旺班拔之请,于木马年 12 月 13 日(1775 年 1 月 14 日)赐发给协城头人(仲本 *grong-dpon*)罗桑的文件,罗桑曾向国王的随员提出过忠告,遂使他们能够安全抵达这个城堡(格坚,档案 9/2)。

11. 1775 年赐给赤赛寺的特权。"当我［国王］在 1773 年被废黜、完全失去权力,并经受折磨时,没有人比赤赛寺的住持、经师和僧团对我更好。现在到达了目前的地位,我把努布拉的德吉寺置于赤赛寺治下。"(格坚,档案 9/8)

12. 1776 年藏历 2 月 8 日(3 月 27 日)赐发给协城的才仁的文件,他于 1759 年远征巴尔提斯坦期间,曾给喀普鲁的统治者派去了士兵(格坚,档案 9/14)。

13. 1777 年因其为国王效劳而赐发给定姆冈的才仁觉哇（Tshe-ring-'byor-ba）的文件(格坚,档案 9/6)。

14. 1777 年赐发给桑斯噶的阿旺嘉措的文件,未提供详情(格坚,档案 9/7)。

15. 1779 年第 3 个月赐发给门蔡（Mon-tsher，Menser 或 Miser，在西部藏区的拉达克飞地）之头人（'go-pa）的文件，他曾采用强制毁坏牧场的办法虐待贫困的居民（格坚，档案 9/4）。

16. 1779 年赐发给阿里活佛罗桑格勒意希扎巴（Blo-bzang-dge-legs-ye-shes-grags-pa）的文件，将噶恰（dKar-cha）、普达（Phug-thal）、鲁奇（Klu-'khyil）和穆尔伯赫的寺院和在桑斯噶的让冬（Rang-'dum）地区的所有权赐给了他，还准许在上述地区内蠲免赋税（舒书，LXXXI）。

17. 1780 年被一位索南伦珠(bSod-nams-lhun-grub)批准的收养一名孩子的契约。它也涉及对楚臣多吉的惩处（格坚，档案 9/5）。

18. 1781 年 4 月 26 日（6 月 17 日）赐发给制金匠伊斯梅尔（Ismail）的文件，他是曾经为国王打制硬币（ja'u）的银匠（格坚，档案 9/13）。

在才旺南杰在位的最初几年内，政府事务被托付给了大臣贡却班盼（Kun-skyong-dpal-'phel，通常被称为贡琼〔Kun-skyob〕）或者贡却〔Kun-skyab〕）。他甚至在才旺南杰得享王号以前就已经在职了，直到 1761 年之后仍是大臣。[①] 他在几块碑刻中被提到（《弗兰克碑铭集》，80，115，182），其中最后一块（所谓 Li-kyir māhātmya）是最重要的。它纪念的是那座寺院的重建，这座寺院在七世达赖喇嘛圆寂的同一天，即 1757 年藏历 1 月 4 日倒塌了。[②]

贡琼执政时期以与清朝中央之关系的复兴为标志，这是由清朝对准噶尔人的最后胜利和接踵而至的中亚征服所引起的。这样帝国也在其北部边境上成了拉达克的一个邻居，并且控制了通过喀喇昆仑山的贸易道路。实际上，拉达克几乎不可避免地被卷入那些导致清朝征服喀什噶尔和叶尔羌的事件中。这两个城市当时为和卓（Khoja），即两个声称自先知传继下来的穆斯林家族所统治。其宗主 [113]

---

① 见前，文件 6。
② 实际上这位达赖喇嘛死于藏历 2 月 3 日（1757 年 3 月 22 日）；所以这里有个错误，或者有一个纪年上的不同。同一年拉达克国王派遣了一个吊唁使团去拉萨；《七世达赖传》，叶 544a。

权曾为他们所承认的准噶尔人所有,准噶尔人的垮台,使他们面临着得胜的帝国军队的入侵。抵抗是由一位兄弟伯汉埃丁(Burhan eddin)及和卓·只罕(Khoja Jihan,汉文史料作霍集占——译者)率领的。它的主要情节是叶尔羌长久和顽强的抵抗,在此元帅兆惠的军队于几个月内(从 1758 年 11 月至 1759 年 2 月)被围困在它的营地内,并被迫撤退。第二次战役导致了喀什噶尔和叶尔羌于 1759 年 7 月的垮台。① 在漫长的冬季围攻期间,负责与拉达克的关系、驻在拉萨的帝国驻藏大臣的主要兴趣是阻止叛乱首领逃往邻近国家,他们能从这些国家骚扰新的帝国领土。一个可能的避难天堂是拉达克,驻藏大臣伍弥泰和官保准备派出一支小部队前往阿里与兆惠的军队会合以截击和卓·只罕,他可能试图逃往拉达克。但是章嘉呼图克图——一位来自北京且深得皇上信任的高级活佛,受命前来西藏监督寻找新达赖喇嘛——反对这个行动,并亲自担当起撤回这项行动的责任。在他看来,这个谣传或许是错误的,而且无论如何一直表明其屈服和准备合作的拉达克统治者已经被要求逮捕和交出任何避难者。皇帝赞成(他的看法),并甚而谴责了这两位驻藏大臣(1759 年 1 月 26 日)。② 其后不久,"拉达克汗"将叶尔羌的垮台和和卓·只罕逃往西得沙堪(?)通知了拉萨。这个消息是不正确和不成熟的;但是担心清朝干涉的拉达克统治者明确表明了他的和平意向,并请求兆惠不再发布命令向拉达克进军。他的恐惧当然是毫无根据的,但尽管如此,皇帝还是给兆惠下达了适当的指令(1759 年 2 月 3 日)。③ 众所周知,伯汉埃丁和和卓·只罕逃到了巴达克山,并在此

[114]

① M. 库兰特(M. Courant):《十七和十八世纪的中亚》(*L'Asìe Centrale aux XVIIe et XVIII e sìecles*),里昂—巴黎,1912 年,页 116—118(根据《东华录》);W. 艾希弘(W. Eichhorn):《乾隆时期中国在突厥斯坦的殖民战争》(Kolonialkämpfe der Chinesen in Turkestan Während der Periode Ch'ien-lung),载于《德国东方学会杂志》(*ZDMG*),1942 年,页 282—287(译自《圣武记》);一个较早的译文由 A. 维希勒(A. Vissière)所作,载于 *Revue du Mond Musulman*,11,1910 年,页 378—386);佑口透(Saguchì Toru):《满清征服以后喀什噶尔的和卓家族世系》(The genealogy of the house Khwaja of Kashgar after the Manchurian conquest),载于《东方学报》(*Tōyō Gakuhō*),42(1959/60),页 375—376。
② 《高宗实录》,页 577.30a—b。
③ 《高宗实录》,页 578.9a—10a。

被杀害。① 章嘉呼图克图受命(1759 年 9 月 3 日和 12 月 12 日)将"叛乱者"的出逃和他们的死亡通知阿里的总督们和拉达克的统治者。②

拉达克出于对与中亚贸易关系的考虑派出了另一个去西藏的外交使团。拉达克国王的使臣们于 1760 年 2 月 2 日在扎什伦布受到接待。③ 在此以前,他们当然已经去了拉萨;但是达赖喇嘛的席位依然空悬着,然而第八世达赖喇嘛的传记对这个问题没能给我们提供任何资料。不过,一份汉文文件对此提供了有趣的证明。它是在叶尔羌的满清指挥官提交的一份报告,在 1760 年 3 月 12 日到达北京,事关一位名扎西嘉措(汉籍作达什嘉木撮—译者)的拉达克使臣在去西藏途中到达珊居(Sanju)地区。他携带着拉达克汗的一封信,信中表达了他对征服喀什噶尔的祝贺,并请求相关贸易能像往常一样继续畅通无阻。这位满清指挥官将他带到跟前,盘问他,此后给了他一些礼物,允许他继续他的旅程。④ 可惜的是,这位拉达克统治者的名字没有被提供。在此之后,与拉萨政府的政治关系保持蛰伏状态。除了前往西藏寺院中学习的学僧以外,文献中仅记录有关于来自拉达克的每三年一次的贸易使团(lo-phyag)的到达。　[115]

在巴尔提边境上,于 1759 年发生了一起颇为重要的事变。当时喜-斯格尔王胡赛汗⑤被斯噶尔多的统治者囚禁,穆罕默德·扎法尔汗⑥亦得到了吉里斯(Keris)的米尔·贝格的支持,⑦征服了库列斯(Ku-res),并准备进攻喀普鲁。喀普鲁的首领玛赫穆德·阿里汗,⑧像通常一样向他的拉达克主君求援。拉达克军队在诺诺旺杰

---

① M. 库兰特上引书,页 119—121;W. 艾希弘上引书,页 313—314。乾隆皇帝的三个关于此事的诏书被 A. 维希勒译出,载于其上引书,页 387—389。

② 《高宗实录》,页 592.19b,599.26a—28a。

③ 《三世班禅传》,叶 178a、179a。

④ 《高宗实录》,页 602.10a—b。

⑤ 坎宁安书,页 33;喜-斯格尔首领名单,第 24 号,年代是错的。

⑥ 坎宁安书,页 35;斯噶尔多统治者名单,第 6 号。

⑦ 坎宁安书,页 31;吉里斯首领名单,第 7 号。但也许拉达克文献把米尔·贝格错认为其继承者米尔沙·贝格(Mirza Beg),第 8 号。

⑧ 坎宁安书,页 31;喀普鲁首领名单,第 65 号,年代错了半个世纪。

(普日前首相)和诺诺阿旺指挥下参战。斯噶尔多的部队被赶回,胡赛汗获释并返回喜-斯格尔,米尔·贝格投降。[①] 此后的许多年内,巴尔提边境上保持了和平。

　　国内形势则很少平静。国王是一位没有主心骨的人,无能却又暴虐成性。很快贵族们不得不集合一支武装部队以强迫他发誓保护其臣民和不压迫他们。一些年内事态果真好转了,国王允许大臣贡琼尽其所能地统治这个国家。[②] 后来,在一名称作米儿扎·玛力克(Mirza Malik)的穆斯林(商人?)的影响下,他喜欢上了高产的中亚马(*ti-pi-cag*,源自突厥语 tobcaq,指阿拉伯马),这使他几乎陷入了疯恋之中。最后,他占有了 500 匹左右的阿拉伯马,由一群马夫来看管它们。为了这个奢侈的怪念头,他必须对其百姓敲骨吸髓。[③] 他的朋友大部分是穆斯林,他渐渐变得与佛教疏远了,停止遵循当地的习俗,并大大地偏向伊斯兰教;他的官员们的恳求完全白费。比那更糟的是,他对一位通常被称为比比(Bibi)的,出自最低阶级(Bheger)的穆斯林姑娘着了迷。她与她的兄弟纳悉伯·阿里(Nasib Ali)和拉黑姆(Rahim)一起从普日的噶孜来到了列城。国王深深地爱上了她,迎合她的每一个最小的怪念头。他的第一位妻子离开了他,返回了她的故乡桑拉,于是他娶了比比;百姓们半带嘲讽地称她为班姆杰(Bhe-mo-rgyal)。大臣们试图反对这门亲事,并要求作解释。为此,国王在其新妻子的挑唆下,开始恐怖地镇压反对派;大臣贡琼(Kun-skyob)和定姆冈的村落头人被置于死地,一些贵族脚上带着铁镣被械系入狱。为了增加他的收入,国王在这一年内三次强迫交纳税收。情况变得几乎无法忍受,国家被比比家族和为了比比家族而剥削吮吸干了。纳悉伯·阿里甚至被任命为代理首相。这持续了好些时

[116]

---

① 这次战役唯一的记录发现于格坚书,页 475—476。它受到文件 4、5、12 的支持(见前,页 111)。
② 格坚书,页 476。他根据一个内容完全未提的文件,该文件在弗兰克 1926 年书,页 123 中被提及。也许它就是格坚书,玛尼和经书目录,第 16 号的协定(bcad-khra),未列出解释条款。
③ 《拉达克王统记》,叶 46.5—9。弗兰克书,页 122 中的翻译应被更正如下:"他的作为是史无前例的、不寻常和奇怪的。他有五百匹 *ti-pi-cag* 马,各有一位马夫和一盏灯。为了它们轻松的步态(达到完美),所有 ti-pi-cag 的马蹄和食物(gsang 读作 bsang)等皆倍受重视。"

候。最后贵族和百姓们在绝望中揭竿而起，攻占了列城的宫殿。国王未受皮肉之苦；但比比被钉在市场的大门上，被鞭打致死。[1] 她的兄弟的命运则不得而知。

　　这幕悲剧似乎有一种让人清醒的效果。贵族和官员们再次向国王宣誓效忠。后者则与索特头领的女儿成婚，她为他生了两个儿子。他还找了一名新的首相。与此同时，普日的扎西南杰已经寿终正寝了（1758），他的王国被并入拉达克。他的遗孀丹增布赤仍在穆尔伯赫，在她的兄弟、前大臣旺杰的保护之下，他曾被任命为海姆—巴伯斯（Hem-babs，即德拉斯［Dras］）要塞指挥官，他表现不错，故分别得到了国王和夫人的酬谢（1764 年和 1765 年）。[2] 后来他陪伴她去拉萨朝圣，当时她已经成了一名尼姑，在 1768 年下半年，他们在拉萨向达赖喇嘛致敬。[3] 就在那时，才旺南杰已经选定他为新的首相。 ［117］

　　这又是一个不幸的选择；旺杰这个贪婪的家伙甚至向百姓征收更重的赋税，行为狂妄自大。[4] 但是拉达克的官员们已经学会了如何与他们的主子和长官打交道。1773 年，他们再次集会，迫使国王逊位，并将他放逐至赤赛寺中；旺杰被流放到西部藏区（或据其他文献说，将他关在一个平常的牢房中）。或许是叛乱者内部不能统一，或者发生了一场复辟。事实是 4—5 月之后，国王再登王位，旺杰也被召还。[5] 或许是受其第三位妻子的影响，这位国王在其在位的最后阶段内越来越趋向于伊斯兰的什叶派，恢复了阿赫巴特·玛赫穆德汗这个旧称号，连续三年没有在列城摆出传统的节日供灯，而将这些钱用来喂养他的马匹。他对马的迷恋与日俱增，若有可能，这要花费国家的大宗金额。然而它们的大部分已经被旺杰贪污掉了，而他则将

---

①　格坚书，页 477—478。根据《拉达克王统记》，叶 46.9，她只是被罢黜并被投入监狱。

②　1764 年丹增布赤旺姆自穆尔伯赫颁给噶伦旺杰的文件（格坚书，文件 6/1）；才旺南杰文件第 8 号（见前，页 111）。

③　《八世达赖传》，叶 59a。

④　一个碑铭（《弗兰克碑铭集》，78）颂扬法官（chos-blon）才丹旺杰：“他烧毁敌人比火更热，他怜悯臣民比父母还善良。”

⑤　格坚书，页 479。在这个文献中有一些混乱和重复。国王以赐予一项特权来表示对赤赛住持的感激，后者在他被半囚禁时对其给予过帮助；才丹旺杰文件第 11 号（见前，页 112）。

脏水全泼到了这些无辜的畜牲们头上。① 或许是为了得到应付这些
巨大开支所需的现金,国王恢复了(或者更确切地说是开始了)在拉
达克铸造穆斯林样式的货币,这早已得到过僧格南杰和德列南杰的
同意,但从没有真的实施过。1781 年一名列城的穆斯林金匠受雇打
制新的拉达克货币(ja'u)。② 这种铸币的一些样品至今尚存,但其铭
文中唯一可辩读的部分是 zarb-i-Butān(在拉达克铸造)。③

[118]　　　若要结束这个阶段的故事,似亦应回忆起另一位欧洲人,即在德
西德里和弗里尔之后第一个穿过拉达克的欧洲人。这就是俄国中尉
埃弗雷莫夫(Efremov),他曾经被乞儿吉思(Kirghiz)人俘虏。经过
八年的监禁之后,他向南逃跑。先到了浩罕,然后到了叶尔羌,他在
此停留了整整一个月。随后,他与一些商人一同继续翻山越岭的旅
行,于 1781 年或 1782 年到达列城,他在此停留了大约 25 天。他继
续前往克什米尔和加尔各答,然后从海道返回俄国。④ 这个显然严重
损害了这个国家的经济力量的灾难性统治,随着另一次起义
(1782)而告终结。叛乱者占领了列城,国王和大臣在米邦(关于此人
见后)的保护下至海—米斯避难。人民想要杀死他和旺杰,在得到安
全保障的条件下,他逊位了。国王照旧例得到了赛赤和萨布庄园供
其维持生计之用,为了喂养他爱之若狂的马匹又添加了在玛卓的几
块牧场。⑤ 他死于玛卓,卒年不详。

才旺南杰最初与来自桑斯噶的桑拉家族的一位(好像)名叫贡宗
旺姆(Kun-'dzom dbang-mo)的女子结婚。当他与比比或班姆杰结
婚时,这位桑拉夫人返回了家乡,后来成了桑斯噶国王的妻子。⑥ 在

---

① 格坚书,页 481。
② 才丹旺杰文件第 18 号(见前,页 112)。
③ 帕尼沙书,页 185—186。
④ 蒙列宁格勒的库兹聂佐夫(Kuznetsov)教授好意相告,埃弗雷莫夫(Efremov)的记录在 1786 年
　发表于圣彼德堡,并重版于《古代俄罗斯》(Ruskaja Starina),1893 年,页 125—149。这两个版
　本我都无法利用,我只是得到二手资料即斯文赫定(S. Hedin)的《南部西藏》(Southern Tibet),
　Ⅶ,莱比锡,1922 年,页 107—109。
⑤ 格坚书,页 488—489。
⑥ 《拉达克王统记》,叶 46.3—5。

比比的悲剧性的结局之后，国王与普日之索特的班钦（Bhe-kim，Begum）旺姆结婚，这位夫人又是一位穆斯林。她为他生了两个儿子：拉钦米居才丹南杰（*lha-chen Mi-'gyur Tse-brtan-rnam-rgyal*）和才班米居顿珠南杰（Tse-dpal-mi-'gyur-don-grub-rnam-rgyal）；当他们的父亲逊位时，他们还只是孩子。他的第二位妻子合敦才仁（Khatun Tshe-ring）生了一个儿子，叫作济美南杰（'Jigs-med-rnam-rgyal）。[①] 他的家族中最显要的成员是杰赛仁波且的儿子，众生怙主佛子米邦才旺赤列丹增米居多吉（sKyabs-mgon rgyal-sras Mi-pham Tse-dbang-'phrin-las-bstan-'dzin Mi-'gyur-rdo-rje），大概生于这个世纪的 40 年代。1753 年，由噶脱日增为其加持、灌顶（dbang-bskur）和起法名，[②]他成了海—米斯寺的法台（*khri-pa*）。他和他的兄弟可能就是司徒班禅 1762 年在拉萨遇见的拉达克佛子（*rgyal-sras*）或兄弟（*sku-mched*）。[③] 藏历 1764 年 7 月 15 日（9 月 10 日），两人到达扎什伦布寺。藏历 9 月 1 日（*rting*，10 月 26 日），长兄米邦动身去甲域（Bya-yul）。[④] 藏历 1767 年 10 月 5 日（11 月 26 日），他再度来到扎什伦布，随身带来了 30 名来自海—米斯的沙弥，藏历 1768 年 2 月 12 日（3 月 29 日），他们在一个庄严的集会上宣誓出家。[⑤] 一名主巴派的住持让他的弟子们在那样一个重要的格鲁派中心受剃度，这实在是非同寻常的。同年，海—米斯的管家（*mdzod-pa*）访问拉萨，可能秉承的是他的旨令。[⑥] 藏历 1769 年 10 月 19 日（11 月 17 日），米邦再次来到扎什伦布，1770 年元旦期间，他与 30 名拉达克沙弥一起受戒。[⑦] 当他离开的时候，视其为侄子的班禅告诫他：[⑧]"[于拉达克]将发生内部争端，现任统治者（萨衮）将离开人世，有人将非

[右侧页码标注] [119]

---

① 《拉达克王统记》，叶 46.8—13。
② 海—米斯大碑铭。
③ 《司徒传》，叶 220b，369b。
④ 《三世班禅传》，叶 226a，227a—b。关于甲域地区和同名的那座寺院，见魏里书，页 174，注 554。
⑤ 《三世班禅传》，叶 269b，273a。
⑥ 《八世达赖传》，56b。
⑦ 《三世班禅传》，叶 286b，288b。
⑧ 1740 年，他的父亲被认作班禅的（法）弟；《三世班禅传》，叶 21b。

常强烈地要求把你推上统治者的位置；不过，若听从这样的建议将是不好的，请将这些牢记于心。"①显而易见的是，1773 年的那场叛乱于1770 年已呼之欲出，而且有那么一伙人希望将这位住持推上王位。但他为前途而养精蓄锐。1781 年米邦被再次提及，名列于为班禅的陵墓捐资的高僧大德之中。② 1782 年，就像我们将要见到的一样，他曾一度拥有了实际的权力。

[120]　　米邦是海—米斯的两块大碑刻的作者，这两块铭文在前边诸页中已被引用过了。第一块是在一座很大的玛尼墙上发现的，至今尚未发表，它提供了一个纪年的成分，不过尚未充分确定：当米邦在寺院任住持时，国王才旺南杰和他的儿子于鼠年和牛年，差不多肯定就是 1780 年和 1781 年，建造了这玛尼墙作为祭祠母后(*a-yum*)贡宗尼达旺姆的一份供养。第二块铭文在纪年上也同样是不精确的，但这一次是因为一个显而易见的错误。对这块铭文我们已经有机会去查阅了，早在一个世纪多以前，它就已经被 E. v. 施拉金特维特(E. v. Schlagintveit)发表了。③ 他错误地将它当作僧格南杰为纪念海—米斯的奠基而立。它是米邦为了记录海—米斯寺主庙于水虎年，即1782 年开工和于水马年竣工而立的，这个日期对应的要么是1762 年，要么是 1822 年；它的第一个成分显然是错误的；我们大概可以认为是火马年，即 1786 年。这座在其头上镌刻有铭文的长玛尼墙是于铁狗年，即 1790 年建筑的。在海—米斯寺至少发现了三尊米邦的塑像，它们全都是异常生动的肖像，以白色的尖胡子和半是慈爱、半是嘲讽的笑容为特征。他是一名艺术的施主；在仓康('Tsham-khang)的一些唐卡和在海—米斯巴尔巴拉康(Bar-pa-lha-khang)的一座镀金佛塔就是根据他的指令而作的。他将著名的"十斋日"引进了海—米斯

---

① 《三世班禅传》，叶 291a—b。
② 《三世班禅续传》，叶 74a。
③ E. v. 施拉金特维特(E. v. Schlagintveit)：《出自拉达克海—米斯寺的藏文碑铭》(Tibetische Inschrift aus dem Klöster He-mis in Ladakh)，载于《巴伐利亚州皇家科学院会议报告》(*Sitzungsberichte der kgl. bayerischen Akademie der Wissenschaften*)，1864 年，II，页 305—318；过去他曾把这个文献发表于《佛教在西藏》(Buddhism in Tibet)中，莱比锡—朗贡，1863 年，页 188—189 之间。我到现场查对过碑文，发现施拉金特维特的文本总的来说是正确的；但是译文不太可靠，并且有些人物名字没有认对。另一块碑铭我用了图齐教授 1930 年的抄本。

寺,在他治理下,寺院变得十分富裕。他死于藏历 1808 年 9 月 18 日
(11 月 7 日),他的葬礼于 1810 年在拉萨举行。①

　　这里,我们似也可以讨论一下海—米斯寺法台的继承问题。第
二位活佛阿旺措结多吉(Ngag dbang mTsho-skyes-rdo-rje)圆寂的
日期不详,但可以被放置在 18 世纪的头二十年中。当地的传说提出
了一名杰赛珠古(*rgyal-sras sprul-sku*,佛子活佛)作为他的继承者。[121]
大约在 1814—1817 年根据德钦曲喀雍增的命令编纂、在海—米斯发
现的一部简短的《萨姆纳塔祈愿书》(Sāmonātha-gsol-'debs)中将他
称为丹增米居多吉(bsTan-'dzin Mi-'gyur-rdo-rje),一个差不多和
海—米斯大铭文中的才旺赤列丹增米居多吉相同的名字。唯一令人
费解的事实是,为中藏的材料所证实的噶脱传记屡次将海—米斯活
佛的称号给了他的父亲绛班吐多('Jam-dpal-mthu-stobs),尽管在世
系表中容不下两位杰赛。② 这个家族的其他成员也是有记载的。
1769—1770 年,米邦去了扎什伦布寺,此时,他的兄弟,一位名叫作罗
桑赤列坚赞(Blo-bzang-'phrin-las-rgyal-mtshan)的喇嘛在此与他相
会,并接受灌顶。③ 他可能是王后贡宗的儿子,据《王统记》载,他"精
于医道并去了拉萨"。④ 他和 1764 年与米邦一起前往扎什伦布的那
位兄弟不是同一个人,因为他在此削发为僧,取法名罗桑扎西;
1766 年他被授戒为一个正式的僧人。⑤ 1774 年,罗桑扎西再次来到
这里。1775 年 9 月,班禅给其授灌顶。⑥ 他留在了扎什伦布寺,
1781 年,诺诺噶钦(dka'-chen)罗桑扎西为三世班禅陵墓的花费捐
款。⑦ 最后,我们似应提到海—米斯的司库(phyag-mdzod)乌坚

---

① 格坚书,页 489;《九世达赖传》,叶 107b。
② 现世海—米斯活佛是这一支中的第六辈。由于这表明了一个高至不可能的平均寿命,我们必须
　认为在接连的诸转世者之间有一个或更多的空白。
③ 《三世班禅传》,叶 290a。
④ 《拉达克王统记》,叶 45.26—27。
⑤ 《三世班禅传》,叶 227b、249a。
⑥ 《三世班禅传》,叶 352a、363b。此前不久正等待得其法名那个拉达克诺诺(《三世班禅传》,叶
　361b—362a)一定是另一个人。
⑦ 《三世班禅续传》,叶 63a。他可能是出现在 1788 年的铁棒大喇嘛或大格贵噶钦罗桑扎西(dge-
　bskos chen-mo dka'-chen Blo-bzang-bkra-shis);《四世班禅传》,叶 51b。

(dBu-rgyan)于 1776 年对扎什伦布的访问。①

才旺南杰逊位之后,于藏历 1782 年 5 月 5 日(6 月 17 日),他的长子才丹南杰在瓦姆—勒被推上王位。② 在这行动之前,订立了一个正式的协定(*bcad-khra*),包括一个前言和十四个段落,它解决了退位国王的生计和地位问题,并制定了规则以阻止将来的滥用;米邦、才丹南杰、司库才仁班觉、大臣阿旺和拉达克、普日、努布拉、曲巴('Chor-'bad)等地的显贵们一起在这份协议上签字、盖印。③

[122]

在新国王统治之初,那些由前国王授予的权利和特权以一个有效的复本或一个新文件的形式作了确认。④ 不知道这仅是一个特例,抑或是每一次王位更迭时的一个常规措施。才丹南杰仍是一名小孩,大概在 1779 年出生。至少直到 1794 年他还没有享用王号,但被冠以拉赛(*lha-sras*,意为神子)的称号。⑤

在这个阶段内,与巴尔提头领们的冲突一如既往。1785 年喜-斯格尔和斯噶尔多向拉达克宣战;他们将一支大部队投入战场,并在巴拉格哈尔(Balaghar,即扎噶 Brag-dkar)修建了一座堡垒。他们夺取了吉里斯(Kye-ris)和库列(Ku-re)的城堡,并准备攻打喀普鲁的首领。按照惯例,喀普鲁的首领玛赫穆德·阿里汗⑥和他的儿子请求拉达克紧急救援。拉达克的干涉这一次是从努布拉发动的。诺诺索南诺布和努布拉的"小诺诺"从努布拉河的两岸同时起兵,还集结了曲巴的部队。他们进军至哲古尼('Dre-go-ni,Dowani,在喀普鲁西北),在此与敌人遭遇,打败了他们,夺取了这座城堡,并俘获 80人。⑦ 我们可以推测,在那以后巴尔提人就撤退了。

---

① 《三世班禅传》,叶 372a。
② 格坚书,页 483。
③ 格坚书,页 483—488;玛尼和经书目录,第 16 号。
④ 此类文件已知的有三份,都颁发于 1783 年。1)对过去给予赤赛寺特权的确认(格坚书,文件10/2);2)给赤赛寺的法令,废除封建地主向耕种者和寺院征收的不公平税收(舒书,LIV);3)1779 年授予阿里活佛赐文复本的证明书(才旺南杰文件 16;见前,页 112)。
⑤ 此见于一份文件(舒书,LXXIX)和一个碑铭(《弗兰克碑铭集》,18)。
⑥ 坎宁安书,页 30 中喀普鲁首领的名单,第 65,年代不对。
⑦ 格坚书,页 490—491,和文件 10/5。

　　1792 年,喜-斯格尔的首领阿扎姆汗①向拉达克国王请求帮助对抗瓦昔尔(Wazir,意为长官——译者)玛玛苏丹(Ma-ma Sultan)。国王派出了噶贡伦才旺顿珠(*bka'i-gung-blon* Tshe-dbang-don-grub)和一支部队,它与普日的一支部队会合。然因考虑到热季和高水位而延期进军。与此同时,诺诺丹增伦珠(No-no bsTan-'dzin-lhun-grub)和两名低级官员试着谈判而且成功了,不无困难地匆匆达成了一项协定。② [123]

　　据穆内(Mu-ne)寺的一份颂词,在此统治时期内,来自屈露的军队入侵了桑斯噶,毁坏了一些寺庙。③ 一些年以后,才丹南杰采用了王号。据《王统记》记载:"在才旺南杰驾崩之后,海—米斯众生怙主佛子(米邦)和贵族们举行了一次会议。他们请求王子才丹南杰娶一名来自布日(Bu-rig)之巴琼(Pa-skyum)的人为妻。④ 然后授其以主权。"⑤他的兄弟才班南杰在海—米斯出家为僧,他们的异母兄弟济美南杰于赤赛寺皈依佛门。⑥ 而他的三位异母姐妹,一位被嫁予巴琼的首领为妻,另一位嫁给了诺诺才旺顿珠,第三位隐居于一间小屋中,并终老于此。⑦

　　这位年轻的国王接受了精心的教育;他精于武术和文学,特别是书法。他减轻了压在百姓头上的税收负担,故相当受欢迎。⑧

　　此时拉达克与拉萨的官方联系继续不断,尽管中藏文献(卫藏文献)对此惜墨如金。1784 年,一个由阿里头人(*'go-pa*)桑培巾(bSam-'phel-can)率领的约 20 人的使团在西藏首府受到了接待。⑨

① 坎宁安书,页 33 中喜—噶尔首领的名单,第 22,年代不对。
② 索南丹增文件,见于弗兰克 1926 年书,页 236.1—11。索南丹增可能是 1785 年的"小诺诺"。
③ 格坚书,页 492—493。
④ 据格坚书,页 490,她的名字是班则旺姆(Pal-mdzes dbang-mo)。
⑤ 《拉达克王统记》,叶 46.13—16。奇怪的是,一个在他死后不久颁发的文件给出了他的全名,但是只有简单的称号噶噶;才班顿珠南杰文件第 1 号(见前,页 111)。
⑥ 在才班顿珠南杰统治时期(1802—1837)这位王子住在白脱,如在一个碑文(《弗兰克碑铭集》,86)中所显示的。在 1840 年他为其兄弟举行了葬礼;格坚书,页 550。
⑦ 《拉达克王统记》,叶 46.29—22;弗兰克对最后一句的翻译不对。关于才班南杰(和他的兄弟)与巴琼首领穆罕默德·阿里汗之间的双重关系见伊泽特—乌尔拉赫书,页 287。
⑧ 《拉达克王统记》,叶 46.22—30。
⑨ 《八世达赖传》,叶 139a。

[124]　　　更为重要的是向八世主钦贡细曲结囊哇('Brug-chen Kun-gzigs-chos-kyi-snang-ba,1768—1822)发出的邀请。① 早在 1797 年,每三年一次的使团已经将国王、他的喇嘛兄弟和诺诺班杰(No-no dPal-rgyas,显然是一名官员)给主钦的信带去了。② 后来国王于 1799 年派出了一名私人信使恰朵才仁(Phyag-rdor-tshe-ring),他的请求得到了达赖喇嘛的批准和支持。在十四世噶玛巴劝他不要立即动身时,主钦已经准备出发了。③ 最终他于藏历 1801 年 5 月开始了他的旅程,途中访问了凯拉沙。在此他受到了海—米斯司库扎西(*phyag-mdzod* bKra-shis)和王室官员诺诺彭措若丹(No-no Phun-tshogs-rab-brtan)的迎接。④ 在喀觉(Kha-sbyor,接近瓦姆—勒?),他遇到了国王的兄弟,即才班南杰。藏历 1801 年 9 月 3 日(10 月 10 日),他在海—米斯,在此他受到了国王和噶伦的迎接,并从这里上路前往列城。⑤ 在拉达克,他得到的接待是极为铺张的。国王和贵族争着将贵重的礼物馈赠给他,《王统记》提供了这些礼物的一个清单。⑥ 但是就在那个时候,爆发了一场天花时疫,年轻的国王成了这场时疫的一个牺牲者。藏历 1802 年 1 月或者 2 月,主钦主持了盛大的葬礼,然后很快返回西藏。⑦

　　　让我们顺便记下一笔,主钦对他在拉达克的弟子们的精神需要颇为关心。在其全集 Kha 函中,有十四个简短的《上师瑜伽》(bla-ma'i-rnal-'byor)。一个注明日期为 1796 年,乃为诺诺米旺桑丹(No-no Mi-dbang-bsam-gtan)而造;另一个则是给拉达克信使恰朵才仁的;第三个是给拉达克摄政太后(萨衮杰姆 *Sa-skyong-rgyal-mo*)才旺日增卓玛(Tshe-dbang-rig-'dzin-sgrol-ma)的,这大概是才丹南杰的

---

① 弗兰克所编排的王统记中有关主钦访问,乃至有关整个才班南杰统治时期的记载在时间顺序上相当混乱,那些分别属于抄本 B 和 C 的部分应被重新安排如下:46.15、46.19—29、46.1—19、46.29—47.2。

② 《八世主钦传》,叶 401;《德钦曲喀雍增自传》,叶 8b—9a,10b。

③ 《八世主钦传》,叶 41b—42a;《德钦曲喀雍增自传》,叶 301—b。

④ 在 1782 年协定时扎西已经掌权;格坚书,页 488。彭措若丹将在后面再次与我们见面。

⑤ 《八世主钦传》,叶 45a—47a。

⑥ 《拉达克王统记》,叶 46.15—19。

⑦ 《拉达克王统记》,叶 46.30—47.2;《八世主钦传》,叶 47a。

[125]

遗孀的另一个(最初的?)名字。

在这个统治时期内有两位首相。一开始由阿旺(简称;全名不见记载)就任此职。他首次抛头露面是在1759年,是攻打巴尔提人的军队的长官之一;那时他只是一名诺诺而已。① 在1782年起义和缔结盟约时,他已经就任首相职。他是一份标明藏历1794年2月15日(3月16日)的文件(舒书,LXXIX)的发起人之一。一块努布拉的铭文(《弗兰克碑铭集》,83)称他为大法官(*Chos-blon-chen-po*)噶噶阿旺,而同时才丹南杰享有正式王号;这表明他的宰相任期一直延续到1794年之后。

另一位是才旺顿珠,他注定要有一个漫长的官宦生涯。他的父亲是才旺班拔(Tshe-dbang-dpal-'bar),②他在才旺南杰和大臣贡琼时期,约1760年版的一部书的一个边注(*logs-bris*)中被提到;③1775年他是副司库官。④ 才旺顿珠的名字首次出现在列城附近强巴(Byams-pa)的一块未出版的碑刻(《弗兰克碑铭集》,211)中,在此噶伦才旺顿珠和他的母亲白玛玉卓(Padma-gyu-sgrom)发起建造了几尊作为祭祀噶伦才旺衮布(Tshe-dbang-mgon-po)之供养的塑像,才旺衮布或许就是才旺班拔的一位兄弟或他本人的另一个名字。1792年,在巴尔提斯坦战争期间,他仍是一位噶伦,甚至在1794年,还是上引那份文件(舒书,LXXIX)的另一名发起人,他只被冠以"诺诺"的称号。后来,在那个世纪之末,他与国王的异母姐妹结婚,并成了宰相;作为宰相他出现在两块碑刻(一块见于《弗兰克碑铭集》82;另一块在其死后镌刻,见于《弗兰克碑铭集》,117)中。但差不多所有他的活动都属于下一个统治时期。

如前所述,才丹南杰死于1802年初,留下一个遗腹女儿,但没有儿子;他年仅24岁。⑤ 在这位年轻的国王死后,他的更年轻的弟弟才

① 才旺南杰文件第4号。见前,页111。
② 格坚书,页490。
③ 格坚书;嘛呢和书籍清单,第15。
④ 才旺南杰文件第10号。见前,页112。
⑤ 《拉达克王统记》,叶47.1;根据格坚书,页491。他死时是33岁,这是不太可能的。

[126]　班米居顿珠南杰(Tshe-dpal-mi-'gyur-don-grub-rnam-rgyal),"被迫放弃僧人[职位]和被委以王权"。① 他的全名常常被简缩为才班南杰(Tshe-dpal-rnam-rgyal)或者为(主要在非拉达克文献中)顿珠南杰(Don-grub-rnam-rgyal)。

在此首先提供一个他的众多文件的目录也是有必要的。

1. 藏历 1803 年 11 月 15 日(12 月 29 日)应贡论才旺顿珠(*dgung-blon* Tshe-dbang-don-grub)之请,赐给其养弟('o-ma gcig-pa)宇杰索南丹增(g.Yul-rgyal-bsod-nams-bstan-'dzin)的文件,因为他为噶噶才丹南杰米居旺结德(Ga-ga Tshe-brtan-rnam-rgyal-rdo-rje-mi-'gyur-dbang- gi-sde)镌刻了一组天城体(Lantsha)字母的六字真言(格坚书,文件 11/6)。

2. 藏历 1804 年 11 月 1 日(12 月 3 日)颁发的文件,显然是给同一个人的,他在 1803 年受遣为出使克什米尔的使臣,为国王带回了价值一千大税(*khral-chen*)的一份封地(*jāgir*)的出产(?)(格坚书,文件 11/7)。

3. 1809 年颁赐的文件,封授一块土地,以交换列城的伦波达珍南杰(*blon-po* rTa-mgrin-rnam-rgyal)(格坚书,文件 11/1)。

4. 1810 年应噶贡论才旺顿珠之请,从喀拉孜颁赐给喀拉孜贵族(*drag-shos*)贡嘎的文件,作为对他在喜-斯格尔受到斯噶尔多的阿赫玛德·沙(Ahmad Shah)的围攻时提供服务的一项酬劳,赐给他有关灌溉水供应的特权(刊于弗兰克 1907 年 b 书,页 609—611)。

5. 1810 年颁赐给桑斯噶的东岱寺(sTong-sde)的文件,准许其蠲免赋税(舒书,LXXXVIII)。

6. 藏历 1811 年 7 月 4 日(8 月 23 日)授予东岱寺的文件,确认前定条款和禁止向它征收赋税(舒书,LXXXIX)。

7. 1812 年颁赐给岗额寺的文件,批准噶卓(*bka'-mdzod*)才

---

① 《拉达克王统记》,叶 47.3。

旺顿珠捐献给该寺的阿齐那塘岗（A-ci-na-thang-sgang）庄园这份赠品（格坚书，11/4）。

8. 1817年颁赐给阿吉伦波（A-lci *blon-po*）的文件，确认在此以前作出的判决（格坚书，文件11）。

9. 1817年5月应才旺顿珠之请，赐予洪答儿囊索（Hun-dar nang-so）诺诺索南丹增的文件，奖励他在巴尔提战争期间提供的服务（格坚书，文件11/9；在弗兰克1926年书，页236—241中刊布了它的主要部分）。

10. 藏历火牛年12月6日（1818年1月12日）颁赐给协城囊索才仁的文件，对他和其父亲的公务作了认可（格坚书，文件11/2）。

11. 藏历1819年3月20日（4月25日）为绒巴江松哇（Rum-bag bcang-srung-ba）在森林保护方面所作的贡献而颁赐给他的文件（格坚书，文件11/3）。

12. 藏历1822年2月5日（3月27日）颁发的文件，批准了一项由拉达克长者对于三个称作夏若（Shar-ra）、夏鄂（Shar-ngos）和普孜（Phug-rtse）的派别之间的诉讼作的仲裁（舒书，LIII）。

13. 1823年颁赐给曲巴（Chor-'bad）木匠穆罕默德有关曲巴之阿里·辛格所造的一座桥梁的管理和其他各种各样服务的文件（格坚书，文件11/5）。

14. 1825年颁赐给养弟顿珠才仁的文件，赐给他一块土地，以此交换另一块在列城附近的已经被征用来建造索玛玛尼墙（So-ma maṇ-gdong）的土地（格坚书，文件11/8）。 [127]

15. 1827年颁发的文件，禁止衣古的贵族向赤赛寺的仆从朗喀哇（Glang-'khor-ba）征税（舒书，LII）。

16. 藏历1832年8月25日（9月30日）颁发给协城和赤赛诸寺院的文件，确认先前的特权（舒书，LI）。

17. 1840年8月颁发的文件，赞同协醒康（Shel gzim-khang）家族嫁女儿予噶夏（dKar-zhva）的康萨康（Khang-gsar-khang）家族的许诺（舒书，LXXVI）。

在才班南杰在位的大部分时间内,首要人物仍然是他的姐夫和首相才旺顿珠,他"就像一位给王国带来繁荣和荣耀的母亲"。^① 他同时还担任司库官之职,^②这给了他控制这个国家的经济的权力。一条单独的史料确认,在 1812 年左右,噶伦"是最高权力机构的绝对主人,大君在国家事务中不起任何作用"。^③

对外关系与往常一样是以与巴尔提的冲突为特征的。1804 年才旺顿珠在一次打击穆罕默德·苏丹(Muhammad Sultan)的远征中享有全权,^④后者带领巴尔提军队攻占了喜-斯格尔。在一次拉达克军队大获全胜的战斗之后,诺诺索南丹增部署了一次巧妙的谈判,其结果是喜-斯格尔在翌年向拉达克人开放,而瓦昔尔则表示效忠。^⑤ 1806 年,才旺顿珠与诺诺旺扎(No-no dBang-drag)携手围攻被一支巴尔提驻军占领的在喜-斯格尔附近的那尔(Nar)城堡。索南丹增再度出马亲自处理此事,利用巧妙的外交手腕成功地使斯噶尔多的统治者阿赫玛德·沙和喜-斯格尔之瓦昔尔放弃了那尔。^⑥

[128]

1810 年,一份由国王在喀拉孜颁发的文件提到了阿赫玛德·沙对喜-斯格尔的一次围功;它是由贵族(drag-shos)贡嘎挑起的。^⑦

---

① 《拉达克王统记》,叶 46.6—7。
② 格坚书,页 490。他在 1812 年文件第 7(见前)和一个碑文《弗兰克碑铭集》,88)中也带有这个称号。
③ 伊泽特—乌尔拉赫书,页 288。在此这位国王的名字被给作 Chhatendruj,即才(旺)顿珠(The[-dbang]-don-grub),与那位大臣的名字混淆了。
④ 坎宁安书中的喜—噶尔首领名单,页 34,第 25。
⑤ 弗兰克 1926 年书文件 9,页 236.12—237.13。其译文在以下一些地方作修正。页 236.13—15:"一次,当噶佐(bkav-mdzod)正在哈努等待,噶噶多吉和诺诺丹增一同,为了与玛玛苏丹(Sul-dad[Sultan)联系(对证?)此事的情况,送给他如下的消息:反观你的[地位],你已经放弃了自己的首领地位,你竟然如此无耻地将斯噶尔多人作为军队带到此地。这肯定是不对的"等等。页237.3—5:"然后噶噶多吉和诺诺丹增与我们的主人一同像获胜的(读作 zhom?)猎鹰一样出发,当przblank的斯噶尔多人坚守时,他们撤回了普夹(Phur-bcags)斯噶尔多人"等等。页237.6:"这时值得采取行动以保证根据季节所需的供应;诺诺丹增"等等。页 237.8—10:"并且在他送去了一份包括黄金、滑膛枪和马匹的礼物之后,阿卜杜拉的儿子与达如(Daru)的大臣一同,他被派到噶噶多吉处表示效忠。诺诺丹增留在那里作为调停者,并且瓦昔尔和囊卓(nang-gros)用清楚的言辞发了誓。"
⑥ 弗兰克 1926 年书,文件 9,页 237.11—18。15—16 行的译文应该读作如下:"阿赫玛德·沙,斯噶尔多之王,与喜—噶尔的头领瓦昔尔(觉)一起,早先曾与(拉达克)为敌,现在结束了他们的敌视,遵守他们的誓言,并对噶佐表示效忠。"
⑦ 文件第 4;见前,页 126。

1811 年再度出现了一次巴尔提的攻击，诺诺旺扎和班杰率拉达克部队开往喀普鲁；这个战役被索南丹增成功地终止了，他得到了来自库若(Ku-ro)的瓦利(Wali)的效忠。① 但这个成功并没有确保巴尔提边境的安宁。1812 年在喀普鲁的领地内又出现了麻烦；其头领雅赫雅(Yahya)汗已在此谢世，他的小儿子多拉特·阿里汗受到了阿衮(A-rgon)的反抗，阿衮即他的异母兄弟，为一位信仰喇嘛教的妇女所生。② 诺诺达珍扎西杜迥(No-no rTa-mgrin-bkra-shis-bdud-'joms)和索南丹增(bSod-nams-bstan-'dzin)被派去将他们分离开来；最后他们给了阿衮一块土地，并迫使多拉特·阿里汗提交一份效忠契约作为了结。③

　　1815 年，由于在吉里斯的城堡，与阿赫玛德·沙之间爆发了一场冲突，协城的伦波诺诺达珍南杰(No-no rTa-mgrin-rnam-rgyal)被授以指挥拉达克军队之权。巴尔提人被诺诺索南丹增指挥的先头部队打败，阿赫玛德·沙求和。其后不久他又重开事端，囚禁了一百名左右的拉达克人；在 3 个月的谈判之后，索南丹增使他们得以获释。④ 这个事变被巴尔提人说成是俘获了全部拉达克军队。⑤ 事实

[129]

---

① 弗兰克 1926 年书，文件 9，页 237.12—22；最后一句当如是译："库鲁的瓦利被召募并履行了服务。"这可能就是指大约 300 名达尔迪人造成的灾难性袭击，他们于 1811 年毁弃了从德拉斯到玛塔阳(Matayan)的整个地区，掳走 250 人并将其作为奴隶出卖；伊泽特—乌尔拉赫书，页 286。

② "在巴尔提斯坦，父母一方来自当地大君家族，另一方来自耕田家庭他们生出的孩子叫作阿尔衮(Argon)"；巴苏提一代内利书，页 140。在拉达克这个词意为一个穆斯林商人和一个当地妇女的儿子；参见 B. 劳弗尔(B. Laufer)：《藏文中的借词》(Loan-words in Tibetan)，载于《通报》17(1916)，页 492—493，注 173。

③ 文件 9，载于弗兰克 1926 年书，页 237.23—30。23—27 行应译作如下："在水猴年(1812)，由于国王雅赫雅汗已死，而多拉特·阿里汗仍很年幼，他的阿尔衮产生了许多纠纷。他们(或他?)到达了喀普鲁境内的一个地方。由此地(即列城)我们派诺诺达珍扎西杜迥和诺诺丹增以确定他们的地位(?)。他们在吉里斯交换 (res-bzhag)[谈判?]。他们把多拉特·阿里汗置于托孜(mTho-rtse)城堡并(对他说)：采用王瓦昔尔(jo Wazir)这个地位(?)。[我们]把十二个巴(Pā)(?)的贵族和阿尔衮召集到一起，在我们为他们作出安排，给他们一个能在未来愉快地了结之后，他们将一直服从于拉达克国王的命令而不反叛。这个消息被转达给多拉特·阿里汗，他听完了他所被告知的事情以后，发誓不仅顺从[拉达克]而且永不显示任何反叛的迹象。他作出了一个确实的保证。他执行了由外部和内部的敕令(la-rgya)[委派给他的]脏的和干净的任务，这样[我们]获得了成功(rgyal-kha)。"大约 1820/22 年喀普鲁再次在斯噶尔多的阿赫玛德汗控制下；莫尔克罗夫特书，II，页 264—265。参见维格纳书，II，页 292、317—318。

④ 弗兰克 1926 年书，文件 9，页 238.1—14。

⑤ 维格纳书，II，页 251。我怀疑与克什米尔宗权的明显恢复之间没有任何联系，在 1813 年或其后不久在克什米尔为拉达克所铸的钱币上带有阿富汗国王玛赫穆德沙的名字；帕尼沙书，页 186。

往往也会说半分谎话。

从有关那些事件的记载中我们可以推断才旺顿珠将政治权力保持在自己的手中,但 1806 年之后他不再在战场上指挥军队。那个任务被通常委派给了索南丹增,他常被称为诺诺丹增,与其说他是一名成功的将领,倒不如说他是一位精干的谈判者。正如从关于他的文件中所显示的那样,他是冬若(lDum-ra,努布拉)的囊索;他在一块出自努布拉的洪答儿的铭文中被称为寨官(*mkhar-dpon*)丹增(《弗兰克碑铭集》,85);他也就是莫尔克罗夫特所知的才旺顿珠的姐夫和那位努布拉最大的地主噶噶丹增(Khaga Tanzin),①亦是在才丹关于道格拉战争的记载中提到的努布拉之噶噶丹增。② 他是一名显赫的官员,但他从来不曾成为一名大臣。

[130]

与西北的穆斯林头目们的关系当时受到了一个始则制约了拉达克人的经济生活,后来也制约了拉达克人的政治生活的事件的影响:1819 年,兰吉特·辛格(Ranjit Singh)征服了克什米尔。这个新扩张的锡克国家是一个比容易相处的阿富汗人要危险得多的邻居。吞并克什米尔后不久,兰吉特·辛格即派使臣去拉达克,要求获得迄今为止拉达克一直交给阿富汗总督的贡品和常规的礼品;国王毫不迟疑地照办了。1820 年 10 月,大君(摩诃罗阇)的使臣再次出访拉达克,拉达克兑现了到期应缴纳的数目。直到 1834 年,贡品看来都或多或少地定期交给了克什米尔的锡克总督。③

1821 年 6 月,一次巴尔提的袭击引起了才旺顿珠的军事准备,此时这种新关系引起的转变立即显而易见。④ 尽管事情似乎并未造成多大后果,但在此年末或 1822 年初,首相通知克什米尔的锡克总督

---

① 莫尔克罗夫特书,I,页 230。一条相似的资料发现于伊泽特—乌尔拉赫书,页 295;据他说,这位噶噶是那位大臣的岳父。这很难说得通,因为索南丹增与才旺顿珠年纪相同。J. D. 坎宁安:《莫尔克罗夫特的拉达克旅行考》(Notes on Moorcroft's travels in Ladakh),载于 *JASB*,13,1(1844),页 245,其中对莫尔克罗夫特书,I,页 334—335 的评论,错将丹增与邦喀巴(Bang-kha-pa)比附,后者是莫尔克罗夫特时代的马官(邦喀是杰哲周围的地区)。
② 弗兰克 1926 年书,页 245.11。
③ 达塔书,页 81—82。
④ 莫尔克罗夫特书,I,页 412;达塔书,注 70。

说：拉达克正遭受斯噶尔多君主阿赫玛德·沙的入侵，假如有需要，他将请求援助。① 显然没有发生侵略事件，危险过去了；但拉达克的自卫目前在一定程度上将要从属于锡克的认可和援助。那大概就是为什么据我们所知，大约在 1825 年左右阿赫玛德·沙征服喜-斯格尔、吉里斯，特别是拉达克的老盟友喀普鲁时，②没有出现任何来自拉达克的反应的原因。

这样拉达克进入了锡克王国的政治轨道。兰吉特·辛格并不热衷于吞并这样一个贫穷的国家；但他也挺有醋劲地警惕着来自别的地区的任何干涉。当威廉·莫尔克罗夫特（William Moorcroft）于 1820 年到达列城，试图哄骗拉达克服膺英国势力时，这种情形尤为突出。在未蒙加尔各答政府授权的情况下，他向国王提供英国的保护，并甚至准备了一个针对这项保证的协议草案。1821 年 7 月 30 日，国王（通常被称为阿赫巴特·玛赫穆德汗）正式送出了一份以备忘录为形式的效忠书和协议草案。但与此同时，兰吉特·辛格已经向英印政府提出了抗议，反对莫尔克罗夫特的活动；总督并不想得罪这位锡克统治者，他拒绝了这项提议，亦拒绝为莫尔克罗夫特承担责任。③ 不过，从总的热诚来看，这并没有损害这位英国旅行家与这位国王及首相之间的关系。

[131]

另一次访问没有政治上的含义，却注定要产生重大文化后果，这就是现代西藏学的奠基者乔玛（Alexander Csoma de Körös, Körösi Csoma Sándor）的访问。关于他的旅行没有什么记载保存至今。仅从他的一封标明日期为 1825 年 1 月 28 日那个星期六（Sabathu）的给孟加拉政府的信中，我们搜集到以下事实。1822 年 6 月 9 日，他到达列城，在此停留了 25 天。随后，他开始返回克什米尔，但 7 月 16 日，他在德拉斯遇到了莫尔克罗夫特，并同意与他一起返回列城，

---

① 达塔书，页 82。

② 维格纳书，II，页 292、317—318。

③ 《拉达克王统记》，叶 47.17—25。在第 24 行，dbyar-dgun thog gnyis 意思不是"夏天和冬天二者"，而是"两个夏天和冬天"，即两年。参见莫尔克罗夫特书，I，页 418—422；达塔书，页 93—102。抗议书和协议草案文献载于阿赫罗瓦利亚书，页 3—6。

他于 8 月 26 日到达这里。在这位英国人离开时,他为了学习语言与特雷贝克(Trebeck)一起留在列城。在接下来的冬季,他们两人一起回到克什米尔。后来,他带着莫尔克罗夫特的推荐书返回列城(1823 年 6 月 1 日)。在列城,首相待他挺不错,并将他推荐给在桑斯噶的桑拉喇嘛。他立刻启程去了那个地方,从 1823 年 6 月 20 日至 1824 年 10 月 22 日,他住在桑斯噶。① 假如说巴尔提边境大体平静的话,南方却险象迭生。1822 年,由于旷日持久的商业争端,来自屈露的一些武装集团侵入斯匹提,并劫掠了它;当地百姓吵闹着要反击,但国王没有能力,甚至怒气冲冲地不愿意帮助他那些不幸的子民们。② 后来,自屈露、库纳瓦尔、拉胡儿的武装力量再次袭击和洗劫了桑斯噶。③ 约于 1825 年,瞻婆(Chamba)大君的巴达尔(Padar)总督拉坦·希尔·汗(Ratan Sher Khan, Ratanu)入侵桑斯噶,并从那些地方征收贡赋;国王再次拒绝帮助,将过失归于当地政府。④ 最后,一支来自曼底(Mandi)、沃尔特瓦恩(Wardwan)的武装部队进入桑斯噶,将它洗劫一空。⑤

所有这些动荡部分地是由于这些山国中爆发的骚乱所引起的,首先是康格拉(Kangra)的大君桑萨尔·钱德(Raja Sansar Chand)的不安定举动,其次是廓尔喀入侵,最后是兰吉特·辛格的征服。但它也是标志拉达克王国日趋衰落的例证。

与清廷和西藏的关系较少波折。德钦曲喀雍增意希珠巴(bDe-chen-chos-'khor Yongs-'dzin Ye-shes-grub-pa,1781—1845)接受了国王的邀请,前往拉达克旅行;这当发生在 1814 年,因为达赖喇嘛于是年向德钦曲喀活佛、拉达克国王的使臣和海—米斯大论师(*slob*-

[132]

---

① T. 杜卜(T. Duka):《乔玛的生平和著作》(*Life and works of Alexander Csoma de Körös*),伦敦,1885 年,页 28—29。
② 莫尔克罗夫特书,I,页 456—457,和 II,页 62—66;《拉达克王统记》,叶 47.25—26。
③ 《拉达克王统记》,叶 47.26—28。
④ 《拉达克王统记》,叶 47.28—30;哈钦森—佛格尔书,页 323;H. 戈茨(H. Goetz):《莫卧儿和锡克时代的瞻婆国史》(History of Chamba state in Mughal and Sikh times),载于 *JIH*,31 (1953),页 153。
⑤ 《拉达克王统记》,叶 47.30—48.1。

dpon Chen-po）的行政官（*mdzod-pa*，或许就是我们在后边要遇到的衮布）祝愿旅行顺利。① 雍增受到了盛大的欢迎庆祝；国王、臣子和属民们争着将成捆成堆的贵重礼品奉献给他，一名杰尊塔热（rJe-btsun Tā-re）者准备了这些礼品的清单。雍增甚至成功地劝导了一些克什米尔的穆斯林改宗喇嘛教。在大约三年时间的停留之后，他返回西藏。②

给八世主钦的第二次邀请是 1817 年由海—米斯的商卓特衮布（*phyag-mdzad* mGon-po）发出的；它遭到了拒绝，但没有提供任何拒绝的理由。③ 1831 年，一位稍低级的活佛即甲域寺密宗院的活佛（Bya-yul sNgags-grwa sprul-sku）从拉达克返回拉萨。④

1826 年 8 月间，来自拉达克的伦波索南顿珠访问了拉萨。⑤ 另一名拉达克国王的特使于 1827 年与 17 名随员一起到达西藏首府；他的名字被记作阿赫玛德汗。⑥ 或许他是在此时垄断了三年一次的朝贡（*lo-phyag*）的穆斯林商人之一。

这种外交关系的恢复与同时期在中亚发生的事变是有关联的，这使得拉达克最后一次被拉入中国的政治体系中。1826 年，和卓家族的一名子孙张格尔被流放到浩罕，企图重新获得他的祖先在喀什噶尔的统治。他的首次尝试取得了短暂的成功；而第二次则以他落入中国人之手告终（1828 年 2 月 14 日）。⑦ 他的追随者中的一些人，大约 1000 人与 700 匹马在浩罕王子阿布都思·萨达尔（Abdus-Sattar）的率领下逃往拉达克（1828 年）。在经过了一次历时四个半月、翻山越岭的艰难旅程之后，他们到达了沙约克

[133]

---

① 《九世达赖传》，叶 159a。
② 《德钦曲喀雍增自传》，叶 11a—b。
③ 《八世主钦传》，叶 71a；《八世主钦续传》，叶 3a；格坚书，页 504。
④ 《十世达赖传》，叶 257b。关于甲域活佛和寺院，见魏里书，页 174，注 554。
⑤ 《十世达赖传》，叶 175a。
⑥ 《十世达赖传》，叶 193a。
⑦ 关于张格尔的反叛见魏源：《圣武记》（英保尔特—胡瓦特〔C. Imbault-Huart〕翻译），《中亚档案文献集》（*Recueil de documents sur l'Asie Centrale*），巴黎，1881 年，页 12—53。也见于 A. W. 汉米尔（A.W. Hummel）：《清代中国名人》（*Eminent Chinese of Ch'ing period*），华盛顿，1943—1944 年，页 68。

(Shayok)山谷；到那时，他们已减少到 300 人和二三百匹马，困顿不堪。他们受到了当地的帮助，总计为每人一卢比。国王致函仲孜(塘克赛，Brang-rtse 或 Tankse)寨官(*mkhar-dpon*)索南达吉，命令他送他们上路。11 天之后，他们到达列城，在此他们被给予食物和饲料。国王以给予外国君主的仪式接待了他们的头领。他们表示愿意去麦加朝圣或者停留在国王希望他们去的地方。阿布都思·萨达尔被安置在海—米斯拉章(*He-mis bla-brang*)，即海—米斯住持在列城的住所中。①

　　这几乎马上引起了政治上的困难。拉达克不得不避免伤害清朝的感情，因为与突厥斯坦和西藏的转口贸易是这个国家的经济命脉。当中国人收复叶尔羌后，在我们的老熟人、努布拉的伦波噶噶丹增的建议下，国王致函帝国指挥官，祝贺他们取得成功并将难民的出现通知了他们。三个半月之后，收到了一份回复，要求国王将他们交出来。一个半月之后，叶尔羌按班(amban)派出的两名伯克(begs)访问了列城，他们作为国王的客人在这里停留了几天。其后，由于一些不为人知的原因，事情的处理被转手委托给了拉萨的按班(即驻藏大臣)，后者于 1828 年 3 月派噶伦霞扎顿珠多吉(bka'-blon bShad-sgra Don-grub-rdo-rje)去拉达克安排对叛乱者的引渡。阿布都思·萨达尔和他的人被逮捕、囚禁和交了出来。他们被带到拉萨，不久有消息从茹脱喀(Ru-thog-mkhar)传来，说在达赖喇嘛能够知道此事以前，这些不幸的人就已经被中国人处死了。② 实际上，在中国与拉达克之间关于实际的人数还存有一些争论，在 100 名被逮捕的人中(其余的人显然被悄悄地获准失踪了)，45 人脱逃，19 人死于疾病，24 人被立即交出，另一批 14 人后来被递交。国王受到了授予 5 品花翎顶戴的奖励，稍次的拉达克头领萨姆(Sa-mo?)被给予金质顶戴。霞扎在

[134]

---

① 索南抄本，叶 38—41；格坚书，页 501—502。
② 索南抄本，叶 41—43；格坚书，页 502—503。关于噶伦霞扎的出使，见毕达克 1973 年书，页 162—163。

圆满完成其使命后于 10 月返回拉萨。[①] 这些令人厌恶的过程给国王留下了一块心病,主要是因为在他们被逮捕时这些愤怒中的难民发出了对国王和他的儿子的威胁和诅咒,希望他们出天花而死。所以国王用提供布施(每月 15 日和 30 日给穆斯林乞丐 15 卢比)和请达赖喇嘛念诵禳灾免祸的经文来避开凶兆。[②] 为了使整个事情圆满结束,1829 年初,拉达克派使臣带了不多的礼物去拉萨,并被转引到北京。这造成了官僚政治的困难,因为拉达克并不在帝国的进贡国之列;但这份礼物被作为特例接受了。[③] 在此时,几乎可以肯定才旺顿珠已经去世了,因为他从没有与突厥难民事件连在一起被提及,而假如他还在世的话,则一定会被提到的。作为猜测,我将他的死定于1825 年左右。他死的时候 54 岁,[④]已经统治了拉达克整整三十年。就我们的资料,很难对其作为政治家的品格作出估计。莫尔克罗夫特认为他擅于判断,但易受其周围人的影响。[⑤] 但无论如何,"事务的处理权完全集于首相手中,国王不过是这个国家中一名无足轻重的人物"。[⑥] [135]

紧接着才旺顿珠的死亡出现了一个急剧的转变,"在国家事务中出现了极大的混乱"。[⑦] 国王显然因在那么多年大权旁落之后,亲自感受到了终获自由的滋味而欢欣鼓舞。但是他的反应是极端不幸的,他的性格中似乎显露出了与其父亲才旺南杰相似的特征。他变得刚愎自用、堕落和暴虐。"他与以前的主事者无法共事。首相的大印由国王自己(掌握),他向诸如头人衮布等一种新的类型的人求教。他不照顾贵族家庭。桑斯噶的国王、普日的噶伦和别的人被囚禁于

---

① 《宣宗实录》,页 141.6b—7b,148.11a—b;《十世达赖传》,叶 194b,201a;《四世班禅传》,叶 223b;毕达克 1973 年书,页 163。
② 索南抄本,叶 43—44;格坚书,页 503—504。
③ 《宣宗实录》,页 154.4b—5b。
④ 格坚书,页 498。但根据莫尔克罗夫特书,I,页 249,1821 年"他看上去大约六十岁"。
⑤ 莫尔克罗夫特书,I,页 249—250,335。他的名字在与英一印政府的协定草案中被拼写作 Kalon Chuhwan Tundi;在莫尔克罗夫特书,I,页 249 中拼写作 Tsiva Tandu。
⑥ 莫尔克罗夫特书,I,页 255、334。
⑦ 格坚书,页 499。

拉达克。那些站在他前面的新官员被任命为地区指挥官(寨官),在任何地区,古老的好传统均遭破坏"。① 除了一般性压迫、无效力和对旧贵族的轻视之外,这种新局势的主要特征是首相职位的废除或者中止。国王希望自己是首相,并且直到王国灭亡,这个职位确实一直空缺。这样几乎不能进行有效的行政管理。

才班南杰显然仅与一位妻子成婚,即巴琼女士,她是他的兄弟才丹南杰的未亡人。② 她在《王统记》中被称为喜喜合敦。她为他生了一个女儿比琼(Bhil-chung),而后(1810年左右)又生了一个名才旺若丹南杰(Tshe-dbang-rab-brtan-rnam-rgyal)的儿子。③ 有关这位王子的资料散见于《王统记》中,其记载形式为互相间的协调制造了无法克服的困难。原文毫无次序可言,我按他们的逻辑顺序重新排列了它的内容。

[136]

开始时这位王子在宫廷中过着一种平静和与世隔绝的生活。④ 随后我们被告知,在木牛年,五世雍增意希珠巴(Yongs-'dzin Ye-shes-grub-pa)写了一封信,宣布这位王子是海—米斯尊前(*sku-zhabs*)比巴多吉(Bhil-ba-rdo-rje)的一名转世。⑤ 木牛年当为1805年,这是不可能的,因为在莫尔克罗夫特的时候,这位王子并不是一名转世活佛。它应改正为土牛年,即1829年。尽管他不太愿意,他的母亲试图安排他与一名来自中藏东南部、传承自古代赞普并且是西藏五个最显贵的家族(第本)之一的拉加里家族的姑娘结婚。

① 《拉达克王统记》,叶47.7—17。弗兰克对10—11行的翻译应被更正如下:"宫殿中的私人仆从是不允许在夜里睡觉或躺下的,因此他们必须立下一个文字的誓约把[夜晚]当作白天。"《王统记》的文本再一次失之有序;放在才旺顿珠在世时莫克罗夫特来访问之前的这一段,明显在此事之后。——参见达塔书,页70—72。
② 莫尔克罗夫特书,I,页333。
③ 《拉达克王统记》,叶47.5—6。这个日期是从1820—1821年时他大约10—11岁这个事实中推断出来的;莫尔克罗夫特书,I,页395。坎宁安书,页350,说他死于1839年,时年二十一,这当然是不可能的。
④ 莫尔克罗夫特书,I,页334。
⑤ 《拉达克王统记》,叶48.10—11。比哇多吉在才旺南杰时代是(国王的?)根本上师(rtsa-ba'i-bla-ma),如一个出自波托萨(Pho-thog-sa)附近扎西东嘎寺(bKra-shis-dung-dkar)的碑文(已不存在)所显示的那样《弗兰克碑铭集》,76;刊于弗兰克1906年a书,页647—648);他是达仓热巴之佛意(thugs)转世;格坚书,页500。

为此目的,囊论诺诺彭措若丹与三年一度的朝贡使团一起前往拉萨;但谈判失败,这位大臣死于西藏。[①]

　　这位王子现在以曲珠(mchog-sprul 高级活佛)的称号知称,在海—米斯和杰哲有他的官邸;实际上,他更乐于与他的母亲一起在国内旅游,她已经受到司库(商卓特)索南旺秋的影响。但王位继承问题已迫在眉睫,因为他是这个王朝的最后一位子嗣。作为一名持明(rig-'dzin),即过宗教生活的俗人,他没有义务独身。因此,商卓特衮波(phyag-mdzad mGon po)前往西藏去恳求主钦的帮助,后者的劝告,加上国王、大臣和阿阇黎、四世海—米斯活佛等人的坚持,[②]终于成功地说服了他去结婚。约于 1830 年,[③]他娶前首相才旺顿珠的小女儿,名叫格桑卓玛(bsKal-bzang sGrol-ma)者为妻,她于藏历 1835 年 9 月 15 日(11 月 5 日)为他生了一个儿子,名济美曲结僧格米居贡嘎南杰('Jigs-med-chos-kyi-seng-ge Mi-'gyur Kun-dga' rnam-rgyal)。同年,曲珠还娶普日巴琼之索南班吉(bSod-nams- dpal-skyid)和一位穆斯林姑娘索若合敦(Zo-ra Khatun)为妻。二人中的一位,人称喜喜合敦(Zi-zi Khatun)者,生了另一个儿子,名丹松玉杰(bsTan-srung-g.yul-rgyal)。[④]

[137]

　　王子的地位的这种转变,以及父子之间日趋严重的隔阂,导致一场政治变动。据格坚书,页 505,才班南杰于 1830 年逊位给他的儿子。然而没有任何可靠的证据可引,《王统记》对此未置一辞。不过事实是,在这个世纪的 30 年代初,曲珠使用王号,即使在英国当局面前也是如此。才班南杰的长期统治预示着王室对宗教艺术的赞助的最后一次热情。国王着手搞了一项雄心勃勃和花费巨大的工程,诸如托克的新宫殿、头部用金和铜制成的巨型金刚手菩萨塑像、一座带

---

① 《拉达克王统记》,叶 48.3—6;格坚书,页 501。关于拉甲里家族见毕达克 1973 年书,页 50。

② 弗兰克没有如是认出这个名字。阿阇黎活佛(Ācārya sprul-sku)的藏文名字无处可寻,显然已被忘却。

③ 格坚书,页 504,提供了这个纪年。《王统记》的抄本 B 提供了水马年,即 1822 年,这是完全不可能的。

④ 《拉达克王统记》,叶 48.10—19,50.5—6;索南抄本,叶 45;格坚书,页 504,35b。

金顶的银塔等等。在水虎年,他在列城的特钦贡玛(theg-chen-gong-ma)大厅内竖起了一尊用 13 巴?(bars,rdo-tshad,相当于 1.6 公斤)银制成的白玛文巴(Padma-'od-'bar)像。别的纯银塑像被树立在协城和托克宫殿中。①

_____

① 《拉达克王统记》,叶 48.2—9。水虎年可以和 1782 年或 1842 年对应;然而两个日期都是不可能的。格坚书,页 498,记作铁虎年,即 1830 年。

第九章　道格拉征服

　　这个喜马拉雅小王国昏昏欲睡的生活，被查谟（Jammu）的大君古拉伯·辛格（Raja Gulab Singh）的道格拉军队的野蛮入侵一下中断了。

　　我们有关1834—1842年诸事件的资料有如下几种：1.《王统记》，对这个时期的记载限于抄本C，有三种版本（Ca.Cb.Cc），与它们的编纂者孟希才仁班结（Munshi Tshe-ring-dpal-rgyas）的三个相随的详尽叙述相对应。在此之外，我们能加上索南抄本，它代表了抄本C的第4个也是更完备的一个版本。2.喀拉孜一位老人才丹（Tshe-brtan）的回忆，他年轻时曾在道格拉战争中服过兵役；其回忆录在弗兰克1926年书中被出版和翻译。3.一名道格拉的高级军官、拉达克的早期瓦昔尔之一巴斯提·兰姆（Basti Ram）的记载，它是应坎宁安之请撰写的（可能是乌尔都文），后者在他的书中收录了它的一个英文译本；其记事终止于1839年老国王再度为王之时，而叙述直到道格拉最后征服为止的其他部分，则是根据一个被坎宁安称为"其他资料"的未被特别说明的史料叙说的。在这些资料之外，格坚还多增加了三处。4.一个插入了班玛噶波后裔系谱的记载。5.一份有关于这场战争中喇嘛宇茹寺所遭不幸和损坏的记载，它是该寺的拉索（*bla-zur*）功乔让卓（dKon-mchog-rang-sgrol）于1862年编写的（完全不重要）。6.国王才班南杰的一名司书（*drung-yig*）对亲身经历的口述。① 这三种资料，都无法为我所利用，仅通过格坚所作的引文，我才

――――――――――

① 格坚书，页511，所列目录。

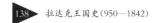

知道它们。

　　以资料 1—3(除去索南抄本以外)为根据,拉达克王国垮台的故事已被弗兰克拼合在一起,并且晚近又由达塔(Datta)作了更好地书写。后者的详细记载又为在边境的英国军官们的报告中提供的有趣的旁证所补充,他们作为有心的观察家目睹了这个小王国的灭亡。至于汉文文献,其重要的部分仅在于有关索拉伐尔·辛格在西部藏区的战争。再次详述这个故事是有必要的,因为索南抄本现已可以利用,它至少提供了一些不见于别处的其他细节,特别是对紧随着苏拉伐尔·辛格悲剧结局之后的一些事件尤为有用。另外,这些事件的纪年有时需要修正。

[139]

　　在 19 世纪的 20 年代,可见古拉伯·辛格(1792—1857)缓慢但不断地上升,先是作为旁遮普锡克王国政治生活中的一份子,然后是作为在锡克宗主权下的查谟的统治者。在其兄弟们的有力支持下,在将近 15 年的时间内,他在比邻旁遮普平原的山地中建立起了一个牢固的权力中心。1834 年,他将其眼光转向了拉达克;他召集了一支将近 5000 人的部队,并将它置于其最好的副官(lieutenant,陆军中尉)苏拉伐尔·辛格·卡赫罗利亚(Zorawar Singh Kahluria,1786—1841)的统帅之下,将征服拉达克和或许也包括巴尔提斯坦的任务托付给他。1834 年 7 月,苏拉伐尔·辛格从喀施特瓦尔出发,他是这个地区的总督,穿过巴合特·科尔(Bhot Khol)关,进入普日。

　　拉达克人大吃了一惊。年轻的国王曲珠正准备去凯拉沙朝圣;尽管他已经听说了吓人的道格拉行动,但他不想推迟行期;藏历 6 月 4 日(7 月 21 日),他带着一小队扈从上路。[1] 实际上这意味着他为期四年统治的终结,因为在他缺席期间,去应付这一危急事件的任务落到了他父亲的肩上。后者召集了一支匆忙组成的部队,于 8 月 16 日由托克伦波多吉南杰(sTog *blon-po* rDo-rje-rnam-rgyal)带了这支部队在桑库(Sang-khu)与入侵者交战,他失败了,但这次失败不是致

_____

① 格坚书,页 508、511。

命的。道格拉人慢慢地推进至苏鲁(Suru),随后又到巴琼,并在此驻营过冬。王子曲珠于 11 月(1835 年 1 月)回到家,但即使在此以后他也不过充当其父亲的副手而已;而且大致在这个时间前后,《王统记》的确提到了国王才[旺若]丹南杰和[才班]顿珠南杰。①

在这段间歇内,托波伦波(sTog-po blon-po)试图谈判。拉达克 [140]
人也利用了一名英国人享德孙博士(Dr. Henderson)的到场,此前他已经到达列城,并被阻留于此;他们试图造成这样一种印象,即他是因为负有英国政府的一项使命才到这里的。但兰吉特·辛格的盘问引出了这样的事实,即他是违背了政府的明确指令而进入拉达克。因此,道格拉人不理睬这种威吓,最后享德孙被允许离开,转道巴尔提斯坦;他于 1835 年 11 月到达克什米尔。②

在那时,苏拉伐尔·辛格本来会考虑因 15000 卢比的进贡而同意撤退。国王和他的儿子原本也会同意这些,以使他的国家免遭入侵(至少对当时来说);但王后成功地否决了这个安排。有力的增援部队在列城伦波额珠丹增(Leh *blon-po* dNgos-grub-bstan-'dzin)和努布拉伦波多吉丹增(Nubra *blon-po* rDo-rje-bstan-'dzin)的率领下于 3 月被派遣向普日进军。③ 1835 年 4 月初,④一场精心策划的战斗在朗喀孜展开,并以拉达克人的彻底失败而告终。托克伦波多吉南杰,一个年仅 15 岁的孩子被杀;额珠丹增受伤并被俘。这场战争是致命的;尽管杰哲的邦喀噶伦袭击了胜利者的后方,找回了一些战利品,但这仅是一次突然袭击,在这昙花一现的成功之后,他逃往巴尔提斯坦。

在这次战斗之后,道格拉主力部队在未遇任何抵抗的情况下,挺进穆尔伯赫、喀尔布、喇嘛宇茹以及巴高。拉达克人没有进行战斗;

① 索南抄本,叶 50;《拉达克王统记》,叶 49.6,提到"国王和才丹(rgyal-po dang Tshe- brtan)"等;那个连词 dang 是多余的,必须删除。
② 坎宁安书,页 10—12;维格纳书,II,页 333—337,375;B. C. 胡格尔(B. C. Hügel):《在克什米尔和旁遮普的旅行》(*Travels in Kashmir and the Panjab*),伦敦,1845 年,页 102、125、151;A. 兰姆(A. Lamb):《英国与中国中亚地区;1767 至 1905 年通往拉萨之路》(*British and Chinese Central Asia;The road to Lhasa 1767 to 1905*),伦敦,1960 年,页 60—61。
③ 他是努布拉的噶噶索南丹增的长子,莫克罗夫特书,I,页 408。
④ 格坚书,页 514,提供的日期为藏历 12 月 3 日(1835 年 1 月 31 日),这似乎不太可能。

国王屈服于这种不可避免的命运,并前去巴高会见苏拉伐尔·辛格。然后两人一并移到列城,在此谈判和签署了一份协定;王子没有参加这次谈判,尽管后来他被劝诱向苏拉伐尔·辛格输诚。才班南杰的王位得到了确认,但仅是作为大君古拉伯·辛格的一个封臣,并同意年贡 20000 卢比,并偿付 50000 卢比的战争赔款。

[141]
　　孟什·达雅·兰姆(Munshi Daya Ram, Munshi 为波斯语,意为引书、书记)被作为查谟大君的代表驻扎在列城。在列城停留 4 个月之后,在冬季封关之前,苏拉伐尔·辛格于 1835 年 10 月率领其凯旋之师离开了拉达克。①

　　为了限制道格拉在拉达克的勒索和保障它那岌岌可危的独立,国王在随后的几个月内试图从其他地方获得支持,在苏拉伐尔·辛格离开之后,他致函给卢德希亚纳(Ludhiana)的英国代表克劳德·韦德(Claude Wade),请求帮助反抗道格拉人。这位英国人尽管提请大君兰吉特·辛格注意这一点,但他受到 1809 年条约的限制,这个条约禁止他们干涉萨特累季(Satlej)以外的地区。② 1836 年,拉达克宫廷中以王后的宠臣商卓特索南旺秋(phyag-mdzad bSod-nams-dbang-phyug)和邦喀噶伦(Bang-kha bka'-blon)为首的爱国派占据上风;甚至对古拉伯·辛格的成功很妒嫉的克什米尔锡克总督亦唆使国王反叛。③ 是年 11 月,国王向苏巴图(Subathu)的英国政治代办派出了一名特使,寻求英国的保护,并答应朝贡;但 1837 年 1 月,加尔各答政府拒绝了这项提议。④ 1837 年夏天,国王再次向当时在西姆拉的英国总司令亨利·费恩爵士(Sir Henry Fane)派出了一个七人使团;使臣们在此染上了天花,全部去世。但在 7 月,政府已经致函这位总司令,重申"不能给拉达克的大君提供任何援助的希望"。8 月 30 日,拉达克的大君再次致函亨利·费恩爵士,请求他设法从大

---

① 《拉达克王统记》,叶 48.21—49.27;索南抄本,叶 48—53;才丹出现于弗兰克 1926 年书,页 246.8—247.5;巴斯提·兰姆出现在坎宁安书,页 333—339。
② 达塔书,页 152。
③ 《拉达克王统记》,叶 49.28;巴斯提·兰姆出现于坎宁安书,页 340。
④ 达塔书,页 152,其中"1838 年 11 月"是"1836 年 11 月"的印刷错误。

君兰吉特·辛格那里获得一份诏令（parwana，此原为黑尔拉帝国赐给高级行政官的称号，波斯语意为命令、诏令，与 fārman 同义。——译者）和从他自己的政府那里获得另一份诏令，阻止入侵者进一步的劫掠。他又一次得到了一个否定的答复。[①] 在这封信的英文译文中，这位君主的名字被写作 Jank Raften Numkin，即藏若丹南杰（Tshang-rab-brtan-rnam-rgyal，藏［Tshang］= 才旺［Tshe-dbang］）。这表明，在那时曲珠仍是形式上的国王，尽管从 1834 年以后他只充当其父亲的副手。

　　如此，起义便公开爆发了，孟什·达雅·兰姆被投入监狱。那时苏拉伐尔·辛格正在桑斯噶作战，在此他得到了这个国家的归顺。听到反叛的消息后，他立即出发，几天的急行军之后便到达列城。拉达克还没来得及组织一次抵抗，就被出其不意地击溃了。王子——国王曲珠早于 1835 年就与苏拉伐尔·辛格有个人间的冲突，故没希望得到宽恕。他绕道逃往努布拉，随后到仲孜（塘克赛，Tankse 或 Brang-rtse），在此找到了他的母亲，最后到了斯匹提；他受到了很紧的追捕，直到 1837 年 10 月他到达受英国保护的巴沙赫尔（Bashahr）邦内的一个避难所为止。英国人让他带着一笔很少的津贴定居于科特加赫（Kotgarh），1839 年，他在此过世，此后不久他的母亲也在此谢世。才旺南杰被废黜，被给予托克的村庄作为封地。这空缺的王位先被给予喀拉孜的贵族（drag-shos），后者因忠于他的国王而拒绝，为此他被投入牢房，并被放逐查谟。后来苏拉伐尔·辛格任命列城噶伦喀珠丹增为摄政（rgyal-tshab 或 srid-skyong）；他被给予"大君（Raja）"这个印度称号，而不是"杰波（rgyal-po）"这个藏文称号。巴高噶伦才旺若成了首相。在列城附近修筑了一座堡垒（qila），由玛格纳·塔那达尔（Magna thānādār）统率的一支 300 人的守卫部队驻扎于此。[②] 一个拉达克

[142]

①　达塔书，页 152—153。
②　《拉达克王统记》，叶 49.30—50.4；索南抄本，叶 54。弗兰克 1926 年书，页 247.5—16 中的才丹；巴斯提·兰姆，见于坎宁安书，页 339—342；格坚书，页 600—601。曲珠的"管家"索南班觉（bSod-nams-dpal-'byor），与一位王室成员和这位王子的上师米邦南卓（Mi-pham rNam-grol）一同，在 1841 年春出发去拉萨，在那里举行他的葬礼；达塔书，注 172。这可能与一个出自协城的还愿碑文（《弗兰克碑铭集》，121）中提到的伦波索南班觉是同一个人。

代表团去了查谟；它由新统治者的儿子列城伦波居美(Leh blon-po
’Gyur-med)、甲地(rGya)首领才丹(Tshe-brtan)、才旺若丹(Tshe-
dbang-rab-brtan)和其他人组成。① 实际上，他们是为额珠丹增的可
靠行为作人质的。②

[143]

当然这些安排都是以大君兰吉特·辛格的名义作出的，他成了
拉达克的理论上的最高统治者。他的这种地位在一份包括拉达克的
新统治者和锡克政府之间的协议文件中被承认；1838 年夏，兰吉
特·辛格收到了 30000 卢比的进贡和各种各样的礼物，它们由额珠
丹增派出的一个使团携带至拉合尔(Lahore)。③

大概就在那个时候(1837)，英国旅行家 G. T. 维格纳(G. T.
Vigne)访问了拉达克。他对拉达克的记载不很有趣，但它传达了作
为古拉伯·辛格及其代理人手中一个十足的傀儡的大君“Marut
Tunzin”(额珠丹增)极其孤立无援的鲜明印象。道格拉驻扎官杰
南·辛格(Jnan Singh)如此戒备地监视着他，以致当维格纳希望访问
大君时，他不得不擅自闯堂，强行闯入列城宫殿，来到了这位君主面
前。维格纳请求他以大君兰吉特·辛格的名义给予帮助，但就在此
时杰南·辛格急匆匆地进来了；大君“显然大惊失色，告诉我他很愿
意给我以我所希望的援助，但他被对大君古拉伯·辛格的恐惧束缚
住了手脚”。④ 这是很典型的受保护国的情形，见于 19 世纪英法的殖
民统治中。

后来，最可能是在 1839 年，在桑斯噶爆发了一次叛乱。它也在
海姆-巴伯斯(Hem-Babs，即德拉斯)的一位苏卡米尔(Sukamir)领导
下扩展到普日。苏拉伐尔·辛格与通常一样以闪电般的速度采取行
动。他进入桑斯噶，轻而易举地摧毁了这里的起义，随后径直开往列

---

① 格坚书，页 535、540。
② 这里提出的年代与坎宁安和弗兰克所采用的不同，它主要是根据达塔所发现的英国文献。据
《王统记》记载，额珠丹增统治了五年(用西历计算是四年；根据格坚也是四年)。实际上他的统
治似乎是两年稍多一点。
③ 达塔书，页 114—115。
④ 维格纳书，II，页 352—358。

城,这样孤立了在普日的叛乱地区,使之迅速瓦解。普日的一些首领逃往巴尔提斯坦;苏卡米尔投降,被公开处决。① 额珠丹增因拖欠贡金,并涉嫌与叛乱者同谋,企图取道斯匹提出逃,但在塔博(Tabo)附近被抓获,并带回列城,遭废黜和囚禁。老国王才班南杰保证定期纳贡,被再度扶上王位,而常规贡金之外又加上了道格拉占领军的开支。当然他的地位仅是无权的显职之一,真正的政府掌握在严密的道格拉监视之下的巴高噶伦和邦喀噶伦的手中。② [144]

出自拉达克的最后的王室文件属于这一个短时期:一份标明日期为 1840 年的,同意协醒康家族(Shel-gzim-kang)的一名姑娘与噶尔夏(dKar-zhva)的康萨康(Khang-gsar-khang)家族的一名成员联姻的批准书(舒书,LXXVI)。

在这次重新解决拉达克问题之后,苏拉伐尔·辛格将其注意力转向巴尔提斯坦;多年来与斯噶尔多君主阿赫玛德·沙的关系早已紧张,找一个开战的借口不费吹灰之力。征服巴尔提斯坦的故事不在本书研究的范围之内,并已在别处被很全面地作了交代。③ 我将叙述局限于其中的拉达克部分。1839 年 11 月,苏拉伐尔·辛格召募拉达克民兵在噶噶邦喀噶伦丹增统率下参加巴尔提战役。老国王亦将陪他出征。这一措施首先是为了防止道格拉军队出征期间拉达克出现叛乱,更是因为在 1837 年邦喀噶伦已经是反对派的领袖之一。不管他们感觉如何,总的来说,拉达克民兵在这次战役中表现颇为出色。巴尔提人在作了坚强的抵抗之后被打败。斯噶尔多被攻占,阿赫玛德·沙被俘虏,巴尔提斯坦承认古拉伯·辛格的宗主权。那些在巴尔提斯坦避难的普日反叛者被处决。但在返回途中到达喀普鲁

---

① 有关才丹的记录,应该引起注意的是"于六年的和平之后"普日的叛乱之后,即其首领逃往巴尔提斯坦和苏喀米儿(Sukamir)的处决,对这些事件他是主要的权威,它并没有接着谈老国王再登王位,才丹没有提到它,而是将它放到前面去了。这位老战士的回忆在这一特殊点上一定出现了遗忘。
② 《拉达克王统记》,叶 50.8—12;索南抄本,叶 55—56;才丹出现于弗兰克 1926 年书,页 247.17—29;巴斯提·兰姆出现于坎宁安处,页 343—345;格坚处,页 541—542。巴斯提·兰姆提到在查漠整整一年(1838—1839)的停留;但他错误地把这次停留放在额珠丹增的退位之后而不是之前。
③ 达塔书,页 118—127。

时,军中爆发了天花,国王才班南杰和邦喀噶伦成了这场时疫的牺牲品。他们的遗体在托克被海—米斯商卓特衮布焚化。在 1840 年的年中,苏拉伐尔·辛格将新近去世的法定继承人曲珠的儿子、小王子济美曲结僧格米居贡嘎南杰('Jigs-med-chos-kyi-seng-ge Mi-'gyur Kun-dga'-rnam-rgyal)作为拉达克进贡国君主扶上了王位。①

[145]　苏拉伐尔·辛格的成功至此一向是如此一致和辉煌。毫不奇怪,他又要为其活动寻找新的场所和别的省区去增加其主子的统治范围。他的眼睛首先转而盯上了叶尔羌,他甚至传讯该城的中国总督要其承认锡克政府的宗主权。但随后他放弃了这个计划,要么是因为固有的种种困难,要么是因为英国人强烈的否定态度;我们或许可以在这些动机之上,再增加其对不可挽回地损害跨越关隘的贸易之恐惧。②

另一种可能的选择是西部藏区,那时的拉达克史料以及与它们一致的莫尔克罗夫特都称其为羌塘(Byang-thang);拉达克国王在那一地区的传统权利可以得到复兴,并转而为征服者利用。这个计划大胆到了鲁莽的程度;它既侵犯了中国人的领土,也和英国人的利益发生了冲突,更不用说其后勤供应的困难了。但老狐狸兰吉特·辛格已经死了,锡克政府正在其软弱的后继者领导下走向崩溃;因此不再有一双强大的手去限制古拉伯·辛格和苏拉伐尔·辛格的野心。1841 年初,将军向阿里的西藏专员(噶本)发出了要求进贡的最后通牒,在得到一份不令人满意的答复之后,便向这一地区进军了。

这个著名战役的故事同样也有些超出我们的研究范围了,它也可从汉文和中藏史料中得以了解。③ 苏拉伐尔·辛格带着 6000 人左

① 关于老国王的死和新国王的登基见《拉达克王统记》,叶 50.12—22;索南抄本,叶 56—57;才丹出现于弗兰克 1926 年书,页 248.18—27;坎宁安书,页 350;格坚书,页 549—553。
② 关于整个情节见达塔书,页 128—129。
③ 一个详细的记载可见于达塔书,页 131—144,附有英国视野中的重要侧面消息;这取代了同一个作者较早的一篇文章,《苏拉伐尔·辛格对西部藏区的侵略》(Zorawar Singh's invasion of Westen Tibet),载于 JIH,44(1966),页 529—536。至于中文有关这次战争的文件见 M. W. 费舍(M. W. Fisher)、L. E. 罗斯(L. E. Rose)、R. A. 哈顿白克(R. A.Huttenback):《喜马拉雅战场,中印在拉达克的竞争》(Himalayan battleground, Sino-Indian rivalry in Ladakh),伦敦,1963 年,页 154—176。极少的藏文资料被用于毕达克 1973 年书,页 146—148、167 中。

右的一支部队开始远征,其中一半是道格拉士兵,其余为拉达克人和巴尔提人,大部分是随军谋生者;他也有六门小炮。他将来自拉达克和巴尔提斯坦的一些显贵带在身边,与其说是作为其军队中的副官,更不如说是当人质;他们是已逊位的斯噶尔多君主阿赫玛德·沙、巴高噶伦才旺若丹和他的兄弟诺诺索南(No-no bSod-nams)、拉达才仁朵杰(*lha-bdag* Tshe-ring-stobs-rgyas)、萨布噶伦和负责供应的海-米斯商卓特衮布。后来,温布日增(*dbon-po* Rig-'dzin)和才旺多吉跟上他们,充当军需官(*phog-dpon* 颇本)。侵略开始于 1841 年 4 月,一开始与往常一样的成功。当地的赋税毫无困难地摊派下去了,这个地区的大部分,包括主要的军事据点被占领了;最重要的是,1841 年 8 月 23 日,他们进入了旧王府察巴让。

[146]

苏拉伐尔·辛格对西部藏区的征服,给尼泊尔达尔巴尔(Darbar)带来了可喜的前景,也激起了加尔各答政府和库马翁(Kumaon)的英国当局的关注。英国人甚至向拉合尔宫廷发出了一封最后通牒(12 月),但就在这些天内,局势因苏拉伐尔·辛格和他的部队的巨大灾难而整个倒转了过来。比喜(霞扎)旺秋杰波(sPel-bzhi[bShad-sgra] dBang-phyug-rgyal-po)①受命指挥当地的武装部队,但实际上它们并不存在,他撤离了这个地区。由于他紧急呼请增援,拉萨政府派出了一支由索康噶伦才丹多吉(Zur-khang bka'-blon Tshe-brtan-rdo-rje)和朵喀(或若喀夏)噶伦居美才旺班觉(mDo-mkhar[Rag-kha-shar] bka'-blon 'Gyur-med-tshe-dbang-dpal-'byor)率领的、强大且供应充足的部队。几支道格拉部队被相继击败。诺诺索南指挥的一个分队也在劫难逃(11 月 19 日),他被俘虏。苏拉伐尔·辛格试图以殊死一战来挽回毫无希望的局势。

然于 1841 年 12 月 14 日(汉文史料提供的日期),在与达拉喀(Taklakot,普兰首府)相邻的多玉(Do-yo,即汉文 To-yü),道格拉主力部队被西藏人打垮。苏拉伐尔·辛格被一颗子弹击中,从马上摔

---

① 关于霞扎,一位 19 世纪杰出的政治家,见毕达克 1973 年书,页 165—180。他是《拉达克王统记》中的"代本比喜霞扎"(mda'-dpon Pi-shi Sha-kra)。

了下来。他以剑自卫,但一名雅索(Ya-so)两次用其长矛击中了他,随后一剑斩断了他的喉咙,割下了他的首级,并将他的首级作为战利品带走了。道格拉部队被消灭殆尽,大部分被杀,一部分被俘。阿赫玛德·沙、巴高噶伦、商卓特衮波、萨波拉(Sa-spo-la)的萨布噶伦和另一些人被俘。达拉喀的驻军在巴斯提·兰姆指挥下逃往库玛翁,其中有一半在穿越关隘时成为气候的牺牲品而暴亡。至 1842 年 3 月底,阿里的所有军事要地重又被西藏人夺回。①

[147]　　道格拉军队的灾难当然也使拉达克人为之心动,他们希望收回他们失去的独立。西藏的指挥官虽然不准备武力入侵拉达克,但迅速派出海—米斯商卓特衮波,自从他与三年一度的使团一起访问拉萨以后,他们中的许多人都知道他,他已同意协助他们去煽动百姓反抗道格拉人。他致函给在列城的王子曲珠的遗孀,催促她去召集上、下拉达克的民兵。他先派出桑巴温布才旺若丹(bSam-pa dbon-po Tshe-dbang-rab-brtan),自己也紧随其后。很快整个拉达克暴动了,所有道拉格兵营不是被大批屠杀,就是设法在列城的堡垒中避难(1842 年 1 月);那个强大的位置被它的强干的领袖塔纳达尔(thānādār)马格纳·兰姆和指挥官贝尔万·辛格(Kumedan Pehlwan Singh)置于一种防御的状态,他们向查谟传达了起义的消息。当衮布到达列城时,他宣布拉达克在它的幼王贡嘎南杰(Kun-dga'-rnam-rgyal)统治下独立,以列城伦波为摄政,他自己任首相;他甚至恢复了旧的王室宫廷。这年冬天用于起义准备,起义也扩展到了下拉达克、喀普鲁和巴尔提斯坦,那里的道格拉驻军和傀儡君主受到围攻。从 18 岁至 70 岁的所有拉达克人都应召从军,在当地贵族指挥下组合成队伍。甚至一支巴尔提部队也来到列城合作围攻堡垒。各种各样的武器被从旧仓库中搜集出来,尽管它们中的大部分已被道格拉人洗劫一空,其余的是在乡村中粗制滥造出来的。起义者也得到了来自西藏的支持:一支由代本比喜(霞扎)率领的,由

---

① 我的记载至道格拉人的战败依据达塔书。关于最后一次战斗和苏拉伐尔·辛格死亡的细节见索南抄本,叶 61;格坚书,叶 564—570。

500 名步兵、100 名骑兵组成的小部队进入了拉达克,驻营在杰哲。但道格拉人在列城的堡垒的防御被证明是牢不可破的。由于可上阵的部队极为充足,对塔纳达尔玛格纳·兰姆不尽赞同的指挥官贝尔万·辛格,在列城郊区的营房(藏文:cha-'gon,源自印地语,Chāṅon)周围修建了他自己的一个防御阵地。拉达克人捣毁这两个堡垒的一次尝试失败了。由于反叛者没有大炮,他们试图利用铁棒制造加农炮,这些铁棒是来自斯匹提的岁入的一部分,它们经由普日被运到拉达克;赤赛寺的住持也应召施演他的魔法以打击道格拉人。这两项努力都失败了,新的加农炮被证明与住持的咒语一样毫无用处。后来拉达克人发动了一场正规的围攻;军官与 50 名藏族士兵一起安顿在僧格南杰的宫殿中(1842 年 4 月),拉达克民兵包围了堡垒和带围墙的营房。一场对道格拉阵地的连绵不断的火攻延续了 12 天。在这场攻击的最后,一名叫作米雅·若纳(Miya Rana)的道格拉军官带了 30 人冲了出来,袭击了把守围攻阵线一部分的一支巴尔提部队,攻破了阵线,逃走了。紧接着这次得手,玛格纳·兰姆以其一半部队发动了一场突围,赶跑了他阵前的拉达克人。这个局势被努布拉的噶噶和他的同胞所挽救,道格拉人退回他们的堡垒,损失惨重。这件事情的结果是郊区村民对被怀疑与道格拉人同谋的列城居民进行严重报复。他们洗劫了海—米斯拉章,来自阿里的战利品根据苏拉伐尔·辛格的命令被贮藏于此。一些商人挨打,一些被杀。一些贵族,其中最重要的是温布日增被拘禁,并被交给了西藏人。零星的战斗持续了 6 个昼夜。[①]

[148]

与此同时,由于古拉伯·辛格被牵制于阿富汗边境上,他的兄弟达延·辛格(Dhyan Singh)建立起了一支 5000 士兵的部队,他们为抵御风寒作了充分的准备,也装备了几门大炮。1842 年 2 月,这支部队在德万·哈利·阐德(Dewan Hari Chand)和瓦昔尔·若达努(Wazir Ratanu)率领下开出了克什米尔,瓦昔尔·若达努早在

---

① 索南抄本,叶 63—69。参见《拉达克王统记》,叶 51.29—52.13;达塔书,页 142—146;格坚书,页 571—575、579—580。

1825 年就曾作为瞻婆大君的一名军官与拉达克人打过仗。来自克
什米尔和查谟的留守部队也随后跟上。经历了缓慢和极为艰难的行
军,先是跨越重重雪关,接着又通过涨起的急流,最后这支军队到达
了喀拉孜。消息一传到列城,围攻就发起了,首相、拉达才仁朵杰、小
国王和他的母亲乘夜逃亡;他们在绒李孜(Rong Lig-tse,地图中的
Likchey)宿营,在此他们切断了信度河上的桥。西藏的部队继续留
在杰哲,而当时他们的主力部队集结于羌拉(Byang-la)以外的陇月
玛(Klung-g.yog-ma)。形势十分严重,4 月 18 日,衮波致函当时在边
[149]境的一名英国军官 J.D. 坎宁安,希望得到英国人对反击道格拉人的
支持。但是受他的政府的总政策和命令的束缚,坎宁安拒绝了这个
请求(1842 年 5 月 3 日函)。[①] 直到那时为止,一直在起义者中盛行
的团结一致也在大难临头前消退了。将要被交给西藏人的日增也阴
谋脱逃,并设法到达道格拉的营垒中。他受到了很好的接待,被任命
为噶伦;他号召拉达克人投降,许多人响应了他的号召。与此同时,
德万也到了列城(1842 年 5 月)。两天之后,他离开城市去追赶正在
逃跑的敌人,而玛格纳·兰姆和新噶伦则留在列城筹备供应。大约
与此同时,一支强大的部队在瓦昔尔·拉哈巴特·雷(Wazir
Lakhpat Rai)统率下开往巴尔提斯坦,解救了斯噶尔多的驻军,镇压
了那一地区的叛乱。[②]

　　新的道格拉入侵给拉达克带来了许多灾难。从边境到喇嘛宇茹
的所有寺院或部分或全部被摧毁。岗额寺幸免于难,这应归功于一
位名功乔坚赞(dKon-mchog-rgyal-mtshan)的僧人的德行和圣洁的
生活,他不允许在他静思参禅时被入侵者干扰;僧人们仅被要求提供
食品和燃料。在杰哲,德万向驻扎在那里的 500 名西藏士兵开火,他
包围了他们,并切断了来自附近溪流的用水供应。在先坚持了一天、
被迫喝马尿和驴尿,以及所有突围的尝试都失败之后,西藏人最终投

---

① 　达塔书,页 167。
② 　索南抄本,叶 69—72。参见《拉达克王统记》,叶 52.13—16;见弗兰克 1926 年书,页 249.13—
　　16 中的才丹口述;坎宁安书,页 354;达塔书,页 146—147;格坚书,页 575—576、580。

降了。这意味着拉达克的主要部分，即信度河流域的敌对行动结束了。当地的百姓付出了他们所能付出的任何代价。这样新海—米斯商卓特索南罗萨（bSod-nams-blo-zab）向道格拉指挥官求情，并承诺提供给养；他用这种方法保证了他的寺院免遭劫难，甚至为了喝退抢劫者而在其入口处设置了一个小卫队。①

其后，德万的部队和瓦昔尔的部队穿过了羌拉，派指挥官马加·辛格（Maca Singh）带 500 人前去占领朵库（rDo-khug）。② 与此同时，在拉达克的西藏部队的残余与国王和他的大臣一起已经离开了绒李孜，撤退到陇月玛。③ 在此他们与带着 5000 援军刚从拉萨来到此地的索康和若喀夏会合。他们派出一支由 2000 名藏人以及拉达克部分残余组成的军队前去攻打朵库。他们攻击了这座村庄整整一夜，但当他们的首领阿羌（A-Khyam）被击中而毙命时，便溃不成军，仓皇逃窜，受到了敌方指挥官的追击。他们的溃逃被藏人商卓特米玛（phyag-mdzod Mig-dmar）、几位茹本（ru-dpon）、巴高噶伦、拉达和列城伦波阻止在扎茹（Khra-rug，地图中的 Taruk）桥上，他们设法击退了追击者。④ [150]

在这次战斗之后，德万部队与道格拉的主力部队一起到达朵库，而西藏人撤退到陇月玛，在此他们在沼泽地里扩建了一些土木工事，道格拉人占领了可控制敌方营帐的三座小山。零星散漫的战斗持续了两个月左右，西藏人遭受了炮火造成的伤亡（其中有商卓特米玛），道格拉人也因高山病而损兵折将，他们中有指挥官马加·辛格；别的伤亡是由因做饭时不慎将燃烧着的煤块溅到小型的火药箱上而酿成的大火和爆炸引起的。最后在一名本地的拉达克官员唐巴头目索南觉丹（Thang-pa 'go-pa bSod-nams-'byor-ldan）的提议下，道格拉人在河流的狭窄峡口上筑坝，以致三天内河水倒流，淹没了这个地区。

① 索南抄本，叶 72—75；格坚书，页 576—577、581。
② 或 mDor-'gug，地图中的 Drugub，莫尔克罗夫特书，I，页 433 中的 Durgukh；处于同名的河边，它是夏雅克（Shayok）的一条支流。
③ 莫尔克罗夫特书，I，页 446—447 中的 Long Yukma；是朵库河谷中的一块平原。
④ 索南抄本，叶 75—76。

在沼泽地内的藏人营帐被水所淹,火药和装备受潮,给养被糟蹋。由于对进攻的抵抗已经不再可能,西藏人的头领不得不向这种不可逆转的命运低头,放下武器投降了。这是一次彻底的投降,德万和瓦昔尔胜利返回列城,带上了作为阶下囚的两名噶伦、代本比喜(霞扎)和50名军官,而普通士兵被允许返回家乡(1842年9月)。噶伦若喀夏无法经受住他所受的耻辱,在经过瓦姆—勒峡谷时,他吞下一颗宝石戒指自尽了。①

[151] 　道格拉人当然为重建了在拉达克和巴尔提斯坦的统治而沾沾自喜,但并没有想要恢复苏拉伐尔·辛格的辉煌成就。这使得在公平的条件下缔结和平变得较为容易。它以交换于1842年9月17日和20日在列城签署生效的文件的形式达成,德万·哈利·阐德代表古拉伯·辛格签字,噶伦索康和代本比喜代表拉萨政府签字。战争结束了,比喜返回拉萨,索康去了查谟,他在此受到了古拉伯·辛格的礼遇,随后被送回西藏。协定确认了现存边境,允许主要以商业为目的而没有政治内容的三年一度的朝贡和恰巴(Cha-pa)使团继续存在,声明所有商品可自由贸易,在西部藏区为拉达克商人、在拉达克为西藏商人提供驿传乌拉('u-lag)支应。②

拉达克的独立被扼杀了,这个国家被并入了古拉伯·辛格的统治范围中,他于1846年成了受英国保护的克什米尔大君。拉达克的君主政体被废除,年幼的国王贡嘎南杰亦遭废黜;他在拉达克的宁静居住受到了协定的保护,他被给予托克的地产和那里的王宫作为封邑;他的弟弟丹松玉杰(bsTan-srung-g.yul-rgyal)被分得了玛卓的庄园,直至今日它仍在他的家族手中。

前国王贡嘎南杰死于1873年,时年38岁,他在托克的庄园由他的儿子索南南杰(bSod-nams-rnam-rgyal,生于1866年,死于1942年)继承,后者在其晚年成了海—米斯寺的一名喇嘛,庄园让给

① 索南抄本,叶76—79。参见《拉达克王统记》,叶52.21—53.1;弗兰克1926年书,页249.17—26中才ர的口述;坎宁安书,页354;达塔书,页146—149;格坚书,页582—583。
② 《拉达克王统记》,叶53.1—7;索南抄本,叶79—80;格坚书,页584—587;达塔书,页149—151。关于这个宣言的各种文本见毕达克1973年书,注148。格坚提供了简短的藏文和波斯文文本。

了他的儿子,生于 1895 年的曲衮南杰(Chos-skyong-rnam-rgyal);他
死于一个未知的日期,显然早于他的父亲。他的长子贡桑南杰(Kun-
bzang-rnam-rgyal)生于 1926 年,死于 1974 年,没有留下子嗣,由他
的兄弟,现任大君赤列南杰('Phrin-las-rnam-rgyal)继承。① 这个家
族时下已相当穷困。

　　旧贵族被完全剥夺了权力,没有一名贵族被保留在政府部门;唯
一的例外是噶伦日增,他易名为高文德·兰姆(Govind Ram),是早 [152]
年道格拉政权的得力助手。列城伦波和前摄政额珠丹增、叛臣阿觉
衮布(a-jo mGon-po)、拉达才仁朵杰和其他人被放逐到查谟。德
万·哈利·阐德和瓦昔尔·若达奴返回故乡。拉达克本土当时被置
于塔纳达尔·玛格纳的主管之下,他被冠以列城瓦昔尔的头衔,噶伦
日增充当副手,而普日、努布拉等地被置于他们自己的塔纳达尔统治
之下。② 从此以后,拉达克不再有其独立的本体,因此,它自己的历史
也就到此为止了。

---

① 　格坚书,页 603—604;索南抄本,叶 45—46(对最后两位大君的长幼顺序的排列有误)。
② 　《拉达克王统记》,叶 53.7—15;索南抄本,叶 80—81;格坚书,页 590—591。

第十章　政府与行政

关于王国行政机器的资料很少,实际上只限于两种。一个是格坚书,页 604—617 中关于法律与政府的一章;虽然它没有援引出处,[①]但它看来是可信的。另一个是坎宁安书,他写作时王国已不再存在,但对它的记忆仍鲜明地留在每个人脑海里。《王统记》对这些情况几乎只字不提,碑刻中也很少涉及。档案文件是更有帮助的,但若要充分利用它们,我们还须等待格坚列出的那些文献的发表。

拉达克国王们的政府,虽然统治着一个纯藏族国家,但它与拉萨的达赖喇嘛政府很不相同。首先,它是俗人统治,其中僧侣虽受到尊敬但从不直接干预政府;这当然不妨碍个别上师或属于王室的僧人因其个人才能而施展广泛的影响。另一个不同是一些古代西藏君主国制度的存在。甚至在铭文的草稿中一些古老的王家礼仪一直使用到 19 世纪。例如,"愿(国王的)头盔崇高,王政广大"(gyi dbu rmon mtho zhing chab srid rgyas 'gyur cig)这个短语出现在许多拉达克官

方铭文中,它可上溯到 8、9 世纪的碑刻中。[②] 在拉达克碑铭中提到西藏第一位国王聂赤赞普(gNya'-khri-btsan-po),就像在那些西藏王国

---

① 除了格坚书,页 617 中援引的"储存于囊索罗德 nang-so Blo-bde)时代的、拉达克王国政府食物供应账目副本之附录"以外,格坚书末尾有一个作为税收上交的实物及其在萨布地区的接受者的清单,它可以使我们对地方一级财政部门的实际工作有所了解。

② 例如,于国王赤德松赞陵墓的碑文中,刊于图齐:《吐蕃赞普陵墓》(*The tombs of the Tibetan kings*),罗马,1950 年,页 91;和黎吉生:《赤德松赞墓碑》(The inscription at the tomb of khri-bde-srong-btsan),载于 *JRAS* 1969 年,页 31。关于头盔(dbu-rmog,神变力量的象征)和王政(chab srid 政治权威)的意义,见图齐:《古代吐蕃国王的神圣性》(The sacred character of the kings of ancient Tibet),载于《东方与西方》(*East and West*),6(1955/6),页 197—205(= 图齐1971 年书,页 585—588)。

的古老碑刻中一样普遍。①

国家首脑是国王,他的正式头衔是"依法统治的大王"(大法王,Chos-rgya chen-po)。他一般是独坐王位,但也有一些例外。首先,这几乎是一条规定,即国王年老时与其法定的继承者共同执政,通常没有完全的王号。其次,在16—17世纪有刺旺南监三个儿子的特例;与这种兄弟们不分你我、共同执政的完全一致的先例见于约1400年时的尼泊尔马拉(Malla)王国。② 国王的地位十分荣耀,而且还被罩上一层宗教的光辉。至少在一个例子中,如僧格南杰,他被当作一位活佛,但这是很不寻常的。一般,并且与古代吐蕃王国的祖先们一致,他的权力不大,而且很容易衰落至其作用仅限于一个傀儡君主的地步。③ 当然这也有例外,僧格南杰不但南面临朝,并且他也是自己的首相。国王是赐予其臣民的所有权利和特权的来源,我们至少有一个证据表明,这种权利和特权需要在每一位新国王登基时给予确认。④

国王和王室由一个朝廷(mkhar)所包围,它由直接侍奉国王的特别官员组成。他们是:醒本(gzims-dpon,侍寝官),他充任国王正式接见时的代言人;囊涅(nang-gnyer,内管家)他向国王递交臣下的请愿书;喀本(mkhar-dpon,宫廷长官),他负责维持秩序和居所内部的清洁,当国王或首相不在时他作替身(sku-tshab);聂巴(gnyer-pa,内侍),负责贮存青稞、大麦、水果和其他食品并管理收支账目;欣本(shing-dpon,柴火官),从各区采办和贮存木材和煤,主要是采自绒巴(Rum-bag)、如穷(Rum-chung)⑤和努布拉;德本('degs-dpon)或恰德(phyag-bdeg)(司秤官),他称收入商品的重量;喀本(dkor-dpon,侍从长官),负责拉穷(lha chung)(?)和朝廷的各种法器;译本(yig-dpon,书记长),负责撰写信件。⑥ 所有这些宫廷官员都由国王直接

[155]

① 例如黎吉生:《来自工布的一块九世纪的碑刻》(A nineth century inscription fron rkong-po),载于 JRAS,1954年,页159。
② 毕达克:《尼泊尔中世纪史》(Mediaeval history of Nepal),罗马,1958年,页141—145。
③ 莫尔克罗夫特书,I,页334。
④ 见前,页122。
⑤ 位于托克的西部。
⑥ 格坚书,页608—609。

任命。

除此以外,全体官员被分成两大支,分别由首相和司库领导。政府的中心人物是首相(噶伦或衮伦 bka'-blon,gung-blon;在碑铭中是曲伦钦波 chos-blon-chen-po)。[1] 他的职位看来是从古代王国的大相(大论)直线传承下来的。他独掌大权,我们没有找到任何一个行政集团(伦杰 lhan-rgyas,噶厦 bka'-shag)的例子,就像在拉萨神权政治中所发展出来的那样;通常意义上的大臣或部长根本不存在。

在地方一级,政府呈现一种半封建特征,这再次与古代王国的传统相合。我们应该把拉达克中心的领土与边远地区的封建首领的领土区分开来。在王国末期,共存在有八个封建首领,他们理论上都被冠以国王(rgyal-po)的头衔,但实际上王号从未被用过。他们是巴琼(在普日)、索特(在普日)、苏鲁(Suru)和德拉斯(Dras)的四位穆斯林首领,他们通常被冠以"主"(jo)的称号,此乃那些地区的典型称号;然后是桑斯噶国王,他是唯一常被冠以王号的;斯匹提的诺诺;努布拉头领;甲地的头领,他是唯一在拉达克本土之内的。[2] 后者的常用衔头是"主",但是,也许是为了纪念早先的独立地位,他有时被称为"上部拉达克国王"(stod rgyal-po)。[3]

[156]　在王室直接控制下的领土内,大地主世袭拥有其庄园。他们中最大者有两个一般的礼节性称号:嘎嘎(ga-ga,为年长者)和诺诺(no-no,为年轻者),后一个称号有时也为王室年轻成员所用。这两者都不与特定的职位相联系。政府职员一般被称为仲科尔(drung-skor)或仲译(drung-yig)。

拉达克中央领土被划分为一定数目的小区(yul),由通常称为伦

[1] 坎宁安书,页258—259,对于此事所说的不是很准确。在弗兰克1926年书,页122中,K.马尔克斯(K. Marx)所作的注看来也是因误解所致。
[2] 坎宁安书,页258。
[3] 格坚书,页610。甲首领的世系在弗兰克的访问(1909)之前就断绝了;弗兰克1914年书,页63。作为一个事后想法,我怀疑这些甲地的上部之王们(stod rgyal-po)是否为16世纪上部拉达克之独立统治者(见前,页27)的后代。

波（blon-po）或噶伦（bka'-blon）的官员来管理。① 这种称号是世袭的，但职位并不自动承袭。一份出自 1753 年的这些官员的名单（同时也是这些地区的名单）列在一个赞同瓦姆－勒协定的题署中，那时拉达克本土有 27 名官员，还应加上喀拉孜和库布巾（sKyur-bu-can）的两名贵族，这是一种世袭职位。② 伦波不享有固定薪俸，而以用益占有权（*bar-lig*）的形式被赐给一座庄园，他们在自己的少数家臣帮助下管理这座庄园。在小区的噶伦中有三人拥有传统的更高贵的地位，他们是托克、邦喀和萨布的噶伦，遇有战争时这些家族常提供战场指挥官。但在道格拉征服之后，他们的食邑庄园脱离其管辖，他们不再拥有和耕种土地，陷于完全的贫困。实际掌管各小区的伦波可以组织政府并扮演一种顾问委员会的角色，他们也为军队提供军官。如果不在各小区供职，则他们的权力仅限于其用益占有权庄园之内；不过在习惯上，他们有权获得其家乡第一批收获的粮食和酿造的酒（*chang*）的供品。最后，有一等小伦波，称作伦占（*blon-phran*）；但他们只是低级的地方官员，阿吉的伦波就是这样一个例子。③

城堡由喀本（*mkhar-dpon*）④掌管。这个职位与古格和中藏的宗本（rdzong-dpon）一样，但是似乎他们的权威没有延伸至城堡围墙之外。 [157]

伦波之下最高级的官员是囊索（*nang-so*），每一个较大的区都有一位，较小的区则为此目的而被组织在一起。他的职责是征集食物、饲料和燃料，并在任何适当的时候将其送往朝廷，无论它此时设立在何处。账目提交给财政部门。他的等级在伦波之下，但在伦占之上。⑤

在最低的一级有村长，通常被称为仲本（*grong-dpon*），有时也叫衮巴（'*go-pa* 头人）或米本（*mi-dpon*）。每位村长由一位朵噶乞（*do-ga-che*）来协助，这是一个奇怪的非藏语称谓，也许是从古蒙古语达鲁

① 这第二个称号是特别不幸的，因为它本身将会与首相混淆。当然在拉达克这里，把 blon-po 这个词译为"大臣"是完全不合适的，而这是它在中藏的通常的含义。
② 格坚书，页 467—468。也见于碑刻中（《弗兰克碑铭集》，111、114、115、119）。
③ 格坚书，页 609—611。
④ 坎宁安书，页 259、279。这一头衔在碑文中经常出现，见《弗兰克碑铭集》69、83、85、119、207。
⑤ 格坚书，页 611。

花赤(*darughaci*)衍生而来。在列城,总督(协伦波 Slel *blon-po*)由八名协吉(*zhal-skyin*)协助,他们是市政管理官员。其他不确定职能的低级官员是温布(*dbon-po*)和拉达(lha-bdag,或拉吉 lha-rje)。①

司法是按照古老的父权形式来管理,没有行政官员与司法官员的区分,也没有任何法典。不过已经有了常备法官的萌芽。他们是那些从每个区产生出的名单中挑选出来的长老们(*rgad-pa* 或 *rgan-mi*);作为一项规定,他们中的六十名定期供职并必须在朝廷协助国王。他们被分为两组,一组为上拉达克,一组为下拉达克,每组有一位主席(rgan-rtso)。② 按照程序,任何原告要去向他的村长或他所在区的伦波申诉案情,五或七位当地长老组成一组,一组因此被召集来听取和裁决控诉。严重的案件上呈首都,在那里此案首先交给夏本(*gshags-dpon*,法官),然后他指定一个由五或七名参与朝务的长老组成的小组,并在他们之上再加上两名或更多的负责解释地方法(*yul-khrims*)的常设地方法官(*khrims-dpon*),这全体人员组成法庭(夏康 gshags-khang)。没有不服裁决上诉的可能。惩罚(*chad-pa*)包括体罚(*lus-chad*)、罚款(*nor-chad*)、监禁(*btson-chad*),在极为特殊的案例中,惩罚是烙刑并驱逐,甚至死刑。不过,死刑判决是很少作出的,而实际执行的就更少。③

[158]

财政部门由一位司库(噶卓特 bka'-mdzod 或商卓特 phyag-mdzod)领导。他与首相级别相同,所有由囊索或管家呈报的账目都由他来控制。实际上他掌握全国的经济资源,而这可以解释为何才旺顿珠享有如此巨大的权力,他身兼首相和司库两个官职。不过由于这两个机构是一直被分别管理的,上述情况只是个例外。

司库有自己的僚属,但他十分倚重囊索的合作,后者在其职权范围内充作税收官员,是时由区记账员(孜本 rtsig-dpon)协助。

---

① 坎宁安书,页 271—272;格坚书,页 611、616。
② 格坚书,页 604—605、611—612。1822 年的一份文件,有关由上、下部拉达克长老所裁决的一场诉讼;舒书,LⅢ。
③ 坎宁安书,页 262—263。

岁入(*thob-thang*)来源是税收和关税。前一项中最重要的一种是财产税(*khral，thang，dpya*)，它是按家庭而不是按耕地征收的。不动产是由王室赏赐来获得的，由国王颁发的文书(*bka'-shog*)证明，这是唯一合法的许可凭证，如果文书遗失或毁坏了，由于在首都不存在副本，故必须申请一份新的文书，申请要由长老审查和证明。[①] 征税单位是家庭或灶头(thab-kha)。按家庭征收的税部分以实物征收，即大麦(*'bru-khral*)，部分是银子，铸成或未铸成钱币(*dngul-khral*)皆可。地方征税人(*dpya-sngud-pa-po*)将其份额在固定的时期送交给首都的司库，在那里它们被存放于仓库(*gter-mdzod*)。[②] 较穷的等级免交家庭税，但要服劳役(乌拉)。[③]

其他赋税有：10%的牛税(*bcu-khag*)；一种对铁匠的特别税，他们属于门贝达(Mon Bheḍa)等级，并被视为劣等阶级；对克什米尔和巴尔提人建在拉达克的商店，和那些在不同的商店之间，无论本国还是外国的，[④]经营各种商品的经纪人也有一种税(*tshong-phud*)。1683年之前，国王还征收一种黄金税(gser-khral)，数量为每年10山羊驮(goat-loads)金粉。[⑤] 斯匹提和拉胡儿进贡铁条。[⑥] 当然，国王每年亦从伦波和喀本等处得到礼品。 [159]

在一个转口贸易至为重要的国家中，包括进口和出口的关税(*sho-gam*)构成了岁入的一个巨大来源。它们由商人在其货物被检查和估价之后以白银或货物本身的一部分来支付。关税在边境关口(*sho-gam-gyi-gnas*)由海关官员(*sho-gam-pa*)征收，他们把税款和征收的货物送交海关总管(*sho-gam-phyag-mdzod*)。只有穿过山隘来自中亚的商人在列城交纳关税。[⑦]

由坎宁安列出的，拉达克国王在其独立的最后几年间所有的总

① 格坚书，页616。
② 一次我们发现《弗兰克碑铭集》,87)提到一个 *'khor-lo-pa bka'-mdzod*,他似乎是一位巡回司库。
③ 坎宁安书，页268—269;格坚书，页614。
④ 坎宁安书，页270;格坚书，页613。
⑤ 格坚书，页614。
⑥ 格坚书，页613。
⑦ 坎宁安书，页269;格坚书，页614。

岁入如下：

户税	30000 卢比
经纪人税	5700 卢比
礼品与各种费	5000 卢比
关税	18000 卢比

在这个固定预算之外，留出大约 4000 户属民所交税收供养来支持为数众多的寺院，从王室村落（大约 2000 户）征收到的数目拨出来供奉国王、王后和各个王室成员。在这个固定预算总收入中，关税的一半和经纪人税的一半据说是首相的津贴或薪俸，但这似乎太为夸张了。政府的净收入实际上比以上所列的要多，因为国王是其领土内的主要商人，并且由于他的所有运输都是免税通过拉达克的，所以他每年总可以赚得四至五万卢比。此外，国王从其直接管辖的地区获取食物，较少被贵族和寺院从中饱，其中努布拉生产的粮食最多。一年中由努布拉为国王提供四个月的谷物、酥油、木材和饲料，由茹雪（Rupshu）提供两个月，塘克赛（Tankse）提供四个月。某些村庄也为王家餐桌供应杏子、苹果、葡萄等。

[160]

国家支出的费用项目既少，数额也小，因为所有主要官员都享有免税经商特权，同时政府的低级职员享有各种相当于工资的津贴。国家唯一领取薪俸的官员是列城伦波、大法官、列城常务地方法官、司库、司马官（*ga-ga rta-rdzi*），[①]当然还有首相。

军队是一种国民兵。没有常备军，但是每户家庭有责任为政府装备一名武装战士。伦波和衮巴每人也负责装备十至四名定额。反对苏拉伐尔·辛格的武装在 1834 年最后一次总动员时，被集合起来的农民人数达 22000 人。这当然是个顶峰，很少达到的。而且可以推想到这群未经训练的乌合之众的军事价值是很低的。拥有马匹的士兵（*dmag-mi*）被编入骑兵（*rta'i-dpung*），其余组成步兵（*rkang-thang gi dpung*）。他们的常规武器是剑、火绳枪、箭和弓，防卫武器

---

① 坎宁安书，页 271—272。

是盾和头盔。军队(dmag-dpung)被置于一位总司令官(dmag-
'go)的指挥之下,①他通常是王室家族的一员或首相或主要伦波之
一,他在每场战役开始时被任命,并且他的职责似乎是暂时的。一个
往日的遗风是军官阶级的名称与中藏一样:千夫长(*stong-dpon*)、百
夫长(*brgya-dpon*)、十夫长(*bcu-dpon*);他们与所提供或指挥的实际
人数无关。士兵负责为自己寻找食物,因此每个人都有其家庭的另
一个男子作随从,他在白天的行军中背负两人的给养,而士兵则背着
自己的武器。这样在有伤亡的情况下国家就近就会有一个接替者,
同时家庭也可保留下死者的武器、衣物和马匹(如果有的话),否则这
些都将失去。②

[161]

还应该谈谈邮政。每个村的头人有责任提供一名信差将邮件由
本村送往邮路上的下一个村庄。大路沿途的信差都是骑手(*rta-
zam-pa*),邮件传递的速度是每天 20—35 英里,后者为用于政府紧急
公务的快递。所有官员都利用乡村信使来传递命令和情报,但商人
总是派遣自己的特别信使。③ 可以想见,这是一个相当粗糙的系统,
与中藏相对来说精心设计和有效的设施形成鲜明的对比。

在前面几页中,我们曾多次有机会不断揭示对克什米尔、中亚和
西部西藏的转口贸易的极端重要性。关于对叶尔羌的贸易,我对自
己近三十年前所写的内容没有任何补充。④ 拉达克与西部藏区的贸
易服从于 1683 年达成的协定。官方贸易使团每三年从拉达克到拉
萨一次,使团由一位僧官率领,他既可以是拉达克人也可以是居住在
拉达克的西藏人;实际的安排则由一位属于那个按照长期传统获准
去西藏经商的阶层的拉达克穆斯林商人负责。西藏人把它看作是一
个朝贡使团,因为它带着国王给达赖喇嘛的信和礼品。使团总是穿

---

① 这是官方的称号,发现于《拉达克王统记》,叶 41.19、48.24,和弗兰克 1926 年书中的各种文件
中,页 229.5、229.9、229.17、237.20;同样亦见于伊泽特—乌尔拉赫书,页 286(*maggu*)。玛本
(*dmag-dpon*)这个称号,由坎宁安书,页 275 所提供,也发现于弗兰克 1926 年书,页 236.12、
238.1中,可能是一种俗称。
② 坎宁安书,页 275—278。
③ 坎宁安书,页 283—284。
④ 毕达克 1948 年书,页 232—235。

过噶大克(sGar thog，Gartok)，它是西部藏区的主要市场，夏季有东西突厥斯坦其至俄国境内的商人来访。从这条线的另一端，拉萨政府每年派遣一个使团到列城。它的首领是一位官商(gzhung-tshong)，他总是一位颇有地位的西藏官员，或僧或俗，常被人称作恰巴(cha-pa)，即茶叶商，因为茶叶占了他的商队货物的大部分。他的职位是三年一任，在职期间访问列城一次。此外，还有较小的半私人商队。一些穆斯林商人拥有在噶大克和列城之间贩卖汉地砖茶的特权。边境藏人官员常到列城做买卖。几所在拉达克的较大寺院定期派遣宗教和贸易联合使团到中藏去，而大约每隔十年从扎什伦布有一个商队前往列城。所有这些使团都被授权使用由村民所提供的义务运输服务。从西部藏区进口的主要是精制羊毛披巾(pashm)，这在最后一个时期可能占转口贸易的一半。向克什米尔的披巾织造者出售羊毛是拉达克政府的专门权利。[①] 它被警惕地守卫着，只有极少量的羊毛通过其他途径到达印度平原。从 1799 年开始，英国试图获得收购这项产品的直接通路，但没有成功。1815 年以后，受平原新需求的鼓励，羊毛贸易在一条从西部藏区到英国监护地区巴沙赫尔(Bashahr)的首都让普尔(Rampur)的直接通道上慢慢发展起来。这项贸易的价值在道格拉对拉达克征服的时期(1834—1840)跳跃式地增长，当他们在西部藏区作战时剧减。当拉达克王国被消灭的时候，它所夸耀的羊毛贸易垄断权也逐渐成为明日黄花。[②] 至于对中亚的贸易，它运载的主要是毡子、白银、马匹、驴和一些俄国商品。[③]

所有这些趋向都表明拉达克是一个商业占支配地位的国家。它的农业，过去和现在都限于从山上奔流而下并折向信度河的溪流所形成的绿洲上，这些溪流为一个精致的灌溉渠道系统所利用。没有

[162]

---

① 这个贸易在克什米尔一边是怎样被安排的，参见莫尔克罗夫特书，II，页 165—168。
② 对于拉达克与西部西藏之间在 19 世纪早期的贸易，其最好的全面记载见于 A. 兰姆(A. Lamb)：《英国与中亚：1767—1905 年通往拉萨之路》(Britain and Central Asia: the road to Lhasa 1767 - 1905)，伦敦，1960 年，页 56—66。我的略述是对兰姆博士所提供的精彩描述的简单概括。
③ 格坚书，页 613。

非常重要的城镇或村庄直接坐落在信度河边，除非它处于一个方便或必经的岔路口，诸如喀拉孜。农业产品只够维持一个很少部分的人口。这样，在简单生存之外，拉达克的经济生活受转口贸易的支配。对这项贸易施行压制将很快使这个王国灭亡。对拉达克来说这纯属幸运，即它的军事力量从未危险到足以迫使那些像他们一样对贸易、尤其是羊毛贸易感兴趣的邻国采取极端的措施，即封锁商路这样一个有决定性力量的经济武器。是拉达克自己于 17 世纪走出了这致命的一步，可怜地希望用这种方法来对当时处于顶峰时期的莫卧儿帝国施加压力。就目前我们所见，僧格南杰用经济自杀来宣告了他自己所建立的山区小国的灭亡。

[163]

第十一章 宗 教 历 史

　　拉达史最早的宗教遗存仅依靠一个表示巨角塔尔羊（ibex）的粗糙石雕来证明，这种羊在这个国家是相当普遍的；在后来的时代，佛塔的形象被画在许多这类石雕的上面。这可能表明了一种将巨角塔尔羊（ibex）作为献祭动物的早期图腾崇拜；它甚至在流行的神话中留下了痕迹。据拉达克传说，佛的转世之一是一只巨角塔尔羊。除此之外，在 7—9 世纪的文献中并没有表明任何有关西藏最早的宗教及其王室之崇拜的线索。据我们所知，我们也没有在拉达克发现后来的（所谓"有组织的"）苯教的痕迹，虽然苯教是起源于或者说是在西部西藏系统化了的。①

　　佛教首先从克什米尔渗透进这个国家。这发生在一个未知的日期，但可能早在贵霜时代，如主要发现于喀拉孜的几个宗教性的印度碑刻所显示的那样。② 在普日最西部的德拉斯，克什米尔的影响比在拉达克持续得更长，这从其接近克什米尔边境这一点来看也是可以料想到的。其最著名的证据是由德拉斯附近的巨大雕像提供的，其中两座雕像表示弥勒和观音，另一座雕像如其背面的沙罗达

---

① 弗兰克 1907 年书 b，页 583—592，有一个长段专述他所说的喀拉孜附近的苯教崇拜遗址。实际上他发表的这些简短的碑刻似乎大部分是关于格萨尔传说（Gesar saga），或古老的当地仪轨；它们并没有任何特别是苯教的东西。见 H. 霍夫曼（H. Hoffmann）的评论，《西藏苯教史资料》（*Quellen zur Geschichte der tibetischen Bon-Religion*），威斯巴登，1950 年，注 139。喇嘛宇茹原来肯定不是一座苯教神殿，如坎宁安书，页 359 所认为的那样，和弗兰克 1914 年书，页 67 所附和的那样。这亦被噶钦活佛作了坚决地否认，他是一位博学的喇嘛宇茹僧人；这也是巴苏提一代内利书，页 69 和图齐 1933a 书，页 67—68 中的观点。
② 关于这些碑刻见弗兰克 1907 书 b，页 592—593。

(Śarada)铭文所示当是其施主的肖像。这些雕像据说约出自于 10 世纪。① 在更东部，另一个克什米尔影响的历史遗迹、穆尔伯赫的巨型弥勒雕像从时间上来说可能还更早些(8 世纪?)。② [165]

大约在 8 世纪中期穿过拉达克取道前往巴尔提斯坦和吉尔吉特的西藏军队，不能被期望曾施加了任何宗教影响，因为佛教当时只是刚进入他们自己的国家。由此我们可以推论，虽然有克什米尔对德拉斯、普日和喀拉孜的影响，但直到公元 1000 年，对佛教来说，拉达克本土仍是一块处女地。

喇嘛宇茹(原文有误，应当是云仲衮巴 g. Yung-drung dgon-pa)宣称是拉达克最古老的寺院，其院址据说是由玛尔巴(Mar-pa)的著名上师那若巴(Nāropā，956—1040)选定的，③他排干了一个湖使它可以被接近。那里最古老的建筑叫做僧格冈(Seng-ge-sgang)，据当地传说是由译师仁钦桑波(Rin-chen-bzang-po)或他的一位弟子建造的。④

的确，佛教传入拉达克与著名的译师仁钦桑波(958—1055)有密切关系。⑤ 他在古格和斯匹提建造了许多寺庙，拉达克流行的传说也把几座神殿的建筑归功于他，诸如在巴高附近一座已倾圮的寺庙、也靠近巴高的若巴佛塔(Rag-pa *mchod-rten*)、萨波拉(Sa-spo-la)附近的两座已毁坏了的佛塔、芒居(Mang-rgyu)寺、在穆尔伯赫的一个小庙等。⑥ 然而没有一例有文献证据来佐证这种说法。但是有一座神殿，我们有绝对可靠的历史根据说明它真的是由这位译师建造的，它就是古代文献中的聂尔玛(Myar-ma)、碑铭中的 Nyar-ma、现代的 Nyer-ma，此地现在完全是一堆废墟，离赤赛不远。⑦

---

① 弗兰克 1914 年书，页 105—106。
② 弗兰克 1914 年书，页 101—102。
③ 由比莱希瓦·卜拉赛德·辛格(Bireshvar Prasad Singh)修正的那若巴年表，《那若巴的生平和活动》(Nāropā, his life and activities)，载于 *JBRS*，53(1967)，页 117—129。
④ 关于这个问题，见图齐 1932 年书，页 68—69。
⑤ 关于仁钦桑波，见图齐 1933 年书 a。
⑥ 弗兰克 1914 年书，页 86、87、88、93、102。
⑦ 图齐 1933 书 a，页 64。

[166]

　　另一个很古老的寺庙综合建筑是阿吉(A-lci)。这也被归诸仁钦桑波,并且在其神殿之一译师拉康（lha-khang）还放着他的塑像。① 但是它的真正的建造者是没庐('Bro)家族的阿吉巴格丹喜饶(A-lci-pa bsKal-ldan-shes-rab),这已为大经堂（'dus-khang）中的三块碑刻所证实。② 阿吉巴曾在聂尔玛寺修习,这表明他的生活年代晚于仁钦桑波。另一个建筑松孜寺(gSum-brtsegs)由没庐家族的施主阿阇黎楚称沃(yon-bdag slob-dpon Tshul-khrims-'od)所建,此为该寺的一个碑刻所揭示。这里两次提到没庐家族,这非常有意思,它表明这个古老而有影响力并曾倡议和支持吉德尼玛衮移居纳里速的家族,在拉达克拥有一些庄园并对佛教在这个国家的传播起过重大作用。由于著名的阿齐壁画大约可以追溯到那个时期(11 世纪晚期或 12 世纪早期),因此没庐家族可能对肖像艺术在拉达克的开始起过作用。

　　另一个早期建筑是白脱(dPe-thub),它由古格国王沃德('Ol-lde)于一个鼠年所建,这个鼠年可能是 1042 或 1054 年。③

　　这一建筑活动被置于西藏佛教之"后弘期"的框架中,此乃由仁钦桑波和阿底峡开始,并由其教派噶当巴(bKa'-gdams-pa)所继续;仁钦桑波的弟子之一是个拉达克人,名玛域巴功乔孜(Mar-yul-pa dKon-mchog-brtsegs)。④ 总之,我们有理由说在拉达克宗教史中有一个噶当巴时期。

　　另一个阶段开始于 1215 年国王额珠衮(dNgos-grub-mgon)充当噶举巴的分支止贡巴之创始人济丹衮布('Jig-rten-mgon-po)的施主时。⑤ 从那时起拉达克国王处于止贡巴的影响之下。他们在拉达克的主要中心是今天的喇嘛宇茹,虽然我们对于这个寺院何时和怎样

---

① 弗兰克 1914 年书,页 91。
② 我使用了图齐教授于 1930 年拍摄的阿吉碑刻的照片。感谢 D. 斯奈尔格罗夫博士提议我注意它们的内容。
③ 见前,页 18。
④ 《青史》,页 352。
⑤ 见前,页 19。

落入其手中完全无知。可能是止贡巴的传教热情促使国王额珠衮第一次立下了规定，即拉达克的沙弥们应该到前藏和后藏得到更高级的修习和受戒。① 这一规定从长期来看其影响是有害的，它意味着对中藏完全的精神依赖；它妨碍了拉达克有独创性的哲学和文学生活的兴起，它暗示了来自前藏的博学僧侣的天然优越地位和精神上的支配，他们经常与委诸拉达克商卓特的寺院世俗管理机构发生冲突（今天的情况依然如此）。当 1959 年以后中藏寺院的教学已不再可能，且文化资源枯竭时，它趋向于造成拉达克僧侣教育水平的降低，并不利于当地宗教高等教育机构的建立。

[167]

　　15 世纪见证了宗喀巴创建的格鲁派影响的渗透和迅速增长。国王葛剌思瑳德曾招待过这位改革家的一名使者，他为这个新教派建造了白脱寺。② 但是，由于这座寺院实际上是 11 世纪时由古格的沃德创建的，故葛剌思瑳德所为肯定只是把该寺彻底翻修和将其转交给黄教而已。格鲁派在拉达克的命运与拉旺洛卓（Lha-dbang-blo-gros）的活动密切相关。受到当地传说的影响，中藏文献把白脱寺的翻新归功于他，③这发生在葛剌思瑳德统治时期（正如我们已经见过的那样）。这不太可能，既是因为纪年的原因，也是因为一份更早、更权威的资料把这归功于拉旺洛卓的一位同时代长者南喀哇（Nam-mkha'-ba）。④ 我们也在李吉（Li-kyir）案中发现了同样的不一致。据《王统记》记载，这座古老的寺院建于 11 世纪。而在中藏文献中，该寺乃南喀哇所建（即为格鲁派重建），而拉旺洛卓则继承了他的住持之位；⑤并且这有 18 世纪李吉大碑刻（《弗兰克碑铭集》，182）的佐证。但是据一份受当地传说支持的后出资料所载，建造者是拉旺洛卓本人。⑥ 对于巴尔迦（Bar-skya 或 Ba-khyog），即一座无法确切认定的

---

① 《拉达克王统记》，叶 36.9。
② 见前，页 22。
③ 《黄琉璃》，叶 223b(225)。
④ 《噶玛巴和格鲁派的历史》，叶 98b。
⑤ 同上注。
⑥ 《黄琉璃》，叶 224a(226)。

拉达克尼姑庵而言,①两种文献资料都将其兴建归功于拉旺洛卓。②

[168]　　有关格鲁派活动的其他几条资料属于同一时期。赤赛北部的老庙达姆拉康(sTag-mo lha-khang)是由一位宗喀巴的弟子、玛域当地人堆喜饶桑波(sTod Shes-rab-bzang-po)建立的,③这为当地传说所验证。赤赛本寺由堆喜饶桑波的侄子班喜饶扎巴(dPal Shes-rab-grags-pa)建立,④它现在是黄教的主要寺院和巴库拉(Bakula)活佛的道场。15 世纪 40 年代,第一世达赖喇嘛的大弟子持律扎巴班丹('Dul-'dzin Grags-pa-dpal-ldan, 1400—1475)访问了凯拉沙并远至"于克什米尔边境上的玛域",他在那一地区的隐居处苦修。在此他遇见了喜饶桑波,并随其听闻许多圣法。在另一位大师喜饶僧格(Shes-rab-seng-ge)圆寂时(1445),他仍在阿里(不一定是拉达克),他的停留长达六七年之久。⑤ 总的来说,拉达克的精神生活一定曾经十分活跃,因为鄂尔宗(Ngor)及其寺院的创建者贡嘎桑波(Kun-dga'-bzang-po, 1382—1457)曾在其居留木斯塘时(1447—1448)见到过几位来自玛域的格西。⑥

　　到 15 世纪下半期,格鲁派在拉达克已占了上风,取代了衰落中的止贡巴;由于与中藏该派主要中心联系紧密,且受其积极鼓励的帮助,这种优势持续了一个多世纪。⑦ 然后有止贡巴的复兴,照例这是由一位杰出人物,即丹麻法王(Chos-rje lDan-ma)引发的;由他建立的岗额寺,直到今天依然是活跃的活动中心。正是在他的时代,而且也许是由于他的鼓动,国王札失南监立下了规定,每个有多于一名男

---

① 图齐 1971 年书,页 485,建议即巴高寺。巴琼(Bar-vkhyogs)彭措若丹的僧伽曾于 1781 年在拉达克和桑斯噶的寺院中被提及;《三世班禅续传》,叶 74a。
② 《黄璃璃》,叶 224a(226);《噶玛巴和格鲁派的历史》,叶 98a。
③ 《黄琉璃》,叶 223a(225),亦参见叶 366b(376);《噶玛巴和格鲁派史》,II,叶 308a—b;《噶玛巴和格鲁派简史》,叶 412a;《隆多喇嘛全集》,Za 函,叶 284。喜饶桑波还为他的教派带来了在桑斯噶的噶夏寺(bkar-zha)和普达(Phug-tal)寺;《黄琉璃》,叶 224a(226)。
④ 《黄琉璃》,叶 223a(225);《噶玛巴和格鲁派的历史》,叶 97b—98a。
⑤ 《噶玛巴和格鲁派史》,II,叶 294a、295b;亦见《噶玛巴和格鲁派的历史》,叶 76a—b;《噶玛巴和格鲁派简史》,叶 402a。
⑥ 《贡嘎桑波传》,叶 39a。
⑦ 这可以 17 世纪时五世达赖喇嘛送给赤赛僧人的一份清规戒律(bca'-yig)为例,舒书,L。

孩的家庭必须让其中的一名男孩成为喇嘛,不过不是最年长的那名。①

　　然而风水轮流转,再次出现一位有力的人物使另一个教派登上了舞台,即噶举巴的主巴分支。主巴的支配地位由莫增(rMug-rdzin)于 17 世纪初宣告,由达仓热巴完全建立,并且在他之后主巴的主要寺院海—米斯与拉达克王室之间的密切联系从未被割断。此外,中藏贡噶附近德钦曲喀寺的雍增活佛被当作国王永久的的国师,虽然实际的交往并非预期的那样频繁。在这样的程度上,我们可以说主巴成了拉达克的统治教派。但是世俗君主作为一个独立于寺院的最高权威的存在,不允许像不丹那样受一个教派的完全支配。格鲁派于 1694 年所作的努力几乎立刻就失败了。②

[169]

　　18 世纪最后 25 年,可以看到止贡巴影响力的短暂复兴。这得归功于第六世托丹活佛丹增曲札(rTogs-ldan Rin-po-che bsTan-'dzin-chos-grags)。他出生于上部伍茹(dbu ru stod),由第 28 世止贡法台曲结尼玛(Chos-rje-nyi-ma)剃度。一度出任后藏夏让衮巴(Shag-ram mgon-pa)寺住持之后,他来到拉达克,并被任命为岗额寺住持,使这个古老的止贡巴中心获得新生。他具有重大影响,是才旺南杰和其继承人才丹南杰两人的国师。然后他回到中藏,被任命为止贡附近的阳日噶寺(Yang-ri-sgar)的大堪布(*mkhan-chen*),并于第 29 世纪法台白玛坚赞(Padma'i-rgyal-mtshan)死后出任止贡寺摄政。③ 他的继承者最后定居于岗额,并且现在的第 10 世托丹活佛是拉达克最有学问和影响力的喇嘛之一。

　　格鲁派的声望和财富也有巨大增长,但这发生在王朝倒台很久之后。巴库拉活佛在现今拉达克社会和政治中的至尊地位是在晚近才发展起来的;第一世巴库拉活佛(1860—1917)只是于 19 世纪晚期

① 弗兰克 1907 书 c,页 85;《拉达克王统记》,叶 37.27—38.1。
② 见前,页 85。
③ 索南抄本,叶 87—88。迪特儿·舒博士告诉我有一个托丹活佛的世系(系列传记)现存于岗额;但我无法得到它。

才从桑斯噶来到拉达克。①

[170]
概括起来,三个喇嘛教派在拉达克历史中起了很大的作用,按纪年顺序,它们是止贡巴、格鲁派和主巴。其余的教派中,只有两个是在道格拉征服前就已经存在的。宁玛巴在扎达(Brag-stag)有一个小寺院,距杰哲 10 公里。萨迦派拥有玛卓寺,为仲巴多吉桑波(drung-pa rDo-rje-bzang-po)所建,以及一座名吉芒(bsKyid-mangs)的小寺(地望不详),由堪钦曲班桑波(*mkhan-chen* Chos-dpal-bzang-po)所建。② 宁玛派和萨迦派都从未发挥过政治影响。

据当地人告诉我,最近二十年左右从中藏涌入的难民,建造了一些属于宁玛派、噶玛派和萨迦派的小寺庙,或者说这些寺庙是为这些人建立的。

根据它们的隶属关系,我添加一个在拉达克本土地区的主要寺院的目录。

止贡巴:喇嘛宇茹、岗额

格鲁派:赤赛、李吉、白脱、桑斯噶(gSang-mkhar,桑卡)、阿吉、巴高、接近萨波拉的日宗(Ri-rdzong)

主巴:达那、海-米斯、杰哲、协城、瓦姆-勒

宁玛巴:扎达

萨迦派:玛卓(Ma[ng]-spro)

---

① 格坚书,页 439。
② 信息见于中藏鄂尔寺一位僧人所颁发的文献中;舒书,XLVⅢ。

拉达克第二王朝世系

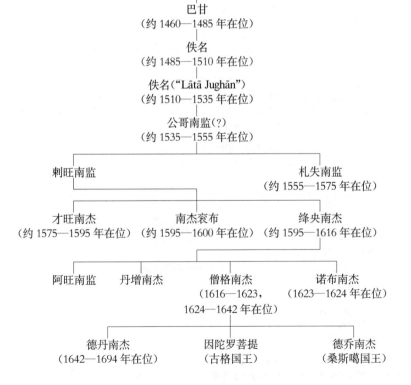

葛喇思巴本
（巴高头领）

巴喇
（巴高头领）

巴甘
（约 1460—1485 年在位）

佚名
（约 1485—1510 年在位）

佚名（"Lātā Jughān"）
（约 1510—1535 年在位）

公哥南监(?)
（约 1535—1555 年在位）

剌旺南监　札失南监
（约 1555—1575 年在位）

才旺南杰　南杰衮布　绛央南杰
（约 1575—1595 年在位）（约 1595—1600 年在位）（约 1595—1616 年在位）

阿旺南监　丹增南杰　僧格南杰　诺布南杰
（1616—1623，（1623—1624 年在位）
1624—1642 年在位）

德丹南杰　因陀罗菩提　德乔南杰
（1642—1694 年在位）（古格国王）（桑斯噶国王）

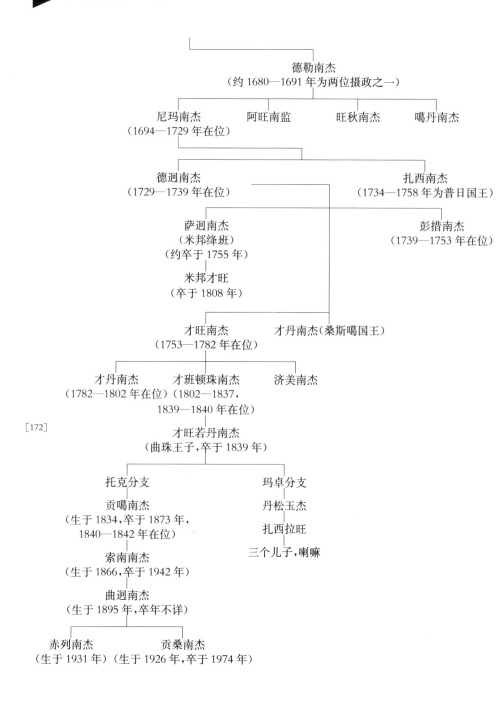

[172]

BIBLIOGRAPHY AND ABBREVIATIONS [173]

(A) Tibetan texts

BA = G. N. Roerich (transl.), *The Blue Annals*, 2 vols., Calcutta
1949 – 1953 (translation of the *Deb-ther-sngon-po* of 'Gos
Lotsawa gZhon-nu-dpal).

BC6 = Life of the 6th 'Brug-chen Mi-pham-dbang-po (1641 –
1717): *rGyal dbang A dzi tendra'i rnam par thar pa kun tu
bzang po'i yon tan gyi me long.* Reprinted in *Biographies of the
successive embodiments of the rGyal dbang 'Brug chen*, IV,
Darjeeling 1974.

BC8 = Autobiography of the 8th 'Brug-chen Kun-gzigs-chos-kyi-
snang-ba (1768 – 1822): *Mi pham chos kyi snang ba rang nyid
kyi rtogs brjod drang po'i sa bon dam pa'i chos kyi skal pa ji
tsam nod pa'i rim pa dang lhan cig nges par brjod pa rab gsal
snyan pa'i rnga sgra. Stops with 1817.*

BC8a = Continuation of BC8, compiled by the 5th Yongs-'dzin
sprul-sku of bDe-chen-chos 'khor: *rGyal dbang dam chos nyi
ma'i rnam thar rab gsal snyan pa'i rnga sgra'i 'phros brjod pa
kun nas thos pa don ldan gyi rim pa.*

BJ = Genealogy of the Tibetan kings, compiled by the Ka'-thog
Rig-'dzin Tshe-dbang-nor-bu (1698 – 1755): *Bod rje lha btsan*

po'i gdung rabs tshigs nyung don gsal yid kyi me long. Reprinted in *Rare Tibetan historical and literary texts from the library of Tsepon W. D. Shakabpa*, New Delhi 1974.

BL = History of the Karma-pa sect, compiled in 1775 by 'Be-lo Tshe-dbang-kun-khyab: *sGrub brgyud karma kam tshang brgyud pa rin po che'i rnam par thar pa rab 'byams nor bu zla ba chu sel gyi phreng ba*. Reprinted in *History of the Karma bKa'-brgyud-pa sect*, II, New Delhi 1972.

DL3 = Life of the 3rd Dalai-Lama bSod-nams-rgya-mtsho, compiled by the 5th Dalai-Lama: *rJe btsun thams cad mkhyen pa bSod nams rgya mtsho'i rnam thar dngos grub rgya mtsho'i shing rta*. In the *gsung-'bum* of the 5th Dalai-Lama, vol. Nya, 3.

DL5 = Autobiography of the 5th Dalai-Lama Blo-bzang-rgya-mtsho (1617 - 1682), in 3 vols.: *Za hor gyi ban de Ngag dbang rgya mtsho'i 'di snang 'khrul pa'i rol rtsad rtogs brjod kyi tshul du bkod pa Du ku la'i gos bzang*. In the *gsung-'bum* of the 5th Dalai-Lama, vols. Ka, Kha, Ga. Stops with 1681.

DL5a = Continuation of DL5, compiled by the regent Sangs-rgyas-rgya-mtsho, in 3 vols.: *Drin can rtsa ba'i bla ma ngag dbang blo bzang rgya mtsho'i thun mong phyi'i rnam thar Du ku la' gos bzang, glegs bam gsung pa'i 'phros bzhi ba*; id., *glegs bam bzhi pa'i 'phros lnga pa*; id., *glegs bam lnga pa'i 'phros drug pa*. In the *gsung-'bum* of the 5th Dalai-Lama, vols. Nga, Ca, Cha. Ends with 1695.

DL6 = Life of the 6th Dalai-Lama Tshangs-dbyangs-rgya-mtsho (1683 - 1706), compiled by the regent Sangs-rgyas-rgya-mtsho: *Thams cad mkhyen pa drug pa Blo bzang rin chen Tshangs dbyangs rgya mtsho'i thun mong phyi rnam par thar pa dukula'i 'phro 'thud rab gsal gser gyi snye mo*. Stops with 1701.

[174]

DL7 = Life of the 7th Dalai-Lama, bsKal-bzang-rgya-mtsho (1708 - 1757), compiled by the lCang-skya Qutuqtu Rol pa'i rdo rje: *rGyal ba'i dbang po thams cad mkhyen gzigs rdo rje 'chang Blo bzang bskal bzang rgya mtsho'i zhal snga nas kyi rnam par thar pa mdo tsam brjod pa dpag bsam rin po che'i snye ma*. In the *gsung-'bum* of the 7th Dalai-Lama, vol. Ka.

DL8 = Life of the 8th Dalai-Lama 'Jam-dpal-rgya-mtsho (1758 - 1804), compiled by order of the rTa-tshag and then of the De-mo Qutuqtu, regents of Tibet: *rGyal ba'i dbang po thams cad mkhyen gzigs chen po rje btsun Blo bzang bstan pa'i dbang phyug 'jam dpal rgya mtsho dpal bzang po'i zhal snga nas kyi rnam par thar pa mdo tsam brjod pa 'dzam gling tha gru yangs pa'i rgyan*.

DL9 = Life of the 9th Dalai-Lama Lung-rtogs-rgya-mtsho (1806 - 1815), compiled by order of the regent De-mo Rin-po-che: *rGyal ba'i dbang po thams cad mkhyen pa Blo bzang bstan pa'i 'byung gnas ngag dbang Lung rtogs rgya mtsho dpal bzang po'i zhal snga nas kyi rnam par thar pa mdor mtshon pa dad pa'i yid 'phrog*.

DL10 = Life of the 10th Dalai-Lama Tshul-khrims-rgya-mtsho (1816 - 1837), compiled by the order of the regent Rva-sgreng Rin-po-che: *rGyal ba'i dbang po thams cad mkhyen gzigs bcu pa chen po ngag dbang 'jam dpal bstan 'dzin Tshul khrims rgya mtsho dpal bzang po'i rnam par thar pa ngo mtshar nor bu'i 'phreng ba*.

DTH = Tibetan texts (Annals, Genealogies and Chronicle) edited and translated by J. Bacot, F. W. Thomas and Ch. Toussaint,

Documents de Touen-houang relatifs à l'histoire du Tibet, Paris 1940 [1947].

F = Inscriptions published by A. H. Francke, *First and Second collection of Tibetan historical inscriptions on rock and stone from West Tibet*, Leh 1906 and 1907.

Gergan = Joseph Gergan, *Bla-dvags rgyal-rabs 'chi-med gter*, New Delhi 1976.

Ka-thog = Life of Ka'-thog Rig-'dzin Tshe-dbang-nor-bu (1698 – 1755): *Dpal Rig 'dzin chen po rdo rje Tshe dbang nor bu'i zhabs kyi rnam par thar pa'i chas shas brjod pa ngo mtshar dad pa'i rol mtsho*. Manuscript in the library of Burmiok Athing in Gangtok. I utilized a typewritten copy made by E.Gene Smith.

KCRC = Genealogy of the 'Bri-gung-pa hierarchs compiled by dKon-mchog-rig-chen (b.1590): *rGyal ba'i dbang po 'Bri gung pa chen po'i gdung dang gdan rabs byon tshul gces bsdud rin po che'i phreng ba*. Reprinted in *'Bri-gung-pa texts*, I, Leh 1972.

KDGP = A short history of the Karma-pa and dGe-lugs-pa: *bKa'-gdams brgyud pa'i rnam thar rin chen*.

KDNT = History of the Karma-pa and dGe-lugs-pa, compiled in 1494 by Kun-dga'-rgyal-mtshan: *bKa' gdams kyi rnam par thar pa bka' gdams chos 'byung gsal ba'i sgron me*. Reprinted from a manuscript, New Delhi 1972.

KDSN = History of the Karma-pa and dGe-lugs-pa, compiled in 1529 by bSod-nams-grags-pa: *bKa' gdams gsar rnying gi chos 'byung yid kyi mdzes rgyan*.

LCB = Early history of Bhutan, written between 1731 and 1759 by the 10th mkhan-chen bsTan-'dzin-chos-rgyal: *Lho'i chos 'byung bstan pa rin po che'i 'phro mthud 'jam mgon smon mtha'i 'phreng ba*.

LDGR = *Chronicle of Ladakh*: *La dvags rgyal rabs*. Text edited in Francke 1926, 19 – 59.

MBTJ = Life of Pho-lha-nas bSod-nams-stobs-rgyas (1689 – 1747), written in 1733 by mDo-mkhar-ba Tshe-ring-dbang-rgyal: *dPal Mi'i dbang po'i rtogs brjod pa 'jig rten kun tu dga' ba'i gtam*.

NBTR = Life of the Zangs-dkar siddha Ngag-dbang-tshe-ring (1657 – 1732), partly written by himself: *dPal ldan bla ma dam pa 'khrul zhig rin po che Ngag dbang tshe ring gi rnam thar kun tu bzang po'i zlos gar yid kyi bcud len*. In 1975 in the course of publication in New Delhi. I owe thanks to Mr E. Gene Smith for having allowed me to read the printing proofs.

Ngor = The so-called "Ngor Chos-byung"; begun by the 10th Ngor abbot dKon-mchog-lhun-Grub (1497 – 1557) and completed by the 25th abbot Sangs-rgyas-phun-tshogs in 1692: *Dam pa'i chos kyi byung tshul legs par bshad pa bstan pa rgya mtshor 'jug pa'i gru chen zhes bya ba rtsom 'phro kha skong bcas*.

PBTL = History of Tibet written in 1565 by dPa'-bo gTsug-lag: *Dam pa'i chos kyi 'khor los bsgyur ba rnams kyi byung ba gsal bar byed pa mkhas pa'i dga' ston*, vol. Ja.

PC1 = Autobiography of the First Paṇ-chen Bla-ma Blo-bzang-chos-kyi-rgyal-mtshan (1570 – 1662): *Chos smra ba'i dge slong Blo bzang chos kyi rgyal mtshan gyi spyod tshul gsal bar ston pa nor bu'i phreng ba*. In the *gsung-'bum* of the First Paṇ-chen, vol. Ka. Stops with 1661.

PC2 = Autobiography of the 2nd Paṇ-chen Blo-bzang-ye-shes (1663 – 1737): *Śakya'i dge slong Blo bzang ye shes kyi spyod tshul gsal bar byed pa 'od dkar can gyi phreng-ba*. In the *gsung-'bum* of the 2nd Paṇ-chen, vol. Ka.Stops with 1732.

[175]

PC2a = Continuation of PC2, compiled by the 3rd Paṇ-chen: *rDo rje 'chang chen po Paṇchen thams cad mkhyen pa Blo bzang ye shes dpal bzang po'i sku gsung thugs kyi mdzad pa ma lus pa gsal bar byed pa'i rnam par thar pa 'od dkar can gyi 'phreng ba'i smad cha*. In the *gsung-'bum* of the 3rd Paṇ-chen, vol.Ga.

PC3 = Life of the 3rd Paṇ-chen Blo-bzang-dpal-ldan-ye-shes (1738 – 1780), written in 1785 – 86 by 'Jam-dbyangs-bzhad-pa: *rJe bla ma srid zhi'i gtsug rgyan Paṇchen thams cad mkhyen pa Blo bzang dpal ldan ye shes dpal bzang po'i zhal snga nas kyi rnam par thar pa nyi ma'i 'od zer*. In the *gsung-'bum* of the 3rd Paṇ-chen, vol. Ka. Stops with 1777.

PC3a = Continuation of PC3, written by 'Jam-dbyangs-bzhad-pa in 1785 – 86: *rJe bla ma srid zhi'i ... nyi ma'i 'od zer zhes bya ba'i smad cha*.

PC3b = List of the donors and their offerings made to the 3rd Paṇ-chen on occasion of his journey to Peking; written by 'Jam-dbyangs-bzhad-pa: *rJe bla ma srid zhi'i gtsug rgyan Paṇchen thams cad mkhyen pa Blo bzang dpal ldan ye shes dpal bzang po'i zhal snga nas kyi rnam par thar pa nyi ma'i 'od zer gyi zur 'debs shel dkar me long*. In the *gsung-'bum* of the 3rd Paṇ-chen, vol. Ka.

PC4 = Life ot the 4th Paṇ-chen Blo-bzang-dpal-ldan-bstan-pa'i-nyi-ma (1782 – 1853), compiled in 1883 by Blo-bzang-sbyin-pa: *Rab 'byams rgyal ba'i spyi gzugs skyabs mgon Paṇchen thams cad mkhyen pa rje btsun Blo bzang dpal ldan bstan pa'i nyi ma phyogs las rnam rgyal dpal bzang po'i zhal snga nas kyi sku gsung thugs kyi rnam par thar pa 'dzam gling mdzes rgyan*. In the *gsung-'bum* of the 4th Paṇ-chen, vol. Ka.

PTKS = Life of Chos-rgyal Phun-tshogs-bkra-shis (1547 – 1602), abbot of 'Bri-khung. Reprinted in *Miscellaneous writings* (*bka' 'bum thor bu*) *of 'Bri-gung Kun-dga'-rin-chen reproduced from the manuscript from the library of Tokden Rinpoche of Gangon*, Leh 1972.

Si-tu = Autobiography and diaries of Si-tu Paṇ-chen (1700 – 1774); Edited and completed by Ba'i-lo Tshe-dbang-kun-khyab; *Ta'i si tur 'bod pa Karma bstan pa'i nyin byed kyi rang tshul drangs por brjod pa dri bral shel gyi me long*. Reprinted as *The autobiography and diaries of Si-tu Paṇ-chen*, New Delhi 1968.

Sonam = dGe-rgan bSod-nams (ed.), *La dvags kyi rgyal rabs blo dman rna ba'i dga' ston*, Leh 1966 (12th month of shing-mo-sbrul).

Ti-se = History of the 'Bri-gung establishments in the Manasarovar-Kailasa region, written in 1896 by the 34th 'Bri-gung gdan-rabs dKon-mchog-bstan-'dzin-chos-kyi-blo-gros 'Phrin-las-rnam-rgyal; *Gangs-chen Ti se dang mtsho chen Ma dros pa bcas kyi sngon gi lo rgyus mdor bsdud su brjod pa'i rab byed shel dkar me long*. [176]

TSM = Life of the first rgyal-tshab of Bhutan Ngag-dbang bsTan-'dzin-rab-rgyas (1638 – 1696), written in 1720 by the 6th mkhan-chen Ngag-dbang-lhun-grub; *mTshungs med chos kyi rgyal po rje rin po che'i rnam par thar pa bskal bzang legs bris 'dod pa'i re skong dpag bsam gyi snye ma*.

TTRP = Life of sTag-tshang-ras-pa (1574 – 1651), written in 1663 by Ngag-dbang-kun-dga'-lhun-grub-thub-bstan-dge-legs-'byung-gnas-bsod-nams-rgyal-mtshan; *rNal 'byor gyi dbang phyug Auḍiyāna pa Ngag dbang rgya mtsho'i rnam thar legs bris vaiḍūrya dkar po'i rgyud mang*.

VS = vaiḍūrya-ser-po, on the dGe-lugs-pa teachers and monasteries, written in 1698 by the regent Sangs-rgyas-rgya-mtsho: d*Pal mnyam med ri bo dGa' ldan pa'i bstan pa zhva ser cod pan 'chang ba'i ring lugs chos thams cad kyi rtsa ba gsal bar byed pa Vaiḍūrya ser po'i me long*. I quote the Tibetan woodprint. The page-numbers between brackets refer to the edition by Lokesh Chandra, New Delhi 1960, which is not quite correct.

YD2 = Autobiography of the 2nd bDe-chen-chos-'khor Yongs-'dzin Kun-dga'-lhun-grub (1617 – 1676): *Yongs 'dzin dam pa'i rtogs brjod drang srong dga' ba'i dal gtam*. Reprinted in *The collected works (gsung-'bum) of bDe-chen-chos-'khor Yongs-'dzin II Kun dga' lhun grub*, Darjeeling 1973. Stops with 1672.

YD2a = Continuation of YD2, written by Mi-pham-sgrub-brgyud Yar-'phel-dbang-po: *Yongs-'dzin dam pa'i ... dal gtam gyi 'phros brjod pa rab bde'i 'bras bu mngon skyed ngo mtshar gru char*. Reprintde as YD2.

YSGT = Lives of Lamas in the transmission of the byang-chub-lam-rim, written by Ye-shes-rgyal-mtshan (1713 – 1793), abbot of Tshe-mchog-gling and teacher (yongs-'dzin) of the 8th Dalai-Lama: *Byang chub lam gyi rim pa'i bla ma brgyud pa'i rnam par thar pa rgyal bstan mdzes pa'i rgyan mchog phul byung nor bu'i phreng ba*, vol. Ca of the collected works. Reprinted New Delhi 1969.

ZHD8 = Life of the 8th Zhva-dmar-pa dPal-chen Chos-kyi-don-grub (1695 – 1732). Included in BL, ff.176a – 221a.

(B) Persian Texts

TA = Tabaqāt-i-Akbarī of Khwājah Nizāmuddīn Aḥmad, transl. B. De, 3 vols., Calcutta 1927 – 1939.

TF = Ta'rīkh-i-Ferishta, Kanhpur 1290 A.H. (1873 – 74 A. D.).

(C) Studies in Western Languages

Ahluvalia = M. L. Ahluvalia, "Ladakh's relations with India", in *Proceedings of the Historical Records Commission*, 33(1958), Pt. 2, p.1 - 8.

Ahmad 1968 = Zahiruddin Ahmad, "New light on the Tibet-Ladakh-Mughal war of 1679 - 1684", in *East and West*, 18 (1968), pp.340 - 361.

Ahmad 1970 = Zahiruddin Ahmad, *Sino-Tibetan relations in the seventeenth century*, Rome1970.

Bernier = F. Bernier, *Travels in the Mogul Empire* (ed. by A. Constable), Westminster n.d.(1914).

Biasutti-Dainelli = R. Biasutti and G. Dainelli, I tipi umani (Spedizione Italiana De Filippi, II series, vol. X), Bologna 1925.

Briggs = *History of the rise of the Mahomedan power in India*, IV, London 1829.

Chavannes 1903 = E. Chavannes, *Documents sur les Tou-kiue (Turcs) Occidentaux*, St. Petersburg 1903; reprinted Paris 1941.

Chavannes 1904 = E. Chavannes, "Notes additionnelles sur les Tou-kiue (Turcs) Occidentaux", in *T'oung Pao*, 5(1904), 1 - 110; reprinted with Chavannes 1903.

Cunningham = A.Cunningham, *Ladak, physical, statistical and historical*, London 1854.

Datta = C. L. Datta, *Ladakh and Western Himalayan politics 1819 - 1848*, New Delhi 1973.

Francke1906a = A. H. Francke,"The rock inscriptions at Mulbhe", in *Ind. Ant.*, 35(1906), pp.72 - 81.

Francke 1906b = A.H.Francke, "Archaeology in Western Tibet", in *Ind .Ant.*, 35(1906), pp.237 – 241, pp.325 – 333.

Francke1907a = A. H. Francke, "Archaeology in Western Tibet", in *Ind. Ant.*, 36(1907), pp.85 – 98.

Francke 1907b = A. H. Francke, "Historische Dokumente von Khalatse in West Tibet", in *ZDMG* 1907, pp.583 – 614.

Francke1907c = A. H. Francke, *History of Western Tibet*, London 1907.

Francke 1914 = A. H. Francke, *Antiquities of Indian Tibet*, I, Calcutta 1915.

Francke 1926 = A. H. Francke, *Antiquities of Indian Tibet*, II , Calcutta 1926.

Hutchison-Vogel = J. Hutchison and J. Ph. Vogel, *History of the Panjab Hill States*, Lahore 1933.

Izzet-Ullah = Mir Izzet Ullah, "Travels beyond the Himalayas", in *JRAS* 7(1843), pp.283 – 342.

MITN = L. Petech, I missionari Italiani nel Tibet e nel Nepal, 7 vols., Rome 1950 – 1956.

Moorcroft = W. Moorcroft, *Travels in the Himalayan provinces of Hindustan and the Panjab*, 2 vols., London 1841. Reprinted New Delhi 1971.

Panish = C. K. Panish, "The coinage of Ladakh", in *American Numismatic Society*, Museum Notes, 16(1970), pp.185 – 188.

Petech 1939 = L. Petech, *A study on the Chronicles of Ladakh*, Calcutta 1939.

Petech 1947 = L. Petech, "The Tibetan-Ladakhi-Moghul war 1681 – 1683", in *IHQ*, 23 (1947), pp.169—199.

Petech 1948 = L. Petech, "Notes on Ladakhi history", in *IHQ*, 24 (1948), pp.213—235.

Petech 1956 = L. Petech, "Nugae Tibeticae", in *RSO*, 31 (1956), pp.291—294.

Petech 1972 = L. Petech, *China and Tibet in the early 18th century*, 2nd ed., Leiden 1972.

Petech 1973 = L. Petech, *Aristocracy and government in Tibet 1728 - 1959*, Rome 1973.

Sahni-Francke = D.R.Sahni and A. H. Francke, "References to the Bhoṭṭas or Bhauṭṭas in the Rājataraṅgiṇī of Kashmir", in *Ind. Ant.*, 37 (1908), 181—192.

Schuh = D. Schuh, *Urkunden und Sendschreiben aus Zentral-Tibet, Ladakh und Zanskar*, St. Augustin 1976 (Roman numbers are those of the documents).

Toscano = G. M. Toscano, *La prima missione cattolica nel Tibet*, Hong Kong 1951.

Tucci 1932 = G.Tucci, *Indo-tibetica*, I, Rome 1932.

Tucci 1933 = G.Tucci, *Indo-Tibetica*, II, Rome 1933.

Tucci 1940 = G. Tucci, *Travels of Tibetan pilgrims in the Swat Valley*, Calcutta 1940.

Tucci 1947 = G. Tucci, "The validity of Tibetan historical tradition", in *India Antiqua, in honour J. Ph. Vogel*, Leiden 1947, 309 - 322.

Tucci 1949 = G. Tucci, *Tibetan Painted Scrolls*, 2 vols., Rome 1949.

Tucci 1956 = G. Tucci, *Preliminary Report on two scientific expeditions in Nepal*, Rome 1956.

[178]

Tucci 1971 = G. Tucci, *Opera Minora*, 2 vols., Rome 1971.

Vigne = G. T. Vigne, *Travels in Kashmir, Ladak, Iskardo, etc.*, 2 vols., London 1842.

Wessels = C. Wessels，*Early Jesuit travellers in Central Asia 1603 - 1721*，The Hague 1924.

Wylie = T. V. Wylie，*The geography of Tibet according to the 'Dzam-gling-rgyas-bshad*，Rom 1962.

征引文献目录和缩写

（A）藏文文献

《青史》=列里赫译，《青史》，2卷，加尔各答，1949—1953年（译师宣
奴贝之《青史》的英译）。

《六世主钦传》=《第六世主钦米邦旺布（1641—1717）传：佛王阿孜
邓特罗传普贤功德明镜》，重印于《佛王主钦历辈活佛传》中，4，
达吉岑，1974年。

《八世主钦传》=八世主钦贡希曲结囊哇(1768—1822)自传：《米邦曲
结囊哇自传——真实种子获得几许妙法之缘之次第俱定所说极
明悦耳入鼓声》。终止于1814年。

《八世主钦续传》=《八世主钦传》之续集，德钦曲喀之第五世雍增活
佛编纂：《佛王丹曲尼玛传极明悦耳之鼓声续篇遍闻利益之
次第》。

《吐蕃赞普世系》=《吐蕃赞普世系》，噶脱日增才旺诺尔布（1698—
1755)编纂：《吐蕃王圣神赞普世系词少义显之明镜》。重印于
《孜本夏喀巴图书馆稀见藏文历史和文学文献》中，新德里，
1974年。

《噶玛巴史》=《噶玛巴派的历史》，贝洛才旺贡却于1775年编纂：《道
统噶玛噶木仓传承活佛传广大宝月水晶鬘》。重印于《噶玛噶举
巴派历史》Ⅱ中，新德里，1972年。

《三世达赖传》=《第三世达赖喇嘛索南嘉措传》，第五世达赖喇嘛编

篡:《尊者一切智索南嘉措传成就海之舟》。收于第五世达赖喇
嘛的《全集》,nya 函,3。

《五世达赖自传》=《第五世达赖喇嘛罗桑嘉措(1617—1682)自传》,
3 卷:《萨霍尔之僧人阿旺罗桑嘉措迷相嬉戏本生庄严相云裳美
衣》。收于五世达赖喇嘛《全集》,Ka,Kha,Ga 函。止于
1681 年。

《五世达赖续传》=《第五世达赖喇嘛自传》之续集,摄政桑结嘉措编
篡,3 卷:《具恩根本上师阿旺罗桑嘉措之共通外传云裳美
衣——第三函之附录第四;第四函之附录第五,第五函之附录第
六》。收于第五世达赖喇嘛《全集》,Nga,Ca,Cha 函。止于
1695 年。

《六世达赖传》=《第六世达赖喇嘛仓央嘉措(1683—1706)传》,摄政
桑结嘉措编篡:《第六世一切智罗桑仁钦仓央嘉措之共通传记
云裳之余续极明金穗》。止于 1701 年。

《七世达赖传》=《第七世达赖喇嘛格桑嘉措(1708—1757)传》,章嘉
呼图克图乳必多吉编篡:《佛王一切智持金刚罗桑格桑嘉措简
传如意宝穗》。收于第七世达赖喇嘛《全集》,Ka 函。

《八世达赖传》=《第八世达赖喇嘛绛班嘉措(1758—1804)传》,先是
据西藏摄政达扎、后是第穆呼图克图的旨令编篡:《佛王大一切
智见尊者罗桑丹巴旺秋绛班嘉措班藏卜简传赡部洲所有地区之
装饰》。

《九世达赖传》=《第九世达赖喇嘛隆托嘉措(1806—1815)传》,根据
摄政第穆活佛的命令编篡:《佛王一切智罗桑丹巴迥乃阿旺隆
托嘉措班藏卜简传具信仰者之意乐》。

《十世达赖传》=《第十世达赖喇嘛楚称嘉措(1816—1837)传》,根据
摄政热振活佛的命令编篡:《佛王第十世一切智见阿旺罗桑绛
班丹增楚称嘉措班藏卜传稀有宝鬘》。

《敦煌本藏文历史文献》=巴考、托马斯、杜散特编辑和翻译的藏文文
献(编年史、世系和年鉴),《敦煌本吐蕃历史文书》,巴黎,1940 年

［1947］。

《弗兰克碑铭集》＝弗兰克出版的碑铭，《出自西部藏区的刻于石头和岩石上的藏文历史碑 铭一集和二集》，列城，1906 年和 1907 年。

格坚书＝约瑟夫·格坚：《拉达克王统甘露藏》，新德里，1976 年。

《噶脱传》＝《噶脱日增才旺诺布（1698—1755）传》：《吉祥大持明金刚才旺诺布传稀有具信游戏海》。抄本藏于甘托克之 Burmiok Athing 图书馆。我利用的是 E. 吉恩·史密斯先生的一个打字本。

《止贡世系》＝功乔仁钦（生于 1590 年）编纂的《止贡巴法台世系》：《佛王大止贡巴世系法统嘉言集要宝鬘》。重印于《止贡巴文献》Ⅰ中，列城，1972 年。

《噶当巴和格鲁派简史》＝《噶当巴传承传大宝》。

《噶当巴和格鲁派史》＝《噶当巴和格鲁派史》，贡嘎坚赞于 1494 年编纂：《噶当之传记噶当教法源流明灯》。据一份抄本重印，新德里，1972 年。

《噶玛巴和格鲁派的历史》＝《噶玛巴和格鲁派的历史》，索南扎巴编纂于 1529 年：《新旧噶当派教法源流意之美饰》。

《不丹早期史》＝《不丹早期史》，第十世堪钦丹增曲结撰于 1731—1759 年间：《洛教法源流大宝佛法之接续文殊怙主愿边之鬘》。

《拉达克王统记》＝《拉达克王统记》，弗兰克于 1926 年书，页 19—59 中所编文本。

《颇罗鼐传》＝《颇罗鼐索南脱杰（1689—1747）传》，朵喀哇才仁旺杰撰于 1733 年：《具吉祥人主秘传世间普喜之语》。

《阿旺才仁传》＝《桑斯噶大德阿旺才仁（1657—1732）传》，部分为其自己所写：《具吉祥圣妙上师灭幻活佛阿旺才仁传普贤之歌舞信仰之摄生术》。1975 年于新德里正在印刷中。我要感谢 E. 吉恩·史密斯先生允许我阅读印刷校样。

《鄂尔教法源流》＝所谓的《鄂尔教法源流》，由第十世鄂尔住持功乔伦珠（1497—1557）开始，由第二十五世住持桑结彭措于 1692 年完成：《圣法源流入善说教海之巨舟附未竟著述补遗》。

《贤者喜宴》=巴俄祖拉撰于 1565 年的西藏历史：《能明转圣妙法轮源流贤者喜宴》，Ja 函。

《一世班禅自传》=《一世班禅喇嘛罗桑曲结坚赞（1570—1662）自传》：《明说说法比丘罗桑曲结坚赞行相宝鬘》。一世班禅《全集》，Ka 函。止于 1661 年。

《二世班禅自传》=《二世班禅罗桑意希（1663—1737）自传》：《明说释迦之比丘罗桑意希之行相具白光之鬘》。二世班禅《全集》，Ka 函。止于 1732 年。

《二世班禅续传》=《二世班禅自传》的一个续本，三世班禅编纂：《明说大持金刚者班禅一切智罗桑意希班藏卜之身、语、意一切弘化传记具白光之鬘下集》。三世班禅《全集》，Ga 函。

《三世班禅传》=《三世班禅罗桑班丹意希（1738—1780）传》，绛央协巴著于 1785—1786 年：《至尊上师有寂之顶饰班禅一切智罗桑班丹意希班藏卜传太阳之光》。《三世班禅全集》，Ka 函。止于 1777 年。

《三世班禅续传》=《三世班禅传》的续本，绛央协巴撰于 1785—1786 年：《至尊上师有寂之顶饰班禅一切智罗桑班丹意希班藏卜传太阳之光下集》。

《三世班禅之施主和贡品目录》=《充当三世班禅去北京旅行期间的施主和他们的贡品目录》；绛央协巴著：《至尊上师有寂之顶饰班禅一切智尊者罗桑班丹意希班藏卜传太阳之光附录白水晶明鉴》。三世班禅《全集》，Ka 函。

《四世班禅传》=《四世班禅罗桑班丹丹巴尼玛（1782—1853）传》，罗桑金巴编纂于 1883 年：《广大佛之总相众生怙主班禅一切智尊者罗桑班丹丹巴尼玛曲莱南杰班藏卜之身、语、意三门传记赡部洲美饰》。四世班禅《全集》，Ka 函。

《彭措扎西传》=《止贡巴法台法王彭措扎西（1547—1602）传》。重印于《从甘戈之土登活佛的图书馆的稀见抄本中复制的止贡贡嘎仁钦零散作品集》，列城，1972 年。

《司徒传》=《司徒班禅（1700—1774）的日记和自传》，由贝洛才旺贡
　　却编辑和完成：《名称大司徒的噶玛丹巴自传无垢水晶明镜》。
　　作为《司徒班禅之日记和自传》重印，新德里，1968 年。

《索南抄本》=格坚索南（编）：《拉达克王统记——下智耳之喜宴》。
　　列城，1966 年（阴木猴年 12 月）。

《冈底斯山志》=《于玛纳萨罗伐——凯拉沙地区之止贡巴建筑的历
　　史》，第 34 世止贡法台功乔丹增曲结罗卓赤列南杰于 1896 年编
　　撰：《冈钦底斯和措钦玛卓巴之渊源简史的一章白晶明镜》。

《不丹摄政传》=《第一位不丹摄政阿旺丹增若杰（1638—1696）传》，
　　第六世堪钦阿旺伦珠撰于 1720 年：《无比法王大宝法主传贤劫
　　妙绘满愿如意穗》。

《达仓热巴传》=《达仓热巴（1574—1651）传》，阿旺贡嘎伦珠土丹格
　　勒迥乃索南坚赞撰于 1633 年：《瑜伽之自在邬坚巴阿旺嘉措传
　　妙绘白琉璃之琵琶》。

《黄琉璃》=《格鲁派上师和寺院——黄琉璃》，摄政桑结嘉措撰于
　　1698 年：《明说吉祥无比山居噶丹巴之教戴黄帽者无余教法根
　　本黄琉璃明镜》。我引用了藏文木刻本。在括号中的页码指的
　　是罗开什·阐德拉的版本，新德里，1960 年。这个版本不很
　　正确。

《德钦曲喀雍增自传》=《第二世德钦曲喀雍增贡嘎伦珠（1617—
　　1676）自传》：《雍增圣者秘传仙人喜语》。重印于《德钦曲喀雍
　　增二世贡嘎伦珠全集》中，达吉岑，1973 年。止于 1672 年。

《德钦曲喀雍增续传》=《德钦曲喀雍增自传》的一个续本，米邦珠居
　　雅培旺布撰：《雍增圣者秘传仙人喜语后续现生极乐果希有
　　舟》。作为《德钦曲喀雍增自传》重印。

《喇嘛传记》=《菩提道次第传承诸上师传记》：八世达赖喇嘛之经师
　　和策觉林住持意希坚赞（1713—1793）著：《菩提道次第传承上
　　师传正教美饰殊胜如意宝鬘》。《全集》，Ca 函，1969 年重印于新

德里。

《曲结顿珠传》=《八世红帽巴班钦曲结顿珠(1695—1732)传》。收录于《噶玛巴史》,叶 176a—221a。

(B) 波斯文文献

《表传》=《和卓·尼扎玛丁·阿赫玛德之传大的表传》,B. De 译,3 卷,加尔各答,1927—1939 年。

《先知史》=《先知史》,堪布尔,回历 1290 年(公历 1873—1874 年)。

(C) 西方语言的研究

阿赫罗瓦利亚文 = M. 阿赫罗瓦利亚,《拉达克与印度的关系》,载于《历史记录委员会会刊》,33(1958),第二部,1—8。

阿赫玛德 1968 年文 = 扎赫鲁丁·阿赫玛德,《关于 1679—1684 年西藏—拉达克—莫卧儿战争的新见解》,载于《东方与西方》,18 (1968),340—361。

阿赫玛德 1970 年书 = 扎赫鲁丁·阿赫玛德,《十七世纪的汉藏关系》,罗马,1970 年。

伯尼尔书 = F. 伯尼尔,《在莫卧儿帝国的旅行》(A. 康斯特布尔编),威斯敏斯特,无日期(1914)。

比亚苏提一代内利书 = R. 比亚苏提和 G. 代内利,I tipi umani (Spedizione Italiana De Filippi, II Series, vol. X)博洛尼亚,1925 年。

[177] 布里格斯书 =《马洪美丹权力于印度兴起的历史》四,伦敦,1829 年。

沙畹 1903 年书 = E. 沙畹,《西突厥史料集》,圣彼得堡,1903 年;1904 年于巴黎重印。

沙畹 1904 年文 = E. 沙畹,《关于西突厥之附注》,载于《通报》,5 (1904),1—110。与沙畹 1903 年书一起重印。

坎宁安书 = A. 坎宁安,《物质的,统计的和历史的拉达克》,伦敦,1854 年。

达塔书＝C. L. 达塔,《1819—1848 年拉达克和西部喜马拉雅政治》,新德里,1973 年。

弗兰克 1906 年文 a＝A. H. 弗兰克,《于穆尔伯赫的摩崖石刻》,载于《古代印度》35(1906),72—81。

弗兰克 1906 年文 b＝A. H. 弗兰克,《于西部藏区的考古》,载于《古代印度》35(1906)237—241,325—333。

弗兰克 1907 年文 a＝A. H. 弗兰克,《于西部藏区喀拉孜的历史文献》,《德国东方学会杂志》1907 年,583—614。

弗兰克 1907 年书 c＝A. H. 弗兰克,《西部藏区史》,伦敦,1907 年。

弗兰克 1914 年书＝A. H. 弗兰克,《印度西藏之古物》I,加尔各答,1915 年。

弗兰克 1926 年书＝A. H. 弗兰克,《印度西藏之古物》II,加尔各答,1926 年。

哈钦森—佛格尔书＝J. 哈钦森和 J. Ph. 佛格尔:《旁遮普山国历史》,拉合尔,1933 年。

伊泽特—乌尔拉赫文＝米尔·伊泽特·乌尔拉赫,《在喜马拉雅之外旅行》,载于《皇家亚洲学会杂志》7(1843),283—342。

《意大利传教士》＝毕达克,《在尼泊尔和西藏的意大利传教士》,七卷,罗马,1950—1956 年。

莫尔克罗夫特书＝W. 莫尔克罗夫特,《于兴都斯坦和旁遮普的喜马拉雅省区旅行》,两卷,伦敦,1841 年。1971 年于新德里重印。

帕尼沙文＝C. K. 帕尼沙,《拉达克的铸币》,载于《美国古钱学会,博物馆记录》,16(1970),185—188。

毕达克 1939 年书＝毕达克,《拉达克编年史研究》,加尔各答,1939 年。

毕达克 1947 年文＝毕达克,《1681—1683 年西藏—拉达克—莫卧儿战争》,载于 *IHQ*,23(1947),169—199。

毕达克 1948 年文＝毕达克,《拉达克历史札记》,载于 *IHQ*,24(1948),213—235。

毕达克 1956 年文 = 毕达克,《西藏》,载于 *RSO*,31(1956),291—294。

毕达克 1972 年书 = 毕达克,《十八世纪早期的中原和西藏》,第二版,莱顿,1972 年。

毕达克 1973 年书 = 毕达克,《1728—1959 年西藏的贵族与政府》,罗马,1973 年。

萨尼—弗兰克文 = D. R. 萨尼和 A. H. 弗兰克,《于克什米尔之〈罗阇多罗吉尼〉中关于 Bhoṭṭas 或 Bhauṭṭas 的出处》,载于《古代印度》37(1908),181—192。

舒书 = D. 舒,《出自中藏、拉达克和桑斯噶的文件和诏令》,圣·奥古斯丁,1976 年(罗马数字是这些文件的数字)。

托斯卡农书 = G. M. 托斯卡农,《在西藏的天主教使团》,香港,1951 年。

图齐 1932 年书 = G. 图齐,《印度—西藏》Ⅰ,罗马,1932 年。

图齐 1933 年书 = G. 图齐,《印度—西藏》Ⅱ,罗马,1933 年。

图齐 1940 年书 = G. 图齐,《藏族香客于斯瓦特地区的旅行》,加尔各答,1940 年。

图齐 1947 年文 = G. 图齐,《藏文历史传说之真实性》,载于《印度古物—纪念 J. Ph. 佛格尔》,莱顿,1947 年,309—322。

图齐 1949 年书 = G. 图齐,《西藏画卷》,两卷,罗马,1949 年。

图齐 1956 年书 = G. 图齐,《在尼泊尔两次科学考察的初步报告》,罗马,1956 年。

图齐 1971 年书 = G. 图齐,《小品剧》,两卷,罗马,1971 年。

维格纳书 = G. T. 维格纳,《在克什米尔、拉达克和伊斯噶尔多等地的旅行》,两卷,伦敦,1842 年。

韦塞尔斯书 = C. 韦塞尔斯,《1603—1721 年于中亚的早期耶稣会士旅行者》,海牙,1924 年。

魏里书 = T. V. 魏里,《〈世界广论〉所见之西藏地理》,罗马,1962 年。

索　引

说明：此索引"/"前页码为原著页码，"n"表示"注释"；"/"后页码为本书页码。

Ⅰ 藏文索引

Ⅱ 综合索引

译 后 记

这是一部完成于整整三十年之前的译稿。何以延迟至今天才得以出版，这只能以缘分来解释了。当初发心翻译这部著作时，亦曾有意要附著者骥尾从事西部藏区之历史和宗教的研究，可后来虽然一直关心国际学界对拉达克历史和宗教研究的最新成果，但终未能如愿。于是，这部译稿被束之高阁，时间越长，我对当年译文的质量就越没了信心，再不敢拿出来示人。近蒙上海古籍出版社的厚爱和鼓励，我斗胆将这部旧译拿出来出版，只希望它本身的学术价值和学术质量依然可以发光发热。

清华大学中文系博士生张孝明先生对这部旧译稿做了多次的认真校对，上海古籍出版社编辑曾晓红女史对本译稿做了十分负责的编辑，于此谨对他们二位表示衷心的感谢！

沈卫荣

2018 年 10 月 12 日

图书在版编目(CIP)数据

拉达克王国史：950—1842 / （意）毕达克著；沈卫
荣译. —上海：上海古籍出版社，2018.11(2025.5重印)
（西域历史语言研究译丛）
ISBN 978‑7‑5325‑8585‑4

Ⅰ.①拉… Ⅱ.①毕… ②沈… Ⅲ.①藏族—民族历
史—中国—950—1842 Ⅳ.①K281.4

中国版本图书馆 CIP 数据核字(2017)第 202799 号

西域历史语言研究译丛
拉达克王国史
(950—1842)

〔意〕毕达克 著　沈卫荣 译

上海古籍出版社出版发行

（上海市闵行区号景路159弄1-5号A座5F　邮政编码 201101）

(1) 网址：www.guji.com.cn

(2) E‑mail：guji1@guji.com.cn

(3) 易文网网址：www.ewen.co

启东市人民印刷有限公司印刷

开本 890×1240　1/32　印张 7.375　插页 3　字数 199,000
2018 年 11 月第 1 版　2025 年 5 月第 5 次印刷
印数：6,401—7,200

ISBN 978‑7‑5325‑8585‑4

K·2371　定价：48.00 元

如有质量问题，请与承印公司联系